ちくま文庫

ドライブイン探訪

橋本倫史

筑摩書房

目次

ドライブイン探訪

まえがき

それは十年前の秋だった。

その日、僕は原付で国道一〇号線を走っていた。国道一〇号線は、鹿児島から宮崎・大分を経由して北九州に至る道路だ。せっかく運転免許を取ったのだからとリトルカブを購入してからというもの、原付で日本各地に出かけるようになり、その秋は九州を巡っていた。右手に桜島を望みながら、国道一〇号線を走っていると、前方に奇妙な建物が見えてきた。原付を停めて近づいてみると、それはドライブインだった。

それまで僕はドライブインに立ち寄ったことがなかった。僕が生まれた頃にはもうファミリーレストランやマクドナルドが田舎町にまで浸透しつつあった。休日に家族でドライブに出かけるとすれば、途中に立ち寄るのはファミリーレストランやマクドナルドで、ドライブインに入店したことは一度もなく、その存在を意識したこともなかった。

国道沿いの風景を注意深く眺めてみると、廃墟のようになってしまった建物も含めて、無数のドライブインがあった。日本全国にこれだけの数のドライブインが点在しているからには、ドライブインの時代があったのだろう。

　ドライブインが花盛りとなったのは昭和、より具体的に言えば戦後の昭和だ。昭和五十七（一九八二）年生まれの僕は、昭和という時代に対してわずかな記憶しか残っていなくて、「平成」と書かれた紙が掲げられる瞬間をかろうじておぼえているくらいだ。

　日本全国に点在するドライブインは、一軒、また一軒と姿を消しつつある。でも、今ならまだ営業を続ける店が残っていて、話を聞くことができる。なぜドライブインを始めたのか。どうしてその場所だったのか。そこにどんな時間が流れてきたのか。そんな話をひとつひとつ拾い集めれば、日本の戦後史のようなものに触れることができるのではないか――そんなことを思い立ち、ドライブイン巡りをするようになった。

　ドライブイン巡りを始めたのは二〇一一年だ。友人に軽バンを借りると、後部座席に布団を敷き、ぐるりと日本を駆けまわった。ドライブインを見つけるたびに立ち寄り、二〇〇軒近い店を訪れた。そこで特に印象深かった店を再訪し、話を聞かせてもらったのがこの『ドライブイン探訪』だ。

　取材のお願いをするときはいつも公共交通機関を利用した。ドライブインに徒歩で立ち寄るのは邪道かもしれないが、電車とバスを乗り継いで足を運んだ。何十年と店を続けてきた方に、いきなり「取材させてもらえませんか」と話しかけるのは気が引けて、まずはビールとツマミを注文する。そこから二杯、三杯とグラスを傾けるうちに、店主の方がぽつぽつ話しかけてくれる。そうして何時間か過ごして、帰り際に「今度取材させていただけませんか」とお願いをする。後日あらためて手紙を送り、ＯＫの返事をいただいたドライブインを再々訪し、話を聞かせてもらった。

つまり、この本で取り上げるドライブインを、僕は三度ずつ訪れている。そんなに時間をかけなくてもと、自分でも思ってしまう。ただ、そうして何度も足を運んだからこそ、何時間も過ごしたからこそ、見ることができた風景がある。この本は、そんな旅の記録でもある。

二〇一九年一月

著者

プロローグ

酪農とドライブインの町

直別・ミッキーハウスドライブイン

帯広から東は道東と呼ばれるエリアだ。道東の二大都市は釧路と帯広であり、二つを結ぶ幹線道路は国道三八号線である。

この国道三八号線を、帯広から東に走ってゆく。しばらくはホームセンターやドラッグストアなどロードサイド型の店が続くが、十五分も経つと見かけなくなった。雄大な十勝《とかち》平野が広がり、ところどころに牧場がある。幕別《まくべつ》、豊頃《とよころ》、浦幌《うらほろ》と三つの集落を抜けたあたりで、再び風景が変わりだす。樹木が増え、建物は姿を消し、気づけば原野と呼びたくなるような森林の中にいる。最後に信号を見たのはいつだっただろう。そんなことを考えているうちに風景が開け、久しぶりに建物が見えてくる。どうやら店のようだが、営業している気配はなかった。中を覗き込むと、メニューの横に「酪農とドライブインの町 直別へようこそ」と書かれた貼り紙が見えた。

直別《ちょくべつ》という町には、五軒のドライブインが建ち並んでいる。まさにドライブインの町ではあるのだが、それは少し異様な風景だった。原野を抜けた先に、五軒ものドライブインが――しかも廃墟と化しつつあるドライブインが――密集しているのだ。

この町で今も暖簾《のれん》を出しているドライブインが一軒だけあった。「ミッキーハウスドライブイン」である。

店に入っても吐く息は白かった。店主の千葉晃子さんは「北海道は寒いから」と石油ストーブに火をつけ、ハロゲンヒーターまで用意してくれた。小上がりに座り、鹿焼肉定食を注文すると、鹿肉とキャベツ、漬物、味噌汁に大盛りのごはんが運ばれてきた。これを一人用の焼肉ロースターで焼きながら食べてゆく。鹿肉というとクセのある印象があるけれどさっぱりした味だ。

「うちは民宿の許可も取ってあるから、鹿撃ちの人が泊まりにくることもあるんだよ。十月末から十二月の中頃まで獲る。鹿肉はね、血抜きが下手だったら臭くて食べられないよ。でも、ちゃんと血抜きをしたら大丈夫。猟師の人たちはね、獲った鹿を持って帰ってきて、うちの前にドーンと置いとくんだわ。夜になると電気をつけて、そこで解体する。鹿には内ロースって部位があって、獲ってすぐだと生でも食べられるの。今年はあんまり鹿を見ないけど、このあたりでもよく鹿がいるんだよ」

食事をいただいているあいだ、晃子さんはそんな話をしてくれた。このあたりには鹿ばかりでなく、旅行客もよく訪れていたそうだ。「夏になると特に忙しくて、私がお昼ご飯を食べられるのは四時過ぎになるなんてしょっちゅうだったよ」と晃子さんは振り

返る。しかし、今はこのドライブインを訪れる客はほとんどいなくなり、僕の他にお客さんが入ってくる気配はなかった。かつてこの店にやってきた旅行客は一体何を目指していたのだろう？

＊

窓の外では再び雪が降り始めている。店の前を横切る国道三八号線をトラックが走り去ると、道路に降り積もった雪が舞い上がる。僕がぼんやり外を眺めているあいだも、晃子さんはせっせとストーブに薪をくべていた。石油ストーブより薪ストーブのほうが部屋全体が温まるのだという。「こっちのほうが暖かいよ」。晃子さんは僕を薪ストーブのそばに招き、美味しいコーヒーを出してくれた。「いつか喫茶店をやるのが夢だったから、コーヒーの落とし方を習いたくて、新宿の喫茶店で一年半ぐらい働いたこともあるの」と晃子さんは言う。

晃子さんは北海道出身ではなく、神奈川県出身だ。そんな彼女が北海道でドライブインを始めることになったきっかけは、三十二歳の冬にまで遡る。

「その頃、私は池袋の丸物《まるぶつ》ってデパートで働いてたんだけど、友達と三人で上野のダンスホールに行こうって話になったんだわ。あれはクリスマスの晩だね。地下に大きなダンスホールがあったんだけど、そこに入ってみたら、ひとりでずっと座ってる人がいたの。私の友達が『あんたは踊らないのか』って声をかけたら、『いや、それより俺はコーヒー飲みたいんだわ、この近くに喫茶店があるから行きませんか』って誘われたわけ。それで四人で喫茶店に行って、それからスナックに行ったのかな、とにかくそんな遊びをして、うちのオッサンと知り合ったんだよね」

晃子さんは夫の武雄さんのことを「オッサン」と呼ぶ。やがて結婚した二人は、友人が神奈川で経営していた店を譲り受ける形で焼き肉屋を始める。店は十三年続いた。その焼き肉屋を閉めることになったのは、武雄さんが突然「親の死に目を看取るから、俺は北海道に帰る」と言い出したからだ。武雄さんの両親はまだ元気に過ごしていたけれど、長男である武雄さんには故郷に残した両親に対する思いがあったのだろう。

「私は帰るならひとりで帰りなさいと言ったんだけど、うちのオッサンがそうはいかないって言うんだわ。私の母親には『北海道なんて雪深いとこは人間の住むところじゃない』と反対されたけど、行くって言うんだからしょうがないよね。雪を見せてあげるって言葉に騙されて四十何年、ずっと雪に嵌《は》まっちゃってる」

武雄さんの実家があるのは浦幌だった。初めて訪れる北海道は、夏は涼しくて快適だったけれど、冬の寒さには辟易した。ストーブに薪をくべながら、晃子さんは「北海道は寒さが違う」と言う。冬はしばしばれちゃって大変だから、本当は逃げ出したい――そう笑う晃子さんの言葉はすっかり北海道のイントネーションだ。

＊

北海道に移住した二人は、一九七四年、帯広で喫茶店を始めた。

当時、北海道の賑わいはピークを迎えていた。一九六一年度に三五万人ほどだった来道観光客数は、一九七四年度には六・七倍の二三七万人に達している。この記録は十二年間破られることはなかった。

一九七四年に大挙して北海道を訪れた観光客は何を目指していたのだろう？

『旅』という雑誌がある。旅行雑誌の草分け的存在だ。『旅』で最初に北海道特集が組まれるのは、日本が復興期から高度成長期に移行しつつあった一九五五年のこと。タイトルは「新しき北海道」。ここで「新しき」という言葉が使われているのは、戦前から知られた景勝地と差別化するためだろう。戦争の混乱が落ちつくと、一九三四年に国立公園に指定され、景勝地として名をはせていた阿寒湖《あかんこ》には大勢の観光客が押しかけるようになり、当時の週刊誌にはその混雑ぶりが報じられている。せっかく都会の喧騒を離れて北海道の大自然を満喫しようとやってきたのに、見渡す限り人の山で、観光を楽しむどころではなかった。そこで「新しき北海道」が特集されたわけだ。

特集の巻頭には「開拓民の暮し」と題したグラビアが掲載され、干し草を積み上げる様子や切り株の前を歩く農民の姿が紹介されている。続いて武田泰淳「天塩の原野に沈む月」、堀田善衞「さいはての旅」、草野心平「オホーツクの海と日高の海」など、作家たちが紀行文を寄せる。選ばれたのはいずれも秘境と呼びたくなる場所だ。一九五七年には釧路を舞台とした小説『挽歌』が七〇万部のベストセラーとなり、一九六〇年には森繁久彌主演の映画『地の涯に生きるもの』が公開され、これまで光の当てられてこなかった町にも目が向けられるようになってゆく。その時代に生まれたのがカニ族だ。

カニ族とは、周遊券切符を利用し低予算の旅をする若者を指す言葉だ。その多くは横長のキスリング型のリュックを背負っており、列車の通路を通るときは横向きで歩かなければならず、その姿から「カニ族」と名づけられた。カニ族向けの宿泊施設もあちこちに生まれたが、一九七一年、その先駆けとなる「カニの家」が帯広に開設された。

「カニの家っていうのがね、駅の横っちょにあったの。そこで自分たちでテント張って泊まるんだわ。あの頃はよくカニ族の子を見かけたけどね。中には住み着いてる子もいたけど、マナーが悪い子もいたから、駅が怒っちゃったこともあるんだよね」

晃子さんの喫茶店は電話局や病院のすぐ近くだったため、カニ族よりは近所で働くお客さんで賑わい、朝から晩まで大忙しだったという。

「コーヒーだけじゃなくて定食やスパゲッティもやったもんだから、結構忙しかったんだわ。朝九時に店を開けて、片づけなんかやってたら帰りも夜遅くになる。しかも、そのうち看護婦さんたちがやってきて、一人一〇〇〇円で一杯飲みをやってくれないかと言ってきたの。うちのオッサンと相談して、『帰りが遅くなると嫌だから、何時までと時間を決めてやろう』って話になったんだけど、そうやって決めたところで時間通りにいかないんだわ。若い女の子たちだから、くっちゃくっちゃしゃべってね、うちに帰る頃には十二時過ぎたりね。喫茶店は三年やって、儲かるのは儲かったんだけど、疲れて嫌になって辞めちゃった」

北海道に移住したあと、晃子さん夫婦は転々と仕事を変えている。何年か働いてお金が貯まると、仕事を辞めて旅に出た。「主人が旅行好きだったから、二人でよく旅行に行ってたよ」と晃子さんは振り返る。カニ族——ではないけれど、晃子さんたちもまた日本全国を旅したのだ。

「少しお金が貯まると『それじゃ行こうか』って店閉めて旅行に出て、お金がなくなると『そろそろ帰ろう』。そんな旅行だったのよ。最初は下田に行って、黒部にも行ったし京都にも行った。北海道もほとんど全部まわったよ。何日までと決めてないから、旅館の予約もしないんだわ。予約しようとしたら、うちのオッサンが『修学旅行じゃあるまいし』って言うからね。でも、能登半島に行ったときに宿が見つからなくて、雨が降ってるから駅前で雨宿りして立ってたのよ。そうしたら男の子がやってきて、僕が探してあげますよと雨の中をあっちこっち探してくれた。結局宿は見つからなかったんだけど、駅前にある昔の旅館を紹介してくれて。そこはもうおばさんひとりしかいなくて、『自分で布団を敷いて、全部自分でやるんならいいよ』って言うの。そうやって旅先で親切にしてもらったことがあるから、今度は自分たちでも何かできないかって思ったわけ」

　当時晃子さんたちが経営していた店はラーメン屋だった。この店は裏通りにあったこともあり、地元客はあまり多くなかったけれど、その代わりにツーリング客がよく訪れていたのだという。当時はもうカニ族は下火になりつつあったが、八〇年代に入ると第二次バイクブームが巻き起こる。鉄道でやってくるのがカニ族だったのに対し、バイクで旅する若者はミツバチ族と呼ばれた。ミツバチ族の目的地として人気だったのもまた北海道である。

「そのときやってたラーメン屋は、二階もあって広かったんだよ。それでライダーハウスを始めることにしたんだわ。最初の頃はうちのオッサンが駅前でチラシを配ってたんだけど、それでも全然来ないわけ。そうしたら知ってる子がね、『おばさん、それやめたほうがいいよ』と言うの。何でかって聞くと、チラシを渡されると『身ぐるみ剝がされるんじゃないか』って思うんだって。当時は皆、ライダーハウスなんかは口コミだったから。それでその子が『俺が行ってくるわ』って出かけていくと、いくらでも連れてくるんだ。いや、あの頃は面白かったわ」

　晃子さんと武雄さんの夫婦は、しばらく帯広でラーメン屋兼ライダーハウスを営業していたが、交通事故に遭ったことをきっかけに店を閉じ、一年ほどリハビリをして過ごしていた。そんなある日、義理の弟から「直別に空いている物件があるみたいだから、

ッキーハウスドライブイン」だった。

そこでドライブインでもやってみないか」と持ちかけられる。そうして始めたのが「ミ

＊

ドライブインを始めたとき、夫婦は還暦を迎えていた。そのままのんびり老後を過ごそうと思わなかったのかと訊ねると、「人間が貧乏性にできてるから、何しろ働きたかったわけ」と晃子さんは言う。初めのうちは店名に「ミッキー」とある通りミッキーマウスの看板を出していたけれど、ある日ディズニーから直々に抗議の電話があり、外すことにしたのだという。

「ミッキーハウスドライブイン」は、今もライダーハウスとして営業を続けている。「体が持たないから」と連泊は断っているけれど、一泊二〇〇〇円であれば宿泊が可能だ。部屋は広々した和室。流し台とコインランドリーもあり、値段を考えれば十分な設備だ。廊下には額装された写真が飾られており、開店まもないドライブインの前で晃子さんと武雄さんが常連客と一緒にポーズを決めている。

「ここで店を始めて、最初の何年かは一杯だったよ。表にバイクがずらーっと停まってたもん。女の子も多かったんだよ。『おばさん、私手伝うわ』って洗い物してくれたり、『はい、これ作ったから出しなさい』って運ばせたりね。本当に面白かったもんね。それで、ライダーの子たちは寝袋を持って旅してるんだわ。部屋に入りきれないときは

『ここで良いから寝かせてもらえませんか』って言うから、小上がりのところで寝かせたりしてね」

店の本棚には、お客さんが残していった本が並べられている。『特攻の拓』や『BOY』、『よろしくメカドック』といった漫画と一緒に、バイク情報誌やツーリングガイドも並んでいた。

ミツバチ族という言葉が誕生した八〇年代後半には、北海道のツーリングガイドが何冊も出版されている。分厚いガイドブックも多く、安宿の情報もかなり豊富に掲載されている。根室半島の先端、納沙布《のさっぷ》岬そばの牧場の中にある民宿。丹頂鶴《たんちょうづる》の飛来する鶴居《つるい》村にある民宿。太平洋を一望できる民宿。旅情をかき立てられる情報ばかりだ。安く泊まるということを第一に考えるのであれば、帯広や釧路には一〇〇〇円以下で宿泊できる場所がいくつも記載されている。しかし、詳細なツーリングガイドであっても、地図に「直別」と記されているものはほとんど見かけなかった。

直別という集落は音別《おんべつ》町と浦幌町にまたがって存在している。音別町が編纂した『音別町史』を繙《ひもと》くと、「観光」の章にこんな記述がある。

当町は十四キロにも及ぶ海岸線をもちながらもその殆《ほとん》どが砂浜で、直接海に落ち込む断崖や奇岩らしきものが一つもない平凡なたたずまいである。目を山陵地に転じて見ても、近郊にはさしたる景勝の地も見当たらず、往時から観光資源に乏しい町として、観光的発展は半ばあきらめられた形で行政が進められてきていた。

町史にしては自虐的な記述だが、確かに観光客が喜びそうなスポットは見当たらない。ツーリングガイドでも空白地帯となっているのに、ミツバチ族はどうして「ミッキーハウスドライブイン」に宿泊しようと思ったのだろう？

「いや、泊まりに来るっちゅうより、食事に来てたのよ」と晃子さんは言う。「襟裳《えりも》岬からずうっと走ってくると、昔は道沿いに何もなかったんだわ。十人ぐらいのライダーの子が一緒に来ることもあったよ。その子たちにご飯食べさせてるあいだ、今晩はどこに泊まるのかって聞くと、ライダーハウスに泊まるつもりだって言うわけ。予約せずに旅行してる子も多かったから、『うちもライダーハウスやってるよ』って言うと『じゃあ泊まらせてください』と言われたりね。それで常連になった子もいたよ。帯広でライダーハウスやってたときも、葉書を送ってきてくれる子がいたんだわ。そういう子には、こっちに店を移るときに手紙を書いて知らせてたね」

「ミッキーハウスドライブイン」がオープンした一九八六年には、来道観光客数が十二年ぶりに更新されている。日本はバブルに突入し、海外旅行も一般的になりつつあった。そんな時代に北海道を訪れたミツバチ族は、かつてのカニ族のように秘境を求めて北海道を訪れたわけではないだろう。秘境を探すのであれば、世界の果てまで旅することだって出来る。ミツバチ族が求めていたのは、旅先で出会った人たちとの触れ合いだったのではないか。

「うちのオッサンは話好きだから、夜遅くまでライダーの子たちとしゃべってたよ」と晃子さんは振り返る。「私らも入ってね、お酒を飲んで毎晩騒いだり、冗談言って笑ったりして。ギターを積んで走ってて、そのギターを弾いてる子もいたよ。あの頃は面白かったね」

＊

そんなミツバチ族も、今ではほとんど見かけなくなってしまった。晃子さんが言うには、二〇一六年の夏はわずか三組ほどしか宿泊客がいなかったそうだ。

最初に「ミッキーハウスドライブイン」を訪れた二〇一一年、晃子さんは「義弟は『もう店を閉めて帯広に引っ越せ』と言うんだけど、こうやって仕事してたほうがボケ防止になるから、健康のために続けるつもり」と笑っていた。夫の武雄さんは二〇〇五年に亡くなり、同じ時期に周りのドライブインが店をたたんでしまってからも、晃子さんは十年以上ひとりで店を続けてきた。

「店を始めたばかりの頃はね、別のドライブインのばあさんが怒鳴ってきてたのよ。『あんたたちが来たせいでうちはお客さんが来なくなった、新参者が泥棒して！』って。

そのばあさんも亡くなっちゃったけど、あの頃はもうドライブインは下火だったと思うよ。ここで店を始める前にね、うちのオッサンが音別の銀行で話をしてたの。そしたらヨソのじいさんがきて、『見たことない顔だけど、アンタはどこにいるんだ』って言われたらしいんだわ。そこでドライブインをやるつもりですと伝えたら、『今更あんなとこでドライブインやってどうするんだ、皆が儲けた残りかすじゃないか』って言われたんだって」

では、皆がドライブインで儲けた時期とはいつなのか――答えは図書館に眠る小さな資料の中にあった。資料というのは、直別小学校の記念誌である。そこには町史にも残されていなかった直別の人々の生活が書き残されていた。

直別の歴史は、一八九〇年、渡船場経営のため高嶋文吉が直別に入植したことに始まる。以来、林業と農業を中心に生活が営まれてきたが、山資源の枯渇により木工場は閉鎖され、寒冷地の厳しさから離農者が続出し、戦後は人口が減少してゆく。そんな直別に転機をもたらしたのが国道三八号線の開通だ。全面的に舗装された道路が完成すると、交通量は大幅に増えることになる。

そこに目をつけたのは平田力男という人物だ。一九七〇年六月、平田力男は国道三八号線沿いに「ドライブイン北海」をオープンさせる。これが直別で最初のドライブインだ。

開店当初の「北海」を今に伝える資料は残っていないけれど、爆発的に繁盛したことは間違いないだろう。というのも、一九七二年十一月、平田力男さんは「北海」からわずか一〇〇メートルの場所に二軒目となる「ドライブインおおぞら」を、一九七八年には三軒目の「ドライブインキャラバン」もオープンさせている。平田力男さんの店が繁盛する様子を目の当たりにして、一九七二年七月に「ドライブイン美樹」が、一九七三年七月には「ドライブイン旭」が営業を始めている。こうして直別は酪農とドライブインの町に生まれ変わったのである。

＊

晃子さんは少し横になって休むというので、店に荷物を残したまま散歩に出ることにした。

粉雪が降り積もる中、国道三八号線沿いを歩く。長靴を履いてこなかったことを少し後悔する。歩道は片側にしかなく、大型トラックが通るとおそろしいなと心配していたけれど、車はほとんど通らなかった。以前はそれなりに交通量があったはずだが、二〇一五年に新しい道路が完成したことで、国道三八号線の交通量は激減したのだ。直別に暮らす人も随分少なくなった。かつて存在した小学校は一九八〇年頃に閉校となり、「ミッキーハウスドライブイン」以外の店は廃墟と化しつつある。静かな風景を前に、晃子さんの言葉を思い出す。

北方領土奪還

「誰かドライブインをやりたい人がいたら、紹介して欲しいんだわ」

晃子さんにそう相談されたとき、僕は何も答えることができなかった。あの言葉にどう返答するのがふさわしかったのだろう。立ち止まって考え込んでいると久しぶりに大型トラックが通りかかった。トラックは雪を散らして走り去り、また無音の世界が訪れる。

I

ハイウェイ時代

かつてハイウェイ時代があった　阿蘇・城山ドライブイン

再訪が好きだ。

たとえば旅に出たとする。せっかくだから行ったことのない場所に足を運んでみればいいのに、いつも同じ場所ばかり訪れてしまう。食事をするのも決まって同じ店だ。「あの絶景をもう一度目にしたい」とか、「あの絶品をまた味わいたい」というわけでもないのに、再訪してばかりいる。ただ、風景に惹かれて再訪した場所が一つだけある。それがやまなみハイウェイだ。

やまなみハイウェイというのは、別府と阿蘇を結ぶ県道一一号線の愛称である。この道路は湯布院の水分峠《みずわけ》に始まり、飯田高原からくじゅう連山へと続き、瀬の本高原を抜けて阿蘇に至る。全長五二キロのうち、最後の数キロは特に素晴らしい風景だ。ここは火山によって出来上がった場所だと感じさせる起伏があり、大地は緑で覆われている。最緑といっても背の低い草ばかりで、建物の姿はなく、緑の絨毯《じゅうたん》が延々広がっている。最初に通ったときはあまりの景色に圧倒されてしまった。

道路は阿蘇市一の宮にたどり着き、終点を迎える。この終点間際に「城山ドライブイン」がある。展望所が併設されたそのドライブインに吸い込まれるように立ち寄ったのは二〇〇九年のことだ。店内はガラス張りになっており、阿蘇の町を見渡すことができた。向こうには阿蘇山がそびえている。

「阿蘇はね、七つの鼻があるんです」。景色に見惚れていると、コーヒーを運んできてくれた店主がそう教えてくれた。「鼻っていうのは、海で言えば岬よね。この店も鼻の上に建っているんです。何万年も前に阿蘇山が噴火して、それで鼻が出来たんです」

「いや、この景色はすごいですね」

「このロケーションのおかげで四十年以上続いてます。ほんと、眺めだけは良いもんね。子どもたちが大きくなった今はもうぼちぼちやってますけど、お店を始めた頃は大忙しだったんですよ」

＊

ハイウェイ時代という言葉がある。一九六〇年代にはしばしば使われた言葉だ。やまなみハイウェイが開通したのは一九六四年のこと。開通当時の賑わいを探るべく、地元紙を読み漁っていると、広告の宣伝文句に目を惹かれた。紙面には自家用車の広告がずらりと並び、「ハイウェイ時代の花形」、「ホンダの車でハイウェイを走破」、「ハイウェイ時代のトップをいく」といったコピーが躍っている。

開通を目前に控えた一九六四年九月から十月にかけて、熊本日日新聞にはやまなみハイウェイに関する記事が毎日のように掲載されていた。他にも一つ、連日取り上げられている話題がある。十月十日に開幕する東京オリンピックである。九月十一日には「聖火きょう熊本入り」と題した記事が掲載され、それから三日間、熊本の聖火リレーの様子が一面トップで報じられている。聖火が肥後路に別れを告げてからも報道は続き、聖火リレーで日本が繫がってゆく。

東京オリンピックを境に日本の交通網は一変した。『建設の機械化』(一九六五年三月号)には日本道路公団工務部による座談会「オリンピック関連道路工事を終えて」が掲載されている。ここでオリンピック関連道路として挙げられているのは湘南道路、京葉道路、第三京浜、名神高速道路、それにやまなみハイウエイである。

首都高速道路や環七通りも東京オリンピックに間に合うように整備されているが、やまなみハイウエイがオリンピック関連道路に含まれているのは少し不思議な感じがする。他の道路は渋滞緩和のための産業道路であるのに対し、やまなみハイウェイは設立目的に「観光」という言葉が含まれているからだ。同じ号の『建設の機械化』で、日本道路公団はやまなみハイウェイ――ここでは「九州横断道路」と呼ばれている――についてこう説明している。

九州横断道路とは、瀬戸内海の西のターミナル別府から景勝湯布院盆地を経て、阿蘇国立公園を横断し、熊本に至り、さらに三角港から有明海を渡り湯原に上陸、雲仙国立公園を通り長崎に至る、総延長300km余に及ぶ九州中部横断の主要幹線道路である。

これによって、九州総合観光ルートである門司《もじ》、福岡、長崎、雲仙、阿蘇、別府、鹿児島にわたる所謂《いわゆる》〝S字ルート〟が形成されることになる。

自動車が普及するにつれ、ドライブを楽しむための観光道路も整備されてゆく。磐梯《ばんだい》吾妻《あづま》スカイライン、東山ドライブウェイ、芦ノ湖スカイライン、蔵王《ざおう》エコーライン、戸隠バードライン……。いずれも一九六〇年前後に開通した道路だ。中でも九州を横断するやまなみハイウェイは、道路公団としても力を入れた路線であったようだ。自動車を走らせるための道路が次々に整備され、日本にハイウェイ時代が到来する。

一九六四年十月四日、やまなみハイウェイは開通した。「秋晴れ、花やかな開通式」という見出しとともに、熊本日日新聞は当日の様子を大々的に伝えている。少し長いが引用する。

開通式が終わり、この式に参加した人たちによる約八百台の自動車パレードが瀬の本を越えて大分県九重町の長者原に向かった。先頭は熊本日日新聞社、大分合同新聞社、長崎新聞社選彰のミス観光九人を分乗させたオープンカー。町村の沿道は、小旗を振る人が続き、高原を走るハイウエーの両側はススキと小松の列。そこから広がる草原は女性美の九重山とつながる。スギ林の緑と、秋色の高原のコントラストの中をパレードは延々と続く。

ハサミ入れ式の行なわれる長者原の料金徴収所前には大きな祝賀アーチがつくられていた。ちょうど正午、アーチにつるされたくす玉が割れ、小山建設大臣、上村道路公団総裁、大久保運輸政務次官、寺本熊本、木下大分、佐藤長崎三県知事が同時に赤いテープにハサミを入れた。

開通を宣言するその一瞬、爆竹がなり、おびただしい風船と数十羽のハトが一斉に空に放され、ブラスバンドがマーチをかなでた。報道関係のヘリコプター数機がこの瞬間を撮影しようと頭上すれすれまで舞い降り、乱舞する。時を移さず自衛隊のジェット機が三機編隊で西の空から、金属的な爆音をひびかせながら相ついで飛来する。そのなかでミス観光がテープを切った小山建設大臣らにつぎつぎに花束を送った。

開通式はかなり盛大に開催されたらしく、開通したばかりのやまなみハイウェイを、無数のオープンカーが連なってパレードを行う様子が報じられている。こうした盛り上がりを阿蘇の人々は見逃さなかった。熊本日日新聞（一九六四年十月二日付）には「観光阿蘇に新商売」という記事が掲載されている。終点に近い阿蘇市一の宮町で、七十六歳の男性がトウモロコシの無人販売所を開いたのだという。これが案外好評で、休日には貸切バスが立ち寄り賑わいを見せたそうだ。

「うちの店もね、最初はそんな感じでした」と店主のサヨ子さん。「そのうち平屋を建てて――小さな店だけど、ものすごい売れてたの。何しろね、うどんが一杯五〇円の時代に、五月の連休になると一日の売上が一〇〇万ですよ。もうね、ヘトヘト。若さがあったから続けられたけど、何でこんなとこに嫁にきたんやろうかってずっと思ってました」

＊

「城山ドライブイン」を始めたのは夫の勝木斉さんだ。

ドライブインが開店した当時、斉さんとサヨ子さんはまだ面識がなかった。出会いはサヨ子さんが運転免許を取ったばかりの頃のこと。最初のドライブでやまなみハイウェイを走り、ちょっと一休みと「城山ドライブイン」に立ち寄った。トイレを借りようとサヨ子さんがキョロキョロしていると、店主に「トイレだけはお断りです」と言われてしまった。つれない態度に「もう二度と来ん」と思って店をあとにしたという。

しばらく経ったある日、サヨ子さんの父が見合い話を持ってきた。「頭も良いし、頑張って真面目に店をやってる男がいるから嫁に行け」。そう紹介されたのは、「トイレだけはお断りです」と言った男性だったのである。

「父に言われて会ってみて、本当に驚いたんですよ。まさかここに嫁に行けと言われるとは思わなかった。それに私は商売が嫌いだったから、『あんなとこお嫁さんに行きたくない』と言ったんですけど、父が言うもんだからしょうがないですよね」

サヨ子さんの父親は河崎義夫さん。阿蘇町の町長を務めた人物だ。町長と言ってもありきたりな地元の名士などではなく、一癖も二癖もある人物だったようだ。義夫さんの経歴がそれを物語っている。

「地主中心の政治ではなく農民中心の政治を」。そう訴えて黒川村の村議に当選したのは三十歳のときのこと。書生時代に左翼思想に触れた義夫さんは、GHQの軍政官に苛烈な供出米の割り当てを減額させ、農民組合長として農地解放に尽力して支持を広げ、一九四七年、黒川村長に就任。一九五四年に阿蘇町が誕生すると初代町長となり、二十三年にわたり辣腕《らつわん》を振るった。その町政で特筆すべきはやはり「火の山運動」だ。

一九五七年、河崎義夫町長は町立自然公園設立条例及び入園料徴収条例を制定。阿蘇山噴火口一帯の所有権は阿蘇町にあり、景観の保護のために入園料を徴収すると宣言したのだ。この「火の山運動」をきっかけに、スエズ運河を国有化したエジプト大統領アブドゥル＝ナセルになぞらえて、義夫さんは「阿蘇のナセル」と呼ばれるようになる。

一九五六年に大統領に就任したナセルは、農地改革や企業の国有化など次々と改革を進めてゆく。そこでナセルが目をつけたのはスエズ運河だった。フランス統治下で建設が始められたスエズ運河は、開通後はイギリスが経営権を握っていた。スエズ運河の建設には多くのエジプト人が駆り出され、数千人もの死者が出たにもかかわらず、その恩恵がエジプトにもたらされることはなかった。そこでナセルはスエズ運河の国有化を宣言し、料金を徴収することにしたのだ。

義夫さんはまさに「阿蘇のナセル」と呼ぶにふさわしい人物だ。

阿蘇山は古くから信仰の対象とされてきた山である。修験者や阿蘇詣の参拝客によって利用されてきた登山道は、地元の青年団によって維持されてきた。その登山道が観光客で賑わい始めるのは明治以降のことで、一九三一年に新しい登山道路が完成すると自動車の通行が可能となり、より多くの観光客で賑わうようになる。そこで黒川村は村営登山バスの経営を申請したが、却下され、登山バスは倉橋組の大阿蘇登山バス会社が運営することになった。観光客で賑わうようになっても阿蘇が潤うことはなかったというわけだ。

義夫さんが「噴火口一帯の所有権は阿蘇町にある」と宣言したのは、この登山道路が全面舗装された年である。舗装をきっかけに阿蘇を訪れる観光客が急増するのは明らかだった。今度こそ阿蘇を豊かにしなければ——その思いが義夫さんを「火の山運動」に突き動かしたのだろう。運動は国を相手とした裁判に到り、第一審の判決が下されるまでに七年を要した。判決は「噴火口一帯は国有地である」という内容だったけれど、国は和解案を受け入れ、火口に至る町営有料道路が認められることになる。

*

阿蘇は貧しい集落だったと、文献に記されている。

やまなみハイウェイの開通を前に、熊本日日新聞は「熊本をつくる」と題した連載記事を掲載し、十六回にわたって阿蘇を取り上げている。第一回目の記事に目を通すと、「阿蘇といえば、カルデラの原始的大景観や、冬の寒さや、生活の貧しさが、イメージとして浮かぶ」と散々な言われようだ。そんな阿蘇だからこそ、やまなみハイウェイへの期待は大きかった。地元の主婦が「観光の第一歩は、いつでもいわれるようになんといっても道路です」と語れば、醸造家は「阿蘇の観光と産業は道路さえ開発すれば、無限の可能性をもつといっても過言ではない」と語り、熊本県の職員も「開発の動脈は道路だ」と語る。その開発の障壁として挙げられているのは入会《いりあい》権問題だ。

また厄介な入会権問題がある。昔から農民たちは、この共有原野から家畜の飼料を刈り、そして肥料をつくり、タキギをとった。生産と生きるための基本条件が入会権であった。しかし植林をすすめ、畜産をのばすためには入会権をかえねばならぬ。昔から自分たちの生活を守ってきた歴史の甲らをぬぎすてるのはむずかしいことだが、林と草地改良はあすの阿蘇をつくる土台になる。

ドライブインが建っている場所も入会権を共有する牧野だ。

「最初は主人ひとりで始めたわけじゃなかったらしいんです」とサヨ子さんは言う。「このあたりは部落ごとに牧野組合というのがあるんですよね。そこで牧野を管理して、春になると野焼きをして牧草を育てます。牧野に店を建てるには、牧野組合に認めてもらわないと駄目なんです。一人でも反対すると建てられないので、十人近く発起人を集めて、最初は共同で店を始めたらしいんですよね。そのうち主人が株を買い取るような感じで、ひとりで店をやるようになったんです」

やまなみハイウェイに建物が少なく、草原ばかりが広がっているのは牧野の問題があるからだろう。当時は大手資本と提携して道沿いに人工湖や自然動物園を開発する計画があったそうだが、いずれも頓挫してしまった。熊本県側のやまなみハイウェイ沿いに建設されたのは結局「三愛レストハウス」と「城山ドライブイン」の二軒。「三愛レストハウス」は東京の大手資本による開発であり、地元の住民で立ち上げたのは「城山ドライブイン」だけということになる。その手腕と商魂に阿蘇のナセルは感心したのだろう。

「城山ドライブイン」は小さい店ながらも大繁盛だった。その賑わいを示すこんなエピソードがある。

「一九六六年だったかな、天皇陛下が阿蘇に来られるということになったんですよ。天皇陛下をお迎えするには休憩する場所が必要になりますよね。でも、県や町にはお金がないもんですから、『お前のところで展望台を作ってくれ』と言われたそうなんです。当時はかなり売り上げがあったもんですから、うちがお金を出して展望台を建てたんです」

十月二十七日。その日は朝から曇りがちだったけれど、午後にはすっかり青空が広がっていた。天皇皇后両陛下がやってきたのは午後四時になろうとした時のことだ。到着された両陛下は、一の宮町長の説明に耳を傾けながら阿蘇五岳と阿蘇の町並みを眺望された。勝木斉さんも当然その場に同席していたけれど、昭和一桁生まれの斉さんは陛下を直視することができず、「足しか見えなかった」と語っていたという。

＊

「どうぞ、私のおごり」。サヨ子さんはそう言ってコーヒーのお代わりを出してくれた。

サヨ子さんが結婚したのは一九六九年のこと。当時はまだ二十三歳。「城山ドライブイン」は開業から五年が経っていたけれど、やまなみハイウェイの交通量は右肩上がりで、店は忙しくなる一方だった。

「あの頃は開店前からお客さんが並んどったですよ。まずは朝定食の準備をして、ごはんと味噌汁を注げばいいだけにしておく——それで店を開けるんです。観光のお客さんも多かったけど、あの頃は他に店がなかったけん、地元の人も多かったんですよ。夜は宴会をやることもあったんです。ビールを出して、焼き肉とごはんとお漬物を腹一杯食べさせる。カラオケもあるからどんちゃん騒ぎですよね。でも、地元の人からあんまり儲けたらいかんと思って安くしてました」

最初は平屋だった「城山ドライブイン」も、二人が結婚したあとで増築し二階建てになった。二階には小さなカウンターがあり、スナックのように営業していたこともある。まだこのあたりにお酒が飲める店は少なく、地元の若者で賑わったという。やまなみハイウェイを通ってやってくる観光客にとってドライブが新しい娯楽であったのと同じように、地元の人たちにとってもドライブという娯楽は新しく、若者はこぞってドライブインを目指したのだろう。

スナックはサヨ子さん一人で切り盛りしていたのではなく、地元の女性も雇って営業していた。昼の部も従業員は大勢おり、注文係、お茶汲み係、洗い場係をそれぞれ雇うほどだった。当時を振り返って一番大変だったのは「人を使うこと」だとサヨ子さんは言う。

「あの頃は私もまだ若くて、それで社長の奥さんでしょう。従業員といっても十人十色、

お2階へどうぞ！

皆心が違うから、それをまとめるのは大変でした。自分も一緒になって頑張らないと人はついてこないし、従業員は家族と思って接してきました。悩みを聞いたりしてね。でも、今は阿蘇にもお店が増えて、暇になったでしょう。だからね、その人たちがお嫁に行ったり辞めたりしたらもう雇わなかったんです」

夫の勝木斉さんが二〇〇一年に亡くなってからは、サヨ子さんが一人で店を切り盛りしてきた。

「私がいつまで出来るかわからないけど、長男のお嫁さんに店をやってもらいたいと思ってるんです。よく言ってるんですよ、『誰か一人雇って、ぼちぼちやりなさい』って。私もまだ五、六年は頑張るけど、そのあいだにお嫁さんに何もかも教え込んで、それで私は引退します」

＊

サヨ子さんに話を聞かせてもらったのは二〇一一年九月のことだ。帰り際、サヨ子さんは「またいらっしゃい」と見送ってくれたのに、しばらく足が遠のいてしまった。二〇一二年七月、九州北部は集中豪雨に襲われた。阿蘇市一の宮町では土砂崩れが起こり、三十名もの方が亡くなった。その四年後、二〇一六年四月には熊本地震が起こり、十月には阿蘇山が噴火する。熊本で災害が起きるたび、あの店は無事だろうかと心配になった。しかし、大変なときに連絡するのも迷惑だろうと躊躇《ちゅうちょ》しているうちに時間が経ってしまった。久しぶりにやまなみハイウェイを走ったのは二〇一七年一月二十九日のことだ。

その日、草千里ヶ浜《くさせんりがはま》では野焼きが予定されていた。一度野焼きというものを見学してみようとその日を選んだのだけれど、野焼きは雨のため中止となってしまった。それならばとまっすぐお店を目指すことにして、ナビの目的地を「城山ドライブイン」にセットした。鞄の中には質問リストが入っている。改めてサヨ子さんに聞きたいことを書き出すと五ページになった。どんなふうに話を聞こう——車を走らせながらそんなことを考えていた。

「目的地に到着しました」。ナビの音声に促されて、狐につままれたような気持ちで車を停める。そこにあったはずの「城山ドライブイン」は忽然と姿を消していた。建物の基礎だけは残っているけれど、ドライブインはなくなってしまっていた。

頭が真っ白になって、しばらくその場に立ち尽くす。一体何が起きたのか、それを知る手がかりは何もなかった。このまま東京に帰るわけにもいかず、情報を辿っていくと、サヨ子さんの長男の妻・勝木佐弥佳さんの連絡先を知ることができた。緊張しながら電話をかけ、サヨ子さんに話を聞かせてもらいたくてやってきた旨を伝える。少し間を置いて、「義母はですね、去年亡くなったんです」と佐弥佳さんは言った。

間に合わなかった。聞いておきたいことはいくつもあったのだけれど、その答えを聞くことができなくなってしまった。

＊

後日、改めて佐弥佳さんの御自宅にお邪魔して話を聞かせてもらった。「城山ドライブイン」を解体することになったのは、やはり二〇一六年四月十四日の地震の影響だという。

「地震のとき、お店は結構すごかったんですよ」。佐弥佳さんはお茶を出しながらそう話してくれた。「五年前に水害があって、それで今回の地震が起きたので、店が谷側に傾いてたんです。店の前のアスファルトもヒビが入っているような状態で、店の中もぐしゃぐしゃで……。そのとき義母はお店にいなかったので、無事は無事だったんですけどね」

二〇一六年一月、サヨ子さんの体に癌《がん》が見つかり、一旦ドライブインは休業することになった。地震が起きたのは退院の半月後だ。

「義母はもう気が気じゃないもんだから、地震のあとも店を見に行ってたんですよ。水害のときも危ないから近寄ったらダメと言われてたのに、気になるもんだからこそっと様子を見に行って、皆に怒られたりしてたんです。どうにかして店を守っていかんとっていう気持ちがあったけんですね、最後まで気になってたみたいです。あんまりこの姿は見せたくないなと思うぐらいぐちゃぐちゃだったから、それで気持ちが落ち込んだところもあったのかなと思うんですけどね」

サヨ子さんは店に復帰するつもりで、ホスピスに移ってからも店を片づけに出かけていたという。いたって元気そうに振る舞っていたけれど、二〇一六年七月二十日、急に体調を崩して亡くなってしまった。

「これは亡くなったあとでわかったことなんですけど、水害があった頃に義母がドライブインに住所を移してたんですよ。それで被災者支援で解体してもらえることになったので、解体してもらうことにしたんです。でも、基礎まで行ったときに亀裂がすごくて、展望台が揺れるやら言われて、今は途中で止まってる状態なんです」

解体に取り掛かったのは店を再開させるためだったと佐弥佳さんは語る。

「義母に『あなたが店をやりなさい』と言われていた頃は、『なかなかお母さんのようにはしきらんよ』と言ってたんですよ。そうすると義母は『私も昔は立っとるだけだったけんね』と笑ってましたけどね。でも、義母が亡くなる前から店を継ぐ考えはあったんですよ。これは私というよりは主人のほうが思っていて、頭の中には前から構想があったんです。私と主人は義父が亡くなったあとに本格的にこっちに帰ってきたんですけど、その頃から少しずつ自分たちで壁や床を改築してたんですよね。せっかくだからいまどきな感じにしたいねと。今はこういう状態なので、何年後とはまだ言えないんですけど、いつか復活させたいと思っています」

＊

帰りの阿蘇くまもと空港で、少し時間を持て余してガイドブックをぱらぱらめくってみた。阿蘇の見所と紹介されているのは動物と触れ合えるテーマパークやアウトドアスポーツを堪能できるネイチャーランド、それに日帰りでも楽しめる温泉あたりだ。僕はこれまでに四度阿蘇を訪れたことがあるけれど、動物と触れ合ったこともなければアウトドアスポーツを体験したこともなく、温泉につかったこともない。残りの人生でもそれらの場所を訪れることはないかもしれないけれど、「城山ドライブイン」が再開する日にはやまなみハイウェイを再訪するつもりでいる。

東海道はドライブイン銀座　掛川・小泉屋

今やドライブインを知らない世代も多いだろう。

ドライブイン（drive-in）とは、文字通りクルマで乗り入れることができる施設をさす。昭和三十年代に急増し、ドライブイン・レストランやドライブイン・スーパーマーケット、ドライブイン・シアターにドライブイン・バンクなんて言葉まで存在していた。広義のドライブインには、ファストフード店のドライブスルーや高速道路のサービスエリアも含まれるけれど、この本で扱うのは狭義のドライブイン、つまり一般道に存在する、クルマを停めて休憩することのできるドライブイン・レストランだ。

ドライブインが急増した背景にはクルマの普及がある。自家用車の世帯普及率がわずか二・八パーセントに過ぎなかった一九六二年、『マイ・カー　よい車わるい車を見破る法』という本がベストセラーとなる。その五年後には自家用車の世帯普及率は一〇パーセントを超え、一気に日本全土に普及してゆく。しかし、当時の道路はまだクルマの走行を前提として整備されたものではなく、舗装されていない道路がほとんどだった。

僕が生まれ育った中国地方の町には国道二号線が通っているけれど、母によれば国道二号線でさえも舗装されていなかったという。

「私が小学校低学年のときに、新しい国道二号線ができたんよ。それは『新国道』って言いよったけど、新しく作った道路で、最初から舗装されとったね。元の旧国道は細い道で、アスファルトじゃなくて砂利で整地がしてあったんよ。クルマも通りよったけど、バスやらオート三輪が通ったら砂埃《すなぼこり》がすごかったねえ」

道路が整備されるにつれて交通量も増えてゆく。そこに目をつけた人たちがドライブインを創業するわけだ。中でもドライブインが密集していたのは日本の大動脈である国道一号線であり、『月刊食堂』（一九六五年五月号）では「国道一号線上のドライブインはあきらかに競争過程にある」としてその乱立ぶりが指摘されている。東海道はドライブイン銀座だったわけだ。今ではその大半が姿を消してしまったけれど、当時を知る数少ないお店が静岡県掛川市にある「小泉屋」だ。

「ドライバーの皆さんが休憩するのにはこういったお店が必要ですから、ドライブインは点々とありました」。そう話してくれたのは「小泉屋」の小泉玲子さんだ。彼女は夫の小泉佳樹さんと一緒に店を切り盛りしている。「このあたりでも、向こうの峠にのぼってしまうまでにも六軒ぐらいあったんですよ。昭和三十年代に少しずつ増えていって――でも、それも短いあいだですよね。東名ができてバイパスが出来て、だんだん交通量が減ってくると、お店も少なくなったんです」

＊

小腹が減っていたこともあり、話を聞かせてもらう前に山菜そばをいただく。ワラビやゼンマイ、なめこがのっかっていて、真ん中に海苔とかまぼこが置かれている。ねぎがたっぷりで嬉しくなる。窓の外を眺めながら、かつてここを行き交ったであろう人たちを想像する。

国道一号線は昔の東海道であり、このあたりは金谷宿《かなや》と日坂宿《につさか》の中間地点にあたる。「小泉屋」の歴史を辿れば、元は日坂宿の近郊で宿屋を営んでいたのだという。宝永の大地震で宿屋が倒壊すると、久延寺というお寺の隣に峠のお茶屋さんを始める。それ以来、今日まで二百六十年にわたり東海道を見守り続けてきた。佳樹さんと玲子さんで「小泉屋」は十代目だ。

「このあたり一帯は〝小夜の中山〟といって、這って歩くような急坂がいくつもあるんです。箱根の方が距離としては長いかもしれないけど、こちらもかなりの難所として知られていたそうで、よくここを牛車やお駕籠《かご》が通ったなというような道なんです。久延寺はその頂上にあたる場所に建っているので、ずっと歩いてきてやっと一休みという場所だったんですね。お寺の周りで商売をする家も、昔は何軒もあったそうですよ」

当たり前の話ではあるけれど、江戸時代の人たちは徒歩で旅をしていたわけだ。今で

は気軽に移動することができるし、食べ物だっていくらでも手に入れることができる。でも、携帯食も乏しく、徒歩で移動せざるをえない時代だったからこそ、こうして峠のお茶屋さんにたどり着いて食べた団子はさぞおいしかったことだろう。当時の人たちが少しうらやましくなる。

東海道の起源は一千年以上前までさかのぼる。

律令制の時代、中央集権化が進められるなかで「五畿七道」という行政区分が生まれた。それぞれの地方と中央政府を結ぶ道路が設けられることになり、その一つは東海道と名づけられた。この東海道は鎌倉時代に改めて整備され、数キロおきに「宿」が置かれた。つまり宿場町は自然発生的に生まれたというよりも、公共事業として設置されたと言える。宿場町には荷物を円滑に継ぎ送るために人馬を提供することが義務づけられており、これが原因で疲弊する宿場町もあったという。

ドライブインが担っていた役割というのは、かつて宿場町が担っていた役割に近いのではないか。『社団法人日本ドライブイン協会10年の歩み』という記念誌を繙《ひもと》くと、昭和二十二年に小田原でドライブインを始めた加藤實さんが当時の苦労を書き記している。

当時は、復興も浅く、観光バスとは名のみで全部が戦前のフォード製のバスでした。それも木炭車とあっては箱根の山を越えるにも非常に苦労したものです。車の色も大半が紺一色で今のカラフルな観光バスからは思いもつきません。

添乗する旅行業者の方と運転士さん達は全部自弁で我々はお茶だけのサービス。当初、ガイドさんは乗っていませんでした。（略）お客さんは90％が持込弁当で、ドライブインは席を貸してお茶のサービスのみ、当時は米の統制が厳しく食事の営業は出来ず配給米もなしで、みやげ品の販売のみでした。持込弁当のあと片付けには泣かされました。それでも米を持参して食事注文の場合は料理共で250円位でした。


かつての宿場町のように労役を義務づけられていたわけではないけれど、街道を維持するためにドライブインが一役買っていたわけだ。「小泉屋」の玲子さんもまた、こんな話を聞かせてくれた。

「今みたいにコンビニや道の駅がなかった頃だから、トイレ休憩に寄って行かれるお客さんが多かったんですよ。トラックも多かったですし、観光バスも多かった。それこそ高度成長期に入る頃からは段々賑やかになってきて――ここは静岡と浜松の中間だもんだから、このあたりで休憩する観光バスが多くてね。今だとバス会社と提携してるお店もありますけど、昔は特別そういうこともなかったから、特に知らせがあるわけでもなく観光バスがやってきて、お客さんがだーっとトイレで用を足して、ちょっとお土産を買っていかれるんです。あの頃はお土産がすごく出たんですよね。皆さん、ちょっとどこかへ行かれると、ご近所にということでお土産をたくさん買って帰られていたんですよ。うちの店も、今でこそ食事も出してますけど、当時はお土産が中心でした。トラックの運転手の方なんかも、トイレで用を足したあとにジュースを買ったりしてね」

「小泉屋」のトイレは店内ではなく、外に設けられている。つまり、お店で買い物をしなくてもトイレを利用できるというわけだ。それではトイレを維持するだけでも大変ではないですかと訊ねてみると、「トイレを流すのだってタダじゃないけど、ついでに何かを買ってくれる人もいるし、あんまり欲をかいちゃいけないと思うんです」と佳樹さんは笑う。

＊

「小泉屋」の名物は子育飴《こそだてあめ》。この飴には古い謂《いわ》れがある。

小夜の中山には昔、巨大な石が転がっていた。この巨大な石は「夜泣石《よなきいし》」と呼ばれ、歌川広重の「東海道五十三次」にも描かれている。その昔、身重の女性が陣痛に見舞われ、この石のそばで休んでいた。そこを通りかかった轟業右衛門という男は、女性を斬り殺して金品を奪って逃走する。そのとき傷口からこどもが生まれ、斬り殺された女性は石に乗り移って毎晩のように泣いた。この夜泣石のおかげで久延寺の和尚がこどもを発見し、飴を食べさせて立派に育てたのだという。

「夜泣石の話は千年あまり昔のお話だっていうんですけど、子育飴を出す店はこのあた

りに何軒かあったそうですよ。昔は飴の餅というのがあって、それがよく出たようですね。お餅をちょっとあぶって、子育飴を挟む。お餅は腹に溜まるし、甘いものは美味しいということで、東海道を歩いてきたお客さんによく出たようです。うちは昔の製法そのままで、モチ米と麦芽だけで作ってます」

せっかくなので子育飴をいただく。砂糖や添加物が使われておらず、今までに食べたことのない味がする。二本の棒の先についた飴を練りながら食べる。練り続けると空気が混ざって白くなる。「それが面白くて、昔の人は一生懸命練ってたみたいですよ」と玲子さんが教えてくれた。

「皆さん、飴なんて簡単にできるだろうと思うでしょうけど、力仕事で大変なんですよ」。佳樹さんの表情から、その苦労が伝わってくる。「一回に使うモチ米は六〇キロもあるんです。まずはモチ米をふかして、それに麦芽を混ぜてお湯につけておくんですよ。一晩経つと糖化して、麦芽糖ができる。今度はそれを絞って、六、七時間煮詰めていく。そうすると飴ができるんです。二日かかるもんだから大変ですよ。寒けりゃまだいいけど、夏なんか暑くてね。でも、火を使ってるから離れるわけにはいかないんです。飴もね、時期によって硬さを変えなくちゃいけないんですよ。暑い時期は飴が柔らかくなるから、夏の飴はよく煮詰める。寒ければそんなに煮詰めなくても箸にかかるような状態になるんです。だから夏と冬ではずいぶん色が違いますよ。味もね、夏のほうがコクが出ておいしくなります」

かつては子育飴と土産物だけで切り盛りしていた「小泉屋」が、そばやうどん、それに静岡おでんを取り扱うようになったのは二人が店を継いでからだ。客足が落ち着いて余裕が出てきたことで、おそばやさんに習いに行って食事を出すようになったのだそうだ。一九九九年に日坂バイパスが開通すると、「小泉屋」の前を通る道は交通量が少なくなり、何か名物を作らなければと子育飴ソフトクリームも出すようになった。交通量の変化とともに、「小泉屋」のメニューは変わってきたわけだ。

＊

交通量が影響を与えたのはメニューだけでなかった。「小泉屋」はこれまでに二度移転しているが、それには道の変遷が深く影響している。

江戸時代に久延寺の隣で店を始めた「小泉屋」は、明治十三年、中山新道沿いに移転した。かつての東海道があまりに険しい道だということで、杉本権蔵という人物が新たに切り開いたのが中山新道である。その背景には、明治四年に出された太政官布告《だじようかんふこく》「治水修路等ノ便利ヲ興ス者ニ税金取立ヲ許ス」がある。経済的な基盤が十分でなかった明治政府は、「道路や橋の建設工事を行った者は、かかった費用を通行料として徴収できる」という布告を行ったのだ。中山新道はこの太政官布告に基づいて建設された最初の有料道路である。

「今の有料道路だと、普通は店を出せないですよね」と玲子さんは言う。「うちと杉本さんはずっと付き合いがあったみたいなんですけど、知り合いだから店を出せたというわけでもないみたいですよ。今のように『有料道路沿いに勝手に店を出しちゃいけない』という決まりもなかったし、中山新道沿いにうちの地所があったから、それでお店を出したんだと思います」

開通当初は賑わっていた中山新道だが、明治二十二年に国鉄東海道線が開通すると利用者が激減し償却不能に陥り、公道に編入されることになった。昭和七年、中山新道のすぐそばに新しい国道一号線が建設されると、「小泉屋」は再び移転する。この新しい国道一号線が作られた理由はちょっと変わっている。今の感覚だと、わざわざ新しい道路をつくるからには「古い道路が慢性的に渋滞するようになった」とか「あまりに不便だった」とか、そういった理由を思い浮かべる。でも、この道路はそういった理由で新設されたわけではなく、昭和恐慌の時代に雇用を拡大するために建設された道路だった。道路が開通してもたまに木炭車が通る程度で、閑散とした有様だったという。

「その当時はお店の売り上げはほとんどなかったと思いますよ」と玲子さん。「私の祖父は蚕《かいこ》の先生をやってたらしくて、東北のほうまで教えに行ったりもしてたそうなんです。その頃はお店もそんなに忙しくなかったから、皆で商売をしなくてもよかったみたいですね」

売り上げが少なくても営業を続けていたのは子育飴のためだ。かつては子育飴を出す店は何軒もあったけれど、今では二軒だけになってしまった。ただ、もう一軒の「扇屋」は店主が亡くなってしまって、掛川市が店を買い取りボランティアによって休日だけ営業を続けている状態だ。つまり、こうして営業を続けている店はもう「小泉屋」だけになってしまった。

「それが今プレッシャーなんですよ。何しろ代々伝わってきてるものだから、ここで絶やしちゃいけないという気持ちがあるんです。やっぱり普通のでんぷんの晒《さら》し飴とは違うんですけど、うちがやめちゃったら子育飴ってものがなくなってしまうかもしれないんですよね。こどもに次の代を継いで欲しいんですけど、別の職に就いちゃってるもんだからね。でも、子育飴だけでも続けてもらいたいんです」

玲子さんは一九五二年生まれで、同世代には地元を離れて上京する人も多かった。若い頃に店を継ぐことに対する反発はなかったのかと訊ねてみると、「小さい頃から店を継ぐよう洗脳されてました」と笑う。「もうちょっと反発があればどうかなっちゃってたんでしょうけど、私がやらなくちゃしょうがないんだってことでここにいました。そりゃあ私も出たかったですよ。でも、一旦外に出ると帰ってこなくなるかもしれないっていう心配があったんでしょうね、どこにも出させてもらえなかった」

東海道を東へ西へ、多くの人が行き交うこの場所で、玲子さんはこの町を離れることなく、「小泉屋」を守り続けて来た。玲子さんに限らず、十代にもわたってこの店を守り続けてきた人たちがいる。こうしてふらふらドライブインを訪ねてまわっている僕には、途方もないことであるように感じられる。

＊

「小泉屋」の隣には茶畑が広がっており、いたるところに防霜《ぼうそう》扇風機が置かれている。今では交通量が減り、扇風機だけが静かにまわっている。

「私が小さい頃はクルマの性能も良くなかったから、故障するクルマも多くて、朝晩はいつも渋滞してました。交通量が多かったから、道路を渡るのも大変だったんですよ。それが東名高速道路ができたり、バイパスができたりして、交通量も減ってきて……。この六十年の変化というと、道が変わったっていうのが一番大きいですね」

金谷駅まで引き返し、東海道線に乗り込んだ。ほどなくして川が見えてきた。大井川だ。江戸時代の大井川には橋がかかっておらず、川越人足を雇って渡っていたのだと何かで読んだ。水量が増すと川留めとなり、長いときは二週間も待たされることもあったという。そんな大井川を、東海道線はあっという間に越えてゆく。かつては一週間近くかかっていた道程も、今ではたった四時間で東京駅にたどり着いてしまった。

クルマで巡る遍路道　高知・ドライブイン27

時代が変わると、かつて存在したはずのリアリティは失われてゆく。今の僕はケータイなしに待ち合わせをすることもできないし、目的地にたどり着くこともできないだろう。自分の生きていた時代に起きた変化でさえこの有様で、生まれる前となれば想像することさえ難しくなる。コンビニエンスストアやスーパーマーケットがない頃はどうやって買い物していたのか。テレビやラジオのない時代はどうやって退屈をまぎらわせていたのか。クルマも鉄道もない時代に旅とはどんな時間だったのか。

一九六八年に日本交通公社が発行した『旅行一〇〇年』はこんな書き出しで始まる。

いまの旅行はレジャーであるが、むかしの旅は、まさに命がけであった。山道を行けば、猛獣毒蛇にも襲われるし、山賊や野盗の群れにも警戒しなければならなかった。それに一夜を明かす宿すらなかったので、木の蔭、軒の下に野宿もしなければならなかった。まさに草に寝、草に起きる草枕の旅であった。だから旅は、つまり戦場であった。そこで、旅に行くときには、水盃《みずさかずき》をして武装して出かけた。旅が安全に行えるようになったのは江戸時代のことだという。しかし、移動手段はあいかわらず徒歩であり、今ほど気軽にできるものではなかった。また、当時の庶民に認められていたのは神社仏閣を参詣する巡礼の旅のみである。中でも人気だったのが伊勢参りと四国八十八ヶ所巡拝だ。

＊

唐浜《とうのはま》駅を降りると、あたり一面にビニルハウスが広がっていた。土佐くろしお鉄道阿佐線（通称「ごめん・なはり線」）には、すべての駅にやなせたかしがデザインしたイメージキャラクターの像があり、唐浜駅にいるのは「とうのはまへんろ君」という白装束姿のキャラクターだ。ビニルハウスのあいだを抜けて、海沿いを走る国道五五号線に出ると、まずは「ドライブインつつばﾞ」があり、その向こうに「ドライブイン27」の看板が見えてくる。

モーニングセットを注文して席につく。暦の上ではもう春だが、この日はまだ肌寒かった。カウンター席の近くに置かれたストーブに、近所の人なのだろう、老人が暖を取りながらコーヒーを飲んでいる。テレビではＮＨＫのニュース番組が流れている。壁には大相撲の番付表が貼られており、力士の手形がいくつも飾られていた。力士たちがこの店を訪れたことがあるというわけではなく、もらったものを飾っているのだという。

仕事がひと段落するのを待って、お店を営む小松貞喜さんに話を聞く。一九三四年生まれの貞喜さんは、八十歳を過ぎた今も店に立ち続けている。僕がこの店を訪れるのは五年ぶりだが、相変わらずお元気そうでホッとした。五年前、最初にお店を訪れたときに撮影した写真を手渡すと、「やっぱり、今よりいくらか若いね」と笑う。

彼女が生まれ育った安芸《あき》町は地域の中心であり、岩崎弥太郎の生家があることでも知られている。それに比べて唐浜のあたりは農村で、海が近いせいで作物もあまり育たず、貧しい村だった。結婚して唐浜に引っ越すことになると、近所の人たちから「何であんなところに嫁に行くのか」と言われたという。

当時の唐浜にはまだビニルハウスは建ち並んでいなかった。その風景を一変させたのは、夫の小松直幸さんだ。

「まだビニルハウスがなかった頃に、うちの主人が仕入れてきたんです」と貞喜さんは言う。「あんなものを建ててからと笑い者になりながら、まあナスでも作ってみようかと作ってみたら、それがわりかた良くってね。それで皆がビニルハウスで野菜を育てるようになったんです。でも、そこで『ワシが始めたからじゃ』なんていうことは一切ない人でした。そんなことを言うのは大嫌いじゃきにね。私はちゃらちゃら言うほうですけど、主人はあんまり物を言わん人だったんです」

直幸さんは寡黙だったが、先進的な人物だったようだ。そんな直幸さんが「ドライブインを始める」と言い出したのは一九六七年のこと。「もう『やるぞ』って言うたらそれなりで、『一緒にやってくれるか』っていうふうなことではなかったです」と貞喜さんは振り返る。商売の経験があるわけでもなく、「いらっしゃいませ」も「ありがとう」も言わないような人だったから、商売を始めると言い出したときは皆驚いたそうだ。直幸さんはもう亡くなってしまって、なぜドライブインを始めようと思い立ったのか知る由もなくなってしまった。

店の内装は基本的に創業当時のまま。少し古ぼけてはいるけれど、ストライプ柄の壁紙や球体の照明は洒落ている。昔はシャンデリアもあったのだという。

改めて店内を見渡してみる。店の半分以上はテーブル席だけれど、奥には小上がりの座敷席も広がっている。入り口近くにはお遍路グッズが並んでおり、白装束《しろしょうぞく》やミニタオル、遍路笠や金剛杖、線香やロウソクもある。「ドライブイン27」の近くには四国八十八ヶ所巡拝の二十七番札所・神峯寺《こうのみねじ》があり、それで唐浜駅のキャラクターも「とうのまへんろ君」になったというわけだ。

「昔は観光バスがたくさん来よったんです」。しげしげとお遍路グッズを眺めていると、貞喜さんがそう説明してくれた。よく見ると、日光で茶色くなってしまった紙に、お遍路で訪れたお客さんが詠んだ川柳が書き記されている。戦後になってモータリゼーションが進むと、「車遍路」が急速に普及し、クルマやバスで来店するお客さんが増えてゆく。

伊予鉄道が遍路道に巡拝バスを走らせたのは一九五三年であり、数年後には四社が競合する人気路線となった。「そこの駐車場にバスが停まって、お昼時であればうちでごはんを食べて、それから神峯寺にお参りするんです。事前に連絡があって『タクシーを何台手配しておいてくれ』と言われるときもあれば、ここへ来てから『タクシーを呼んでくれ』と言われるときもありました。もちろん歩いて行かれる方もおりましたけど、多い日には幕の内弁当が百個以上出てましたね」

＊

「ドライブイン27」はレストランだけでなく遍路宿も営んでいる。遍路宿というのはお遍路さんをターゲットにした民宿や旅館である。

四国八十八ヶ所巡拝は一三〇〇キロを超える長旅だ。クルマで巡るにしても一日でまわりきることはできず、どこかに宿泊することになる。お寺や地元住民の善意により無償で提供される「通夜堂《つやどう》」や「善根宿《ぜんこんやど》」に宿泊する人もいれば、「遍路宿」に泊まる人もいる。

「民宿といっても、昔通りの百姓の家なんですけどね。トイレも離れてお風呂も離れてるけど、それでも構わんという人だけ泊まってもらってます」

ドライブインと遍路宿を兼ねた店は「ドライブイン27」だけではない。たとえば徳島の美波町という町には江戸時代から続く「橋本屋旅館」がある。この店はバイキングと麦飯が堪能できる「ドライブインはしもと」も営んでおり、廃バスを利用した善根宿も提供している（旅館はまだ営業を続けているけれど、ドライブインは残念ながら閉店してしまった）。あるいは、数年前まで阿南市にあった「龍山荘」のご主人は、もともと二十一番札所の太龍寺の近くで農家を営んでいたのだが、お寺の住職から「うちの駐車場でみかんを売ればいい」と提案してもらって店を始めた。しばらく経って遍路宿を始めることになり、お寺から一文字もらう形で「龍山荘」と名づけたのである。

「ドライブイン27」もまた、お寺との関わりの深い店だ。店の名前も神峯寺が二十七番札所であることに由来しているけれど、ドライブインを創業した直幸さんの父・小松直幹さんは神峯神社の総代を務めた人物である。それだけではない。神峯寺に続く現在の道をつくったのもまた直幹さんだという。

四国八十八ヶ所には「遍路ころがし」と呼ばれる難所が存在する。遍路がころがり落ちるほどの急坂だということからそう名づけられた。神峯寺に至る道も遍路ころがしの一つであり、「真縦《まつたて》」と呼ばれるほどの急坂だった。

「昔はね、クルマが通れるような道はなかったんです」と貞喜さんは振り返る。「うちがそこに山を持っとったもんですから、直幹さんが『クルマでお参りへ行くようになっしてくれましてね、何かの会合があるときにはうちの店を集合場所にしてくれよりましたらええがのう』と言うてね、ごとごと道を作り始めたんです。お寺さんも本当によくしてくれましてね、何かの会合があるときにはうちの店を集合場所にしてくれよりました」

小松直幹さんが道路を作ったおかげで、クルマで神峯寺に参拝できるようになった。道路を整備するために土地を提供するという話はよく聞くけれど、自分で計画を立て、私財を投じて道路を建設するというのは珍しい話だ。今でこそ急坂をのぼりきった先に「ドライブイン27」の支店もあり、道路を開通させた恩恵も多少はあるだろう。しかし、小松直幹さんが神峯道整備事業団を結成するのは一九五五年のことで、ドライブインを開業する十年以上前のことである。そこで私財を投じて道路建設に乗り出すというのはやはり、信心ということに尽きるのだろうか。

＊

ドライブインや遍路宿のなかった時代に、お遍路さんはどうやって四国を巡っていたのだろう。

四国八十八ヶ所巡拝の開祖である弘法大師は、七七四年に讃岐国《さぬきのくに》で生まれ、修行の末に室戸岬で悟りを開いた。弘法大師は四国各地の村をたずね歩いて〝乞食〟を行った。〝乞食〟というのは、修行の一環として食べ物や金銭を乞う行為をさす。この〝乞食〟に対する返礼が〝接待〟で、お遍路さんだけでなく、接待をした人も功徳が上がるとさ

れた。

修行の一環だった四国遍路に変化が生じるのは江戸時代に入ってからだ。旅が普及するにつれ、旅行として四国遍路に出る人があらわれるようになる。接待をあてにして無銭旅行に出る人もいれば、故郷を捨てお遍路さんとして生きてゆく人もいたという。そうしたお遍路さんにも、地元の人たちは接待を施していた。接待をするあまりに生活が困窮する人もあらわれるようになり、土佐藩は二度にわたって接待禁止令を出している。明治時代に入るとさらに取り締まりが強化され、「遍路乞食体の者は所在村役人に於《おい》て之れを国境より追放」する遍路取締令が出されている。つまり、信仰心からお遍路さんになった者以外は――「遍路乞食体の者」は――取り締まりの対象となり、警察が数百人規模の「遍路狩り」を行った記録もある。

貞喜さんが生まれた頃にはもう、〝乞食〟をしながら遍路を続ける人の姿を見かけることはなかった。「でも、近所の人らは『ものもらいがお遍路さんじゃ』と言いよりました」と貞喜さんは言う。その言葉には、人々が「お遍路さん」という言葉に抱くイメージの幅が滲《にじ》んでいる。しかし、お遍路さんに対する信仰心が消えたわけではなかった。「うちが民宿をしてなかった頃はね、お遍路さんが『どこでも構わんから寝らしてくれんか』って言うてきてたんです。でも、私らには絶対そんなことはできん。自分たちが座敷で寝てるのに、お遍路さんを納屋の隅なんかで寝らしたりはせられんということで、

『こんな汚いところじゃけんど』と座敷で休んでもろうてました。そんなことをやりよるうちに、何かが起こったときに困るからと保健所に届けでて民宿の許可を取ったんです」

遍路宿を始めてからも、貞喜さんはお遍路さんにささやかなお接待を続けてきた。ちょっとしたお菓子や飴を「気持ちです」と言って差し出す。全員に配るわけではなく、心と心が通じ合ったと感じるときに差し出すのだという。「お接待は真心あってのことですきに、心の底からせんと無益なんです」と貞喜さんは語る。そうしたやりとりを繰り返してきたおかげで、かつて「ドライブイン27」を利用したお遍路さんたちからは何通もお礼の手紙が届いた。貞喜さんはその封筒の束を嬉しそうに見せてくれた。

「ほんとにたくさんの人に利用していただいて、ありがたい仕事をしたと思ってます。ごとごと続けておったおかげでね、みなさんに優しくしていただいて。お金儲けをどうじゃこうじゃということはね、頭に全然ないのよ。お遍路さんもね、日本だけじゃなくて、世界中からいらしてくださるんです。着物を着ておいでの方もいますし、普通の格好の方もおいでですし、色々です。言葉はわかりませんけど、手まねでやりとりするんです。そうすると、意外と通じ合うんですね。そういう、よその人との触れ合いができてありがたかったです」

かつて旅は命がけであり、今のように誰もが旅に出る時代ではなかった。裏を返せば、それぞれの町もまた、今のように見知らぬ人が行き交うことに慣れていなかったわけだ。日本全国津々浦々まで交通網が整備され、多くのクルマが行き交うようになったのは戦後になってからだろう。小さな村にまでお遍路さんが入り込んでいた四国は、その先駆けだったとも言える。ドライブインが一瞬の流行ではなく、現在もこれだけ残っていることには、そうした歴史が関係している——それが極論であるのはわかっているけれど、そんな想像をめぐらせてしまう。

＊

春というのはお遍路さんの季節だ。高知県立歴史民俗資料館で副館長をつとめる岡本桂典さんは、「遍路道考」という論文をこう書き始めている。

四国に育った者には、春先のお遍路さんの鈴の音は、春を告げる使者のようにとても身近に感じられる。かつては、このお遍路さんの鈴の音を聞くと子供たちは、報謝のためにわが家に帰ったといわれている。そして、この報謝は、子供の日課のようであったようで、一つの教育の場であったとも考えられる。

報謝とは、お遍路さんをもてなす、お接待を指す。

「ドライブイン27」もまた、春になると観光バスで賑わっていたという。しかし、今では観光バスによる遍路は下火となった。かつて団体客が利用していた小上がりは使われなくなり、テーブルも片づけられてしまっている。店の前の国道五五号線を眺めていても、お遍路さんが通りかかる気配はなかった。

せっかくだから神峯寺に参拝してから帰ることにする。直幹さんの作ってくれた道路があるとはいえ、それでも結構な急坂だ。途中で立ち止まって、ドライブインでいただいた煎餅《せんべい》をかじっていると、坂の上からロードバイクに乗った若者が降りてきた。その背中には「南無大師遍照金剛」の文字があった。

千日道路の今　奈良・山添ドライブイン

どうしてこんなにうっかりしているのだろう。名古屋駅の近くにあるレンタカー屋のカウンターで、僕は途方に暮れていた。

新幹線で名古屋駅に向かったのは一月上旬のこと。その日はレンタカーを借りて、関西のドライブインを巡るつもりだった。北海道から沖縄まで日本全国のドライブインを取り上げてきたけれど、関西だけはまだ取材したことがなかった。クルマを借りるために運転免許を預け、書類に記入していると、店員さんが困り顔でこう告げた。

「こちらの運転免許、期限が切れているようなのですが……」

僕の運転免許は三日前に失効してしまっていた。通知の葉書は届いていたのに、更新に行くのを忘れていた。これは一体どうすればよいのだろう。動揺のあまり動けずにいると、失効から半年以内であれば再発行手続ができるはずだと店員さんが教えてくれた。レンタカーのキャンセル料も不要だと言ってくれたので、お詫びを言って店を出た。

＊

名古屋と大阪をつなぐ大動脈と言えば国道一号線だ。これは旧来の東海道を踏襲したルートで、京都を経由する。名古屋―大阪間を結ぶ高速道路に名神高速道路があり、日本で最初に開通した高速道路だが、これも京都経由だ。東海道新幹線も京都を通るため、名古屋から大阪に向かうには京都を経由するものだと考えがちだけど、もちろんそこには他のルートも存在する。

日本全国に弾丸道路を建設する――そんな計画が持ち上がったのは一九四三年のこと。弾丸道路とはハイウェイを意味する言葉だ。空襲が始まり、戦争が苛烈さを極める中、軍部は「ドイツのアウトバーンに匹敵する弾丸道路を」と要請し、内務省は調査に取りかかる。内務省がまとめた計画では、名古屋―大阪間の弾丸道路は京都ではなく、伊賀から木津――つまり奈良盆地の北部――を抜けて大阪に至るルートが採用されていた。戦争が終わり、復興が進む中でいよいよ弾丸道路の話が具体化したときも木津ルートが候補に挙がっていた。ただ、最終的には京都ルートが採用され、一九五七年に施工命令が下る。こうして一九六三年に名神高速道路が開通するのだが、木津ルートは「名阪国道」として一九六五年に開通する。今日はこの名阪国道沿いのドライブインを巡るつもりでいたのである。

自分で運転することはできなくなってしまったが、調べてみると路線バスが走っているらしかった。名鉄バスセンターから高速バスに乗り、名阪国道を目指すことにする。

ドライブインは一般道路にあるもので、高速道路にあるのはサービスエリアやパーキングエリアだ。弾丸道路として計画された名阪国道沿いにあるのはドライブインではなく、サービスエリアやパーキングエリアではないのかと思う人もいるだろう。それを説明するためには、名阪国道の成り立ちを振り返る必要がある。

＊

かつて奈良は陸の孤島だった。

一九五一年から一九八〇年まで八期二十九年にわたって奈良県知事を務めた奥田良三は、回顧録『燦々菁々滾々 私の県政史』にこう書き記す。

道路を車で走ると、県勢が一目でわかるという。県境を越えたとたん、それまでのデコボコの地道がすばらしい舗装であったり、逆に快適な舗装道路を走っていた車が一転してデコボコ道にはいり、思わずシートから投げ出されそうになったりする。まさしく道路はその県の力を示すものである。いわば顔である。私が知事に就任したころ道路といえるのは奈良から八木（橿原《かしはら》市）までの国道二四号線ぐらい。それも二車線ギリギリの狭い道だった。あとはいわずとしれたデコボコの地道、そこをバスがあえぎながら走っていた。自動車時代を迎えた今日、その姿は遠い昔話にも等しくなったが、産業、観光、各種開発を通じて道路の整備は欠かせないものだけに苦心の連続であった。

ここで奥田知事が名前を挙げている国道二四号は、京都と奈良を結ぶ道路だ。つまり北の玄関は開かれていたが、それ以外の三方にはクルマが走れるような道路はなかったというわけだ。各地で生産される農作物や、林業で切り出された木材を県外に売り出し、産業化の時代に対応する工業団地を誘致するには新たな道路が必要不可欠であり、奥田知事は積極的に道路の改良に取り組んだ。一九五八年には大阪へ続く阪奈《はんな》道路が、一九五九年には和歌山へ続く国道一六八号線が開通する。残すは東、三重から愛知へと続く道路だが、奥田知事はどこか消極的だった。国鉄を見ると、京都経由の東海道線は大繁盛だが、奈良経由の関西線は寂れていた。国道一号線があり、名神高速道路の建設も進む中で、新道路を建設しても需要があるのだろうかと二の足を踏んでいたのだ。

ところがある日、河野さん（建設相）が近畿の道路視察をした。大阪から名古屋へ抜けようとして大和・伊賀ルートをとった。そこで驚いた。そこには、ともすれば踏み迷うほどの狭い山道しかなかったのである。実行力が強く、早いことで知られた河野さんは東京へ帰るとすぐに近畿、中部両地建に名阪国道の建設を指示した。三十八年四月。「絶対、千日間で開通させよ」というものであった。

奥田知事の言う「河野さん」とは、東京オリンピックの頃に建設大臣とオリンピック担当国務大臣を兼任し辣腕をふるった河野一郎だ。河野一郎が「千日で開通させよ」と命じる以前から、名阪国道の建設計画は進められていたのだが、その段階では無料の一般道路として計画されていた。弾丸道路の役割は名神が担うので、こちらは一般道路でよいと判断されたのだろう。だが、現地を視察した河野一郎は「無料の自動車専用道路として開通するように」と指示を出す。

自動車専用道路を千日間で開通させる――これはかなり無謀な命令だ。高速道路と自動車専用道路を単純に比較することはできないにせよ、ほぼ同時期に着工された名神高速道路は、施行命令が下ってから開通するまで約二千日かかっている。だが、名阪国道は異例のスピードで工事が進められ、千日以内に開通の日を迎えた。

＊

名鉄バスセンターを出発した高速バスは、すぐに東名阪自動車道に入った。小一時間ほど走ると料金所があり、そこから先は名阪国道だ。いくつかの停留所を経て、高速バスは上野市《うえのし》駅にたどり着く。忍者の里として国際的に知名度があるのか、駅前には外国人観光客の姿も見かけた。

一時間ほど待ってバスを乗り継ぎ、名阪国道をさらに西に向かう。僕の他にはお年寄りが二人乗っているだけだ。無料とはいえ自動車専用道路であるため、看板は一般国道のような青色ではなく、高速道路と同じ緑色だ。数キロおきにインターチェンジが設定されており、インターチェンジに差し掛かるたびにバスは名阪国道を降りてバス停に停まる。反対側の車線には「名阪上野ドライブイン」という看板が見えた。サービスエリアのような規模だが、一度インターチェンジを出て名阪国道を下りなければならず、それで「ドライブイン」を名乗っているのだろう。すぐ近くには「伊賀上野パーキングエリア」というのもあり、「名物どて焼」という幟がはためいていた。こちらはインターチェンジを出ることなく立ち寄れるので「パーキングエリア」だ。ここは無料の自動車専用道路であり、出入りしたところで料金が変わるわけでもなく、利用者からすればドライブインでもパーキングエリアでも変わらないように思えるけれど、厳密に名前が分かれている。どちらも立ち寄ってみたいけれど、ここでバスを降りると次のバスが何時にやってくるかわからないので見送ることにする。

上野市駅を出て三十分ほどで、バスは終点にたどり着く。そこは国道山添《こくどうやまぞえ》というバス停で、名阪国道を降りてすぐの場所だ。

時刻はちょうどお昼時で、すっかりお腹が減ってしまった。

どこかに飲食店はないかとぶらついていると、近くに一軒のお店が見えた。看板には「山添ドライブイン」とある。ここまで見かけたドライブインやパーキングエリアとは異なり、こぢんまりとした外観だ。店の前にはどっしりした門松が飾られている。ひょっとしたらまだ正月休みの最中だろうか。

おそるおそる暖簾をくぐって驚く。店内はほぼ満席だ。作業服姿のグループもいれば、スーツ姿のサラリーマンもいる。空席もあるにはあるけれど、前のお客さんの食器がテーブルに残っていた。白髪の女性は小走りで料理を運び、たったかたったか働いている。仕事がひと段落してから声をかけようかと立ち尽くしていると、新たにお客さんが入ってきた。

「毎度！ 頑張って仕事してる？」

常連客とおぼしき男性は、「コイツに手伝わそか？」と連れの男性を指し、代わりに料理を運ばせている。そうして前のお客さんが食べたお皿を片づけ、調理場まで運んでゆく。そうか、待っていないで片づければいいのか。僕も一緒に皿を片づけていると、白髪の女性は「ああ、すいませんねえ」と深々とお辞儀をした。とりあえず瓶ビールを注文して、テーブルに戻る。

さて、何を食べよう。壁には手書きのメニューが並んでいる。うどんに丼もの、焼きそばに中華そば。様々なメニューがあるけれど、何より気になるのは帳場の横にあるガラスケースだ。そこにはいくつかおかずが並んでいた。僕が戸惑っている様子を察してくれたのか、ビールを運んできたお姉さんが「壁にあるメニューもあるし、ガラスケースの中のもんで気になるのがあれば言うてくださいね」と声をかけてくれた。繁盛しているだけあっておかずは残り二皿だけだ。焼き魚と、鶏肉と里芋の煮物を選んで席に戻ると、タッチの差で次のお客さんがやってきた。

「ああ、おかずもうなくなったん」

「ごめんねえ。おでんならあるんやけど」

「じゃあ、おでんと、きつねうどんちょうだい」

お客さんは慣れた調子で皿を取り出し、自分でおでんをよそっている。僕の座っている席からは調理場が見えた。店員さんは皆、忙しく働いている。ごはんをよそい、おかずを温め直し、汁を注ぎ、うどんを茹で、洗い物をする。お客さんが途切れて一息つく頃には、十三時半になろうとしていた。おかずが並んでいたガラスケースは空のままだが、追加されることはないのだろうか？

「昔は追加を出してたんですけど、今はあんまりしないですね」。そう教えてくれたのは、さきほどビールを運んできてくれた吉田富美代さんだ。「六時頃までは営業してるんですけど、おかずがなくなったあとはうどんか、丼か、あとは野菜炒めや玉子焼きならできますけどね。陳列台にも玉子焼きは出してるんですけど、『玉子焼いてー』言われたら、それとは別に、半熟に焼いたのを出してます」

さっき頼んだ焼き魚にも固焼きの玉子焼きがついていたけれど、せっかくだから半熟の玉子焼きを注文して、瓶ビールを追加する。運ばれてきた玉子焼きはふわふわで、出汁が効いていて絶品だ。千切りキャベツと、「彩りに」と紅生姜が添えられている。

「山添ドライブイン」を創業したのは、富美代さんのご両親。父・辰夫さんは昭和五年、母・蓉子さんは昭和十一年生まれ。

二人が生まれたのは奈良県の桜井市だが、辰夫さんの仕事の関係で山添村に引っ越した。辰夫さんの仕事というのは山の仕事だ。山の木を切り、それを製材にして出荷していた。母の蓉子さんは、山の仕事を手伝うこともあったけれど、普通の主婦だった。だがある日、辰夫さんに「店を始める」と告げられ、突然お店を切り盛りすることになったのである。

「父は『水にちょこっと出汁を入れて、醬油と砂糖を入れて――それでええわ』と言ったらしいんですけど、母としてはどうせなら皆に美味しいと言ってもらいたいということで、伯父のとこに習いに行ったみたいです。伯父は料理屋さんをやってたんで、そこで味つけを習ったり、調理師免許を取る勉強もさせてもらったりしたみたいです。せっかくお店を始めるのに濃縮出汁を使うのは嫌やし、するからには一つ一つ丁寧にせなあかんとゆうてね。その基本があるから、今も昆布鰹《かつお》で出汁を取ってます。業者さんが来ると『そんな面倒くさいことせんと、濃縮使うたらええのに』と言うてくれはんねんけど、母は『昔ながらの出汁で出す』と言い続けてますね」

最初に始めた店はドライブインではなく、小さな食堂で、お好み焼きやうどんを出していた。ご夫婦の名字から、地元の人には「吉田屋さん」と呼ばれており、今でも「吉田屋さん」で通っているという。お店を始めてしばらく経った頃、名阪国道の計画が持ち上がる。ちょうど山添インターチェンジができる場所に土地を持っている知り合いがおり、そこを買い上げて「山添ドライブイン」を始めることにした。一九六四年、名阪国道が開通する前年のことである。

「父が製材の仕事をしていた場所というのも、このすぐ近くだったんです。そういう縁もあったもんですから、名阪の工事をしに来てはる人たちが『店を作るんだったら、地ならしを手伝うたる』と言うてくれて。ここは山だったんですけど、いろいろ協力して助けてもらいました。今はそんなことしたらえらいことやろうけどね。この名阪国道が出来るまで、大きな道路はなかったんです。買い物に行くとなると、奈良か上野か名張《なばり》か天理かということになりますけど、どこに行くにしても時間はだいぶかかるし、交通の便も悪かったですね。でも、これが出来て便利になりました。大阪行きのバスもあるし、ディズニーランドまで行くバスも国道山添から出てるんです」

名阪国道が宣言通り千日で開通したのは、山添村に道路らしい道路がなかったことも影響している。通常であれば難航するはずの用地買収だが、立派な道路ができるのであればと皆喜んで提供した。工事費の負担が予想以上に大きかったこともあり、三重県知事からは「有料道路にして欲しい」との案も出たが、無料で通れるものだと思っていた地元の反発は大きく、当初の予定通り無料の自動車専用道路として開通することになる。名古屋から大阪を目指す場合、名神高速道路を通るよりも距離が短く、また冬でも雪が積もることがほとんどないため、名阪国道は大いに賑わった。

「うちに来てくれるお客さんも、長距離トラックのお客さんが多かったです。向こうに座敷もあるんですけどね、ごはんを食べてお酒を飲んで、座敷に寝て休んで行かれる方も多かったですよ。名阪のお客さんも多かったし、地元のお客さんも多かったから、当時は茶碗を洗う暇がないぐらい忙しかったみたいです。地元の人はね、稲を出荷したときとか、お茶を出荷したときとか、行事の帰りに『吉田屋さんで食べて飲んで帰ろか』という人もいてましたね。今はクルマでちょっと走ればお店がありますけど、その頃は他に店がなかったから、皆喜んで利用してくれたみたいです」

地元のお客さんはもちろんのこと、長距離トラックの運転手にも常連客が多く、顔なじみのお客さんは大勢いた。おかずのメニューを豊富に取り揃えているのは、そうしたことも関係している。

「今だとね、焼き魚だけでもサケ、サバ、ブリ、カレイ、赤魚と五種類ぐらいは出すようにしてるんです。揚げもんも、エビフライ、アジフライ、イカフライ、唐揚げと、なるべくたくさん並べるようにしてますね。同じ人が来てくれることが多いから、自分で今日のメニューを決めてもらったほうが毎日違うもんを食べれますよね。一個の料理をたくさん出すんじゃなくて、品数を多く、数を少なくです。そうすると手間も大変ですけど、自分だって毎日同じもん食べるのは嫌やしなと思うたら、こうなってしまいますね」

お客さんたちが自分でお皿を下げているのは、お店のそうした心遣いが伝わっているのだろう。ちょっと強面のお客さんでも、他のお客さんに倣って手伝ってくれるのだという。

「初めて来はったときはわからなくても、二回、三回と来てくださっているうちに『他のお客さんたち、自分でお茶出してきてるわ』というのを見て、自分でお茶を持って行ってくれるようになるんです。半分セルフですね。そんなこんなでお客さんに助けてもらってます。お客さんのほうも、自分が早く食べようと思ったら、前のお客さんの食器を下げたほうが早く食べれると思ってくださるのかもしれませんけど。皆さん協力してくださって、ありがたいですね」

何より驚かされるのは、お店には伝票が存在しないということ。つまり会計は自己申告制なのだ。食事を終えたお客さんは頃合いを見て帳場に行き、自分が食べたものを申告する。誤魔化そうとするお客さんはおらず、正直に申告している。帳場にあるのは電卓やレジではなく、ソロバンを弾く。「こっちのほうが早いんです」と富美代さんは笑

う。平成も終わりを迎えつつある今、こんなお店が残っていること自体が奇跡のように思えてくる。

＊

富美代さんは一九五八年生まれ。「山添ドライブイン」がオープンしたのは、彼女が小学校に上がって間もない頃だ。

「開業したばかりの頃はまだ小さかったんで、お店を手伝うということもなくて、学校から帰ってきたら遊びに出てましたね。親は一生懸命働いてるから、『お腹減った』とも言われへんしねえ。でも、最初は土日も休みなしで働いてましたけど、『日曜日に遊んでやれないと、こどもが可哀想だ』という話になったみたいで、オープンして四年経つ頃には日曜日が休みになったんです。それで、中学生になったあたりから私もお店を手伝うようになりました」


高校を卒業した富美代さんは、調理師学校に通って調理師免許を取得し、二十歳を過ぎた頃にはお店で働き始めた。お店のまわりの風景はずいぶん変わったけれど、店内は創業当時からほとんど変わっていないという。

「床もね、セメントのままなんです。綺麗にすればいいのかもしれませんけど、現場で働いてるお客さんもいてるから、こっちのほうが入りやすいとは言うてくれてますけどね。このテーブルなんかも、創業したときから使ってるものです。変わったことと言えば、店の真ん中に柱を入れたこと。もともと柱というのはなかったんですけど、ちょっと建物が傾いてきたんで、柱を入れやなあかんという話をしてたんです。私の従兄弟が土建をしてるので相談してみたら、色々段取りしてくれて、木を切って柱を入れてくれて。偶然なんですけど、その木というのが、私が生まれたときに植林された木だったみたいで。それが三年くらい前なんで、この柱だけ真新しいんです」

「山添ドライブイン」を創業したのは辰夫さんと蓉子さんだが、現在は富美代さんと康文さん夫婦が中心となってお店を切り盛りしている。できればこどもたちにお店を継いでもらいたいという気持ちもあったけれど、皆それぞれ就職している。やっぱり、私らの頃とは時代が違うからねえ。富美代さんはしみじみそう語る。

「もうねえ、私も年やから、自分の動ける範囲で続けられたらもうええわと思うてます。去年も一昨年も、頸椎《けいつい》の手術をしたんですけど、実は今年も脊柱管《せきちゅうかん》の手術をする予定があるんです。だから、またちょっとお店を閉めないとならんから、困ってるんですよね。自分の身体が思うように動かないんでね。でも、主人に助けられてます。主人は昔、会社に勤めてたんですよ。それを途中で辞めて、店を手伝いながら違う会社で働き始めてくれて。その会社も、最初は日勤でしたけども、途中から夜勤にしてくれて。そうやって昼間は手伝ってもらえるようになったから、何とか続けられてます」

＊

二〇一八年の三月、富美代さんは入院し、手術を受けた。手術は無事成功した。しばらくのあいだ休業していた「山添ドライブイン」も営業を再開し、富美代さんと康文さんは今日もお客さんを出迎えている。

II

アメリカの輝き

一九六六年のピザハウス

かつて都心にドライブインがあった

かつて扶桑社から発行されていた『en-taxi』という雑誌がある。この雑誌で「1970年代とは何だったのか」という特集が組まれたことがあり、渋谷東武ホテルで泉麻人さん、坪内祐三さん、それに亀和田武さんによる座談会が行われた。泉さんが一九七二年当時の住宅地図を取り出し、「この場所は当時『ジロー』があったんですよ」と切り出すと、亀和田さんは「僕が渋谷の『ジロー』に行ったのは高校三年生の時でしたね」と言った。「免許取り立ての高校三年生が行きたくてしょうがない店だったんですよ、『ジロー』は」と。

取材現場で耳にした言葉は、文字にすると「これでいつでも読み返せる」と安心するのか忘れてしまうことが多いけれど、亀和田さんの言葉は残り続けた。調べてみると、『ジロー』という店はドライブインも経営していたらしかった。その座談会以来、いつか亀和田さんにドライブインについて話を伺いたいと思っていた。

＊

亀和田さんが高校三年生だった一九六六年は、自家用車の世帯普及率はようやく一〇パーセントを超えたところだ。当時の高校生にとってクルマはどんな存在だったのだろう?

「四月から七月生まれの同級生のなかには十八歳になったというんで、夏休みになると免許を取る奴はいましたけど、そんなに多くはなかったですよ。自動車教習所に通う時間とお金も大変だし、なにしろ大学受験が迫ってる時期ですからね。親が運転するクルマがありつつ、さらに自分も運転免許証を持ってるなんていうケースはかなり少なかったです。でも、夏の終わりだったかな、世田谷の代沢に住んでいた同級生の藤沢君が『免許を取ったんだ』と誘ってくれて、夜の八時すぎから江ノ島にドライブに出かけたことがあって、そんなの初めてだったから、とても楽しい体験でしたね。皆嬉しくてしょうがないから、けっこうスピードを出すんですよ。対向車とすれ違うときも、ブレーキをかけないから、もう接触寸前ですよ。隣のクラスの真野君ってスピード狂は『俺は三センチのスリルに生きている男だ』って胸はってた。そのスリルと、もうひとつ頭の片隅にあるのはナンパ目的ですよね。ま、それは妄想みたいなもので、成功するケースはかなり少なかったですけど」

渋谷の「ジロー」に出かけたのは、免許を取り立ての遊び仲間に誘われたことがきっかけだという。明大前に住んでいた小貫君に誘われて、クルマで渋谷を目指した。

「彼はすごくリラックスした感じで、パパッと草履をつっかけると、俺たちを乗せて渋谷に向かったんです。渋谷の『ジロー』は、かっちりしたドライブインじゃないけれど、クルマを停めるスペースがありました。びっくりしたのは、彼は車内にスリッパを脱ぎ捨てると、そのまま裸足でスタスタ店に入って行ったんですよ。もちろん靴を脱ぐ必要はないんだけど、一階から二階にかけては、ふかふかのレッドカーペットが敷かれていて、裸足で歩いても平気なくらい綺麗だったんです。『ジロー』は入り口が吹き抜けになっていて、敷居が高い感じがしたんだけど、そこを裸足でスタスタ歩いていくわけです。彼はイケメンではなかったけど、バリバリのアイビー小僧だったから、ＶＡＮのショートパンツに裸足で二階に上がっていく。リゾート感覚で渋谷を自分の庭のように遊んでいる奴の身ごなしの軽さを感じましたね」

「ジロー」が創業されたのは一九五五年、最初に出店した場所は神田神保町だ。てっきりマスターが次郎さんだったのだとばかり思い込んでいたけれど、店名の由来はシャンソン歌手のイベット・ジローで、最初はシャンソン喫茶として営業していた。当時はレコードが高く、ジャズ喫茶やクラシック喫茶がいたるところにあり、「音楽を聞くなら喫茶店」という時代だったのだ。店を経営するのは若者も多かったという。

「四谷に『いーぐる』というジャズ喫茶が今も残ってますけど、そこのマスターは慶應義塾大学に通ってた頃にお店をオープンして、今はジャズ評論家としても名を成してますよね。あと、西荻窪に『ダンテ』というお店があって、その人も専修大学の四年生のときにお店を始めたそうです。本当はクラシックが好きでフルート奏者だったけど、それだとそんなに客が入らないということで、当時一番流行っていたジャズ喫茶にして、そこでお酒も出してなんとか利益をあげたそうです。今はほぼクラシックばかり流してますけど、そこは山小屋風のお店なんです」

「ダンテ」は二〇二一年に閉店したが、山小屋風という響きに一つの時代を感じる。

柴田書店が発行する『月刊食堂』（一九六二年四月号）を開くと、「新しい喫茶店の傾向」という特集が組まれている。そこでは日本の喫茶店とアメリカのコーヒーショップの違いが語られており、「日本の喫茶店はお茶をのむことと同時に憩いの場であることが重要な要素」であるのに対し、「アメリカのコーヒーショップは飲み物、ケーキ類のほか、食事ができるようになっている」と紹介されている。また、『月刊食堂』（一九六二年十月号）には「パンケーキはどこまで伸びるか」という特集が組まれており、アメリカのコーヒーショップで提供されている食事が輸入されつつあったことが伝わってくる。

「うちの父親が新しもの好きで、おまけに食品関係の会社に勤めていたものですから、ホットケーキもいち早く持ってきて母親に作らせてましたね」と亀和田さんは言う。

「新商品を家に持って帰ってきてくれることもあれば、ライバル社のものを買ってくる

 こともあって、比較的早いうちから食べていた気がします。あの当時だと『パパは何でも知っている』や『うちのママは世界一』といったアメリカのドラマがあって、そこでしか見たことのなかった食べ物がとうとう日本にも来たかという感じがありましたね」

一九六二年というのは象徴的な年だ。『月刊食堂』が新しい喫茶店の傾向やパンケーキを紹介したこの年、「ジロー」は改築され、入口脇にホットケーキ・コーナーを新設した。いちごやレモンなど六種類のシロップを自由にかけられることもあり、「ジロー」のホットケーキは好評を博す。

「一九六二年というのは渋い年なんです。一九六〇年は日米安保闘争の年で、一九六四年は東京オリンピックの年ですけど、そのあいだに地味な年があるんです。数年前に『考える人』という雑誌が『1962年に帰る』という特集を組んだことがあった。政治の年でもなければ国民が熱狂したオリンピックの年でもない、一見すると地味な年に、たとえば小説の世界では北杜夫の『楡家《にれけ》の人びと』や三島由紀夫の『美しい星』、それに安部公房の『砂の女』が出てくるわけです。それまで戦後派が書いていた政治と文学のあいだで揺れているものとはあきらかに違う、軽みのある新しい小説が書かれた年だと指摘している人もいましたね」

＊

一九六二年を舞台とした映画といえば『アメリカン・グラフィティ』だ。

アメリカでの公開は一九七三年、日本では一九七四年に公開された『アメリカン・グラフィティ』には重要な舞台としてドライブインが登場する。

「あの映画は十年以上前のアメリカの風景であるはずなのに、近未来の風景を観ているような感覚でしたね。あの『メルズ・ドライブイン』という店は、女の子がローラースケートを履いて注文を取りにくるでしょう。あれを観たときは『参ったな』という感じでした。一九七四年の日本でさえあんなドライブインはなかったし、もし当時あんな店があれば毎日入り浸っていたと思います。しかも、あの『メルズ・ドライブイン』がある町はアメリカの中でも田舎の町で、映画『ラストショー』（一九七一年公開）と同じように、若者はもうすぐ出ていく町なわけですよね。そんな町でもこんなに光り輝いているのかというのは衝撃でした。それはのちに『ツイン・ピークス』を観たときにも感じましたね。あの映画には郊外のアメリカン・ダイナーが出てきますけど、あれなんかも格好良くて片田舎にはとても見えないような感じがありました」

「メルズ・ドライブイン」はアメリカにおける一つのスタンダードだ。〝カーホップ〟と呼ばれる給仕がいて、駐車場にクルマを停めると注文を取りにきてくれる。しばらく待っていると料理が運ばれてきて、クルマに乗ったまま食事をする。このスタイルの元祖はテネシー州メンフィスにある「フォーチュン」というドラッグストアだ。当時はまだ自動車が普及しておらず、「フォーチュン」にやってくるお客さんは馬車を利用していた。あるとき、客のひとりが「馬車までアイスクリームを持ってきてくれ」と注文すると、他の客もそれを真似るようになり、「フォーチュン」は世界初のドライブインとして賑わうことになる。

でも、日本には「フォーチュン」のようなドライブインはほとんど輸入されなかった。日本のドライブインには小上がりのある店が多く、足を伸ばして休憩する場所になった。サイズの違いがあるにせよ、クルマに対する感覚が根本的に違っているように感じられる。そうした違いは、一九六〇年代には生活の隅々に存在していた。

「いや、アメリカはやっぱり遠かったですね。当時は犬モノのドラマが結構あって、『名犬ラッシー』、『名犬リンチンチン』、『名犬ロンドン』が、僕的には三大名犬ドラマだったんです。『名犬ラッシー』はお父さんがいなくて、しっかりもので綺麗なお母さんとしつけにも厳しいおじいさんと暮らしている少年の話なんですよ。そこにラッシーというコリー犬がいる。だから、どちらかと言うと質素な家庭で、アメリカのピューリタニズムを象徴するような一家の話なんですけど、その家にも広々とした芝生があるんです。貧しい家にもこんなに広々とした芝生があるんだというのは驚きましたね」

常盤新平さんの小説「遠いアメリカ」には、翻訳家を目指す主人公が「hamburger」という単語に戸惑う場面が登場する。銀座にマクドナルド一号店がオープンするのは一九七一年のことで、それ以前の日本にハンバーガーは浸透していなかったのだろう。アメリカ本国ではファストフードに過ぎなかったマクドナルドのハンバーガーは、輸入されてしばらくのあいだ日本では高級な食べ物だった。一九八二年生まれの僕にとっても、マクドナルドのハンバーガーはあこがれの食べ物だったけれど、一九九〇年代後半になると平日半額のキャンペーンが展開されて、マクドナルドはファストフードになってゆく。

＊

最初にマクドナルドを利用したのはドライブスルーだったと思う。あれはたしか、まだ小学校に上がる前のことだ。家族でドライブに出かけた朝、ドライブスルーに立ち寄り、ホットケーキを買ってもらった。ホットケーキが食べられるのも嬉しかったし、クルマで乗りつけて買い物をするというのも楽しかった。そこで僕が感じた目新しさは、一九六〇年代にも共通するものだったのかもしれない。

『商業界』（一九六六年六月号）には「ドライブイン書店」という記事が掲載されている。渋谷の大盛堂書店がドライブインの窓口を設け、「一階入口に自動車を乗り入れ、カウンターで、求める本の題名と出版社をいえば直ちに中の店員が各階の売場にインターホンで三分以内にその売場の担当者が持ってくる」サービスを始めたのだという。

「僕は当時、毎日本屋に行くくらいしか趣味がなかったんです。渋谷は大盛堂書店の一人勝ちで、質量ともにすごかったんですけど、大盛堂がドライブインをやっていたというのは記憶になかったですね。でも、これは買う本が決まってないといけないし、館内電話で発注する業務も大変ですよね。これはきっと、まだクルマで乗りつけるということ自体が目新しかったから、話題作りもあって始めたんでしょうね」

亀和田さんが初めて出かけた渋谷の「ジロー」がオープンしたのは、大盛堂書店がドライブインを始めたのと同じ一九六六年のことだ。正確な店名は「ジローピザハウス」（渋谷店）。この時期から「ジロー」というお店はピザハウスとしてチェーン展開してゆく。

さきほど紹介した『月刊食堂』という雑誌では、「ブームに乗ったイタリア料理」（一九六四年二月号）という特集が組まれたこともある。特集の扉ページに目をやると、詰襟姿の学生がパスタを啜《すす》っている。また、マクドナルド一号店が創業される前年には「若い層に焦点を合わせたピザハウス」（一九七〇年八月号）という特集も組まれていた。ハンバーガーよりも先にピザが日本に浸透したのかと考えると、少し足元が揺らぐような気持ちになる。

「ちょっと記憶が曖昧ですけど、僕もハンバーガーより先にピザを食べたような気がします」と亀和田さんは言う。ピザを主力商品に据えた「ジロー」は、等々力《とどろき》店や井の頭店、新狭山《しんさやま》店、浜松店、姫路店と全国各地にドライブインを展開してゆく。当時の資料を渡すと、井の頭店の資料を手にした亀和田さんが「あ！」と声をあげた。

「僕は大学三年だった一九七一年からアパート住まいをするんです。この『ジロー』（井の頭店）は東京都杉並区松庵《しょうあん》二丁目二一となってますけど、僕が借りたアパートも松庵二丁目だったんですよ。井の頭線の三鷹台駅から歩いて七分か八分。中央線の西荻窪駅からよりも近い場所だった。だから杉並区なのに井の頭店って名付けたんでしょうね。このお店はなかなかおしゃれで、二、三度入ったことがあります。すぐ近くにはこれを小ぶりにしたようなお店もいくつかあって、それまで僕はミートソースとナポリタンぐらいしか知らなかったけど、カルボナーラだとか初めて聞くようなメニューを出してましたね。そういう店が一九七一年ぐらいにようやく出てきたっていう感じでしたけど、その中でも『ジロー』はものすごく先駆的なお店だったと思います」

東京にピザを定着させた店の一つは六本木の「ニコラス」だ。

創業者のニック・ザペッティの生涯を描いたノンフィクションにロバート・ホワイティングの『東京アンダーワールド』（角川書店）がある。この本によると、ニックは「東京のマフィア・ボス」と呼ばれ、「夜の六本木を支配した」男だったという。彼が経営する「ニコラス」は、来日したハリウッド・スターから日本のヤクザまで多種多様な客で賑わう店で、力道山や当時の皇太子——つまり現在（二〇一八年）の天皇陛下——まで来店したという。

「あの本は『ちょっと面白過ぎないか？』というところもありますけど、六〇年代半ばにはもう『ニコラス』は伝説の店になってましたね」と亀和田さん。「同じように伝説化されてしまっている店として、飯倉片町《いいぐらかたまち》に『キャンティ』がありますよね。ここは六本木族発祥の地で、夜遅くに芸能人がやってくる店だったと言われてますけど、川添梶子さんという方がイタリアからボンゴレ・ビアンコを持ち帰って出してたんです」

「ニコラス」にまつわる伝説がどこまで本当かはともかく、マンハッタンにあるイタリア人ゲットーに生まれたニック・ザペッティが、第二次世界大戦後に海兵隊として来日したことは確かなようだ。一年と経たずに服務を終えたザペッティは「ランスコ」という会社を立ち上げ、ヤミ取引や不法小切手の売買に手を染めてゆき、一九五六年には帝国ホテルで起きた宝石強奪事件に関与したとして逮捕される。翌月には釈放されたものの、所持品も住まいも失ったザペッティは次のビジネスを考える。

アイデアだけは、拘置所のなかでいくつかひらめいていた。その一つがレストラン経営だ。魚と米とみそ汁だけの貧弱なメニューに、ほとほと嫌気がさしていた。独房に座り、空きっ腹をかかえながら、好きな食べ物を何度、夢にみたことだろう。――クラムソースのスパゲッティ、仔牛のパルメザンチーズ焼き、ラザニア、ピザ……。

しかし、このたぐいの食事には、東京のどこへ行ってもありつけない。まともな西洋料理のレストランなど、東京には数えるほどしかない時代だった。

（略）この街には、アメリカの基地にあるクラブやカフェテリアを利用したくてもできない西洋人や、好奇心旺盛な日本人が山ほどいる。その連中はみな、新しいレストランができるのを、今か今かと待ち望んでいるに違いない——少なくともザペッティはそう信じていた。

ザペッティは二階建ての木造建築を借りると、安普請《やすぶしん》がバレないようにと内壁を真っ黒に塗り、当時ニューヨークのイースト・ヴィレッジでよく見受けられた洞穴ふうのレストランとして「ニコラス」をオープンさせた。そこで選ばれたのが六本木だったことには必然性がある。

「やっぱり、あれだけ都心にもかかわらずアメリカ軍の基地があったということですね。今でも星条旗新聞社やアメリカ軍のヘリポートがあのあたりに残ってますよね。『ニコラス』や『キャンティ』以外にもいくつかそういうお店があって、今のロアビルのもうちょっと飯倉寄りに『ハンバーガー・イン』という店もあったんです。それこそアメリカン・ダイナータイプの小さな店で、ステーキも特別おいしいわけじゃないんだけどまずくもなく、値段も手頃で、とにかく店の雰囲気が格好良いんですよね。そこは六本木で生まれ育ったごく少数の人たちは昔から通ってたんでしょうけど、僕は一九七〇年代の後半になって初めて連れて行かれて、六本木に行くと『ハンバーガー・イン』で腹ごしらえしていた時期がありましたね」

「ハンバーガー・イン」が創業されたのは一九五〇年のこと。それなのに、亀和田さんが初めて「ハンバーガー・イン」に行ったのは一九七〇年代後半だというのは少し不思議な感じがするけれど、六本木や赤坂というのは〝遠い町〟だったのだろう。

「僕が初めて六本木に行ったのは一九六九年の春なんです。大学に入学した直後」と亀和田さんは言う。「入学初日からバリケードを作って毎日泊まり込んでいて。いつもは十人から二十人ぐらいしかいなかったのに、珍しく二、三十人集まった日があるんです。その中に不良で活動家って奴がいて仲が良かった。その彼に『今日はこんなにいるから、バリを抜けてちょっと外へ遊びに行かないか』と誘われてね。吉祥寺の駅前で居酒屋にでも入るのかと思ってOKしたら、『六本木まで付き合ってくれよ』と言われたんです。渋谷まで井の頭線に乗って、駅前でタクシーを拾うと、運転手に『材木町まで』と言うわけですよ。当時すでに町名改正で、昔の名前はなくなってたんですけど、彼は古い町名で言うんです。それを聞いて『参ったな、材木町だってさ。遊び人は違うな』と思ったんだけど、そのとき初めて旧・材木町に足を踏み入れたんです。後のテレ朝通りね。そこは新宿とも渋谷とも池袋とも違う、それに銀座ともぜんぜん違う雰囲気がありましたね。当時はまだクルマがないとたどり着けない場所で、そういう場所が山手線の真ん中にひっそりあるんだっていうことを知って、驚きつつ心を惹かれましたね」

赤坂・六本木界隈は静かな町だった。戦後に占領軍がやってくると街の雰囲気は一変し、米軍相手のバーやナイトクラブが建ち並ぶようになる。それが他の盛り場とは異なる雰囲気を赤坂や六本木にもたらす。

「あの界隈にはアメリカ租界があったという感じがしますよね」と亀和田さんは言う。

「戦後、あのあたりに山王ホテルという在日米軍の施設があった。まさにホワイティングが『東京アンダーワールド』で書いていたような世界だったんですよね。日本人は立ち入り禁止。でも米軍関係者やわけのわからない人たちがたくさん事務所を持っていたり、米軍関係者しか入れないバーに日本人の女性従業員がいたり。溜池山王《ためいけさんのう》界隈の再開発で場所が変わって、いまは天現寺の近くにひっそりニュー山王ホテルがあるんだけど、今でも日本人はもちろん、一般のアメリカ人も入れない。米軍とアメリカ大使館員のための宿泊施設、社交場ですね。フランス大使館の隣という超一等地なのに、入り口も目立たないようにしてあって、まるで秘密クラブみたいですよ。ホテル内にはカジノもあるという」

『ニコラス』もアメリカ租界の一部だったのだろう。『東京アンダーワールド』にはこんな記述も登場する。

　信じられないことに、五〇年代の終わりには、〈ニコラス〉は街中の話題になっていた。ときまさに、日本経済が急成長を遂げているさなかのことで、東京人が外食をする機会は増えるばかり。そんな彼らが好んで利用したのが、六本木に新しくできた奇妙なイタリアンレストランだった。

日本人にとっては、店のすべてが珍しかった。こんなに薄暗い場所でご馳走《ちそう》を食べたり、食事をしながら生ビールのジョッキを傾けたことはない。しかも、〈ニコラス〉で出されるようなアメリカンスタイルのピザは、見るのも食べるのも生まれて初めてだ。

「ニコラス」で提供されていたのがアメリカンスタイルのピザであることもまた、そこがアメリカ租界だったことを象徴している。本場イタリアのピザが輸入された今となっては、アメリカンスタイルのピザにはどこか懐かしさすら漂う。

「福生《ふっさ》の横田基地の前に、『ニコラス』から分家した『ニコラ』という店があるんです。僕も一、二年にいっぺんは行くんですけど、いまどき珍しい厚手のピザで、こってりした感じなんですよね。でも、すごく良い感じの店で、カーペットがもう擦り切れてるんだけど、店内の照明なんかの色彩感も『ツイン・ピークス』に通じる雰囲気があって、ああ、ここは日本じゃないんだという感じがしますね」

日本が敗戦を迎え、占領軍が日本にやってきた。それにともなって米兵相手の飲食店も日本に輸入されたというわけだ。その一つにドライブインもあったのだろう。『毎日グラフ』（一九五〇年三月十五日号）には、「車もろ共食卓につく——横浜に出來たドライブ・イン——」という記事が掲載されている。

ドライブ・インとは「自動車の宿屋」という意味で、アメリカでは専ら流行して、いたるところにある。

これは「自動車に乗つた國」アメリカが、車の置場に困りぬいて考えついたもの……。写眞の如く、自動車の中で簡單に食事の出來るのはもう古く、出納係の窓口へ車で乗りつける銀行が現われたり、車に乗つたまゝ映画が見られるドライブ・イン劇場も二千以上出來ている。家族が、家庭そのまゝの服装で、何んのきどることもなく、食事をし、お茶を飲み、映画が見られるので、実用的経済的な點《てん》で大いにもてているそうだ。

自動車の國アメリカではすでに車が家庭の一室になつていることを物語つているといえよう。日本では横浜駅前と東京山王の幸樂に食事の出來るドライブ・インが出來ている。これはその風景。

掲載された写真には、ハンバーガーを頬張る家族の姿が写し出されている。ドライブインに乗りつけているのはすべてアメ車で、客は全員アメリカ人だろう。それもそのはず、看板には「PX」（米軍向けの売店）の文字がある。働いている日本人女性たちはモンペ姿で、クルマまで食事を運んでいる。つまり、このドライブインは、日本では珍しい配膳式のドライブインだったわけだ。

「この写真を見ると、アメリカ軍が駐屯していた東南アジアなんかの現地の人っていう感じがしますね。こういう店がまだ比較的残っているのが沖縄で、『A&W』という店はこのタイプのドライブインですよね。それから、沖縄の東海岸あたりには、さっきの『ジロー』ほど立派じゃないにしても、タコライスなんかを出すような広々としたドライブインがありますね」

＊

ドライブインが輝いていた時代はアメリカが遠かった時代なのだろう。アメリカが近づくにつれ、その輝きは失われた。今ではクルマや冷蔵庫にアメリカを感じることはなくなった。ハンバーガーの存在を知らない人もいないし、アメリカンスタイルのピザだけでなく、イタリアンスタイルのピザだって気軽に食べることができる。六本木は遠い町ではなくなったし、海外にだって気軽に行ける時代だ。それなのに一九六六年のピザハウスをうらやましく感じるのはなぜだろう。悔しくなって、部屋でひとり、「今の時代がいちばんいいよ」とつぶやく。

グッド・オールディーズ　平塚・ペッパーズドライブイン

かつて都心に存在したドライブインは姿を消してしまった。今もドライブインが残るのはロードサイドであり、東京都市圏――都心から七〇キロ圏内の約三七〇〇万人が暮らすエリア――にあるドライブインは数えるほどだ。その一つが神奈川県平塚市にある「ペッパーズドライブイン」である。

平塚市と伊勢原市を結ぶ道路に県道六一号線がある。両脇に畑が広がる片側一車線の道路だ。北に位置する大山を眺めつつ、のどかな風景の中を走っていくと、突如として異世界への入り口が見えてくる。巨大なクリームソーダとコカ・コーラの看板が掲げられた「ペッパーズドライブイン」は、その一角だけアメリカから切り取ってきたような風景だ。

「一九九二年にオープンしたときは、まだ普通の外観だったんです」。そう語ってくれたのはオーナーの小川秀規さんだ。「昔は普通にサラリーマンをやってたんですけど、三十歳を迎えるにあたって『自分でお店をやってみたい』と考えたんです。別に飲食店

7up

じゃなくてもよかったんですけど、場所を探していたらこの物件を手に入れるチャンスがあったので、『自分の世界にしてしまおう』と決めたんです」

オーナーが見つけたのはもともと和食屋だった物件だ。最初は特に手を加えず、和食屋の内装のまま「ペッパーズ」という名前で営業を始めた。そこから少しずつ改装を重ねて、二〇〇〇年頃に駐車場を拡大したのをきっかけに「ペッパーズドライブイン」という名前に変更し、アメリカン・テイスト溢れる看板を設置することに決めたのだという。

「僕はもともと『アメリカン・グラフィティ』が大好きで、あそこに出てくる『メルズ・ドライブイン』みたいな店にできたらいいなと思ってたんです。それに、昔はこのあたりにもドライブインが結構あったんですよね。国道二四六号線沿いにもあったし、国道二五五号線沿いにも大型トラックやダンプカーが停まっているドライブインがあったんだけど、それもなくなっちゃったから『うちがドライブインって名乗って店をやれば面白いんじゃないか』と思ったんです」

＊

ザ・コースターズの「ヤケティ・ヤック」が流れている。さきほどから店内に流れるのは一九五〇年代から六〇年代前半のオールディーズであり、甘いポップスである。リーゼント・スタイルのオーナーがこよなく愛するのはエルヴィス・プレスリーだ。

「アメリカに興味を持ったのも、最初のきっかけは音楽でしたね。僕が中学から高校に上がる頃にフィフティーズのブームがあったんです。日本のアーティストもオールディーズ調の曲を歌ってたもんね。シャネルズやヴィーナスがいて、ユーミンがオールディーズ調の曲を出したこともありました。でも、エルヴィス・プレスリーが一番好きだったな。中学三年生のときに亡くなっちゃったけど、今でも大好きだもん」

オーナーは一九六二年生まれ――『アメリカン・グラフィティ』の舞台となった一九六二年生まれ――だ。最初にフィフティーズのリバイバルが巻き起こるのはオーナーが思春期を迎える頃であり、そのリバイバルを象徴する店の一つに、原宿に存在したアパレルショップ「クリームソーダ」がある。

「当時の『クリームソーダ』はすごい流行ってたんです。東京にやってきた修学旅行生が皆あの店に出かけて、一日の売り上げが一千万を超えてたって話です。レジにお金が入りきらないから段ボールに札束を入れて、それにも入りきらないから足で踏んづけてたって伝説もありました。『クリームソーダ』はカフェなんかもやってて、そこに遊びに行ったときのことはおぼえてますね。今思えば、そこがこういうアメリカンな世界だったんだよね。当時はこういうスタイルの店が流行ってたんですよ。大手のすかいらーくなんかも『イエスタディ』ってお店をやってたんです。天井からアメ車を吊り下げたハードロックカフェみたいな店をね」

Coca-Cola
IN BOTTLES
PAY STATION

「ペッパーズドライブイン」の前にもアメ車が停まっている。一九五七年式のキャデラックだ。このキャデラックは、看板代わりに置いておきたくて購入したものだ。最初の数年間は普通に運転していたけれど、学校に迎えに行くとオーナーのお子さんは少し恥ずかしそうな顔をしていたという。古いクルマになればなるほど、日本車とアメ車の違いは際立つ。

「最初にアメリカに行ったのは二十代半ばの頃だけど、向こうのクルマも見てみたかったし、建物も見てみたかったし、何もかも見てみたかったんだよね。今はアメリカも日本もそんなに違わなくなっちゃったけど、あの頃はまだ全然違っていて、とにかく自分の目で見てみたかった。食べ物にしても、ステーキとかハンバーガーとか、向こうで食べると全然違ったんですよ。僕が小さい頃なんて、マクドナルドに入るのだってドキドキしたもんね」

田舎町に生まれ育ったせいか、オーナーより二十歳年下の僕もまた、マクドナルドに入るのはドキドキした記憶がある。

僕が小学生の頃、兄は隣町の塾に通っていた。塾が終わる頃になると母が迎えに行くのだが、僕はいつも母が運転するクルマに同乗した。その理由は途中にマクドナルドの前を通りかかるからで、僕はいつもポテトとマックシェイクを買ってもらっていた。いつだったか、店員さんにお願いしてマクドナルドのポスターをもらって帰ったこともある。あの頃の僕は、マクドナルドの向こう側に何を見ていたのだろう――「ペッパーズドライブイン」のサイドメニューを眺めていると、そんなことを思い浮かべてしまう。そこにはオニオンリングやフレンチフライがあり、ドリンクメニューにはバナナミルクがある。

「バナナミルクを出そうと思ったのは、まあ、シェイクのノリだよね」とオーナーは語る。同じ「shake」でも、牛乳や卵黄を混ぜてつくるものはフレンチスタイルの「ミルクセーキ」であり、そこにアイスクリームが混ざるとアメリカンスタイルの「シェイク」になる。「うちのはアイスクリームが入ってないから、ミルクセーキだよね。バナナミルクやイチゴミルク、チョコミルクも出してるけど、自分が昔から飲んでて好きだったから出してるんです」

バナナミルクも人気メニューではあるけれど、一番人気のドリンクはやはりコカ・コーラだ。ランチセットを注文すると飲み物無料のサービスも行なっており、「瓶のコカ・コーラを無料で出してる店は他にないでしょう」とオーナーも胸を張る。

「僕がこどもの頃は、ソーダだって今みたいに種類がなくて、うまいなあと思いながらコカ・コーラを飲んでたよね。やっぱり特別感はあったんじゃないかと思いますよ。コカ・コーラと同じ炭酸飲料でも、三ツ矢サイダーとコカ・コーラだとちょっと違った気がする。コカ・コーラのロゴも好きで、コカ・コーラのボトルを入れるケースを積み重ねて、その上にマットレスを敷いてベッドにしてるのも流行ってたよね」

店内にはコカ・コーラの看板プレートがいくつも飾られており、瓶のコカ・コーラの自動販売機も置かれている。アメリカで使われていたものらしく、「3セント」の表示が見える。店内はエルヴィス・プレスリーのパネルやキャラクターグッズなど、アメリカを感じさせるアイテムで埋め尽くされている。「最初は一九五〇年代と一九六〇年代のグッズしか置いてなかったんだけど、途中で『トイストーリー』を置くようになっちゃって、そこからはもう八〇年代、九〇年代、二〇〇〇年代とごちゃ混ぜになってます」

とオーナーは笑う。

外観や内装から音楽に至るまで、「ペッパーズドライブイン」はアメリカを感じさせる店だ。しかし、一点だけ不思議なところがある。それは、「ペッパーズドライブイン」がカレーハウスということだ。

「別にパンケーキでもハンバーガーでも良かったんだろうけど、カレーは簡単だろうなと思ったんですよね。知り合いのお店のカレーがすごく美味しかったんだけど、レシピを教えてくれるっていうから、何も考えずに『まずはカレーからスタートだ』と。それまで飲食店で働いたこともなかったけど、カレーなら簡単だろうなと思って、最初は和食屋さんの内装のままカレーを出してたんです」

「ペッパーズドライブイン」では、来店したお客さんにまず伝票とペンを渡す。伝票にはカレーの辛さや量、それにトッピングの一覧が書かれており、そこにチェックを書き入れることで自分好みのカレーライスをオーダーできるという仕組みだ。

「この店を始める前に、静岡かどこかで『ココイチ』に入ったんだよね」。オーナーはあっけらかんとした調子で言う。「その頃はまだ、こっちで『ココイチ』をそんなに見かけたことがなくて、トッピングが選べるのは面白いなと思ったんだよね。それに、伝票を渡して注文してもらうようにすれば、お客さんもじっくり考えられるし、こっちも他の仕事をできるからね。でも、そのうち関東にも『ココイチ』が増えてきて、今は千

SIGN OF

店舗を超えてるでしょう。今やアジアやアメリカでもウケてるらしいんだよね」

＊

アメリカンなドライブインがカレーハウスとして営業している――これは二つの意味で興味深いことだ。一つには、沖縄の米軍基地の近くにある「ＣｏＣｏ壱番屋」が米兵で賑わっていることがある。

最初にそれを知ったのは、『アメリカのパイを買って帰ろう　沖縄58号線の向こうへ』（日本経済新聞出版社）を読んだときのこと。第三章のタイトルは「嘉手納《かでな》軍人のソウルフード」であり、「基地で生活していてもCoCo'sに行けば自由があるのさ」と副題がつけられている。著者の駒沢敏器《としき》さんは、「ＣｏＣｏ壱番屋」（北谷《ちゃたん》国体道路店）に米軍車両が次々入店していくのを目撃する。

それから数カ月ぶりに、ＣｏＣｏ壱番屋の北谷国体道路店を訪れた。相変わらず、昼時は軍人だらけだ。目を凝らすと将校クラスの上官らしき人物が二名、窓を背に店を見渡せる席にすわっている。それを知らずに店に入ってきた若い白人兵たちは、それまで大きな声を出していたのを急にやめ、身の置き所のない様子で離れた席にすわる。カレーショップではなく、基地内のメスホールの光景がそのまま展開されているかのようだ。

「ＣｏＣｏ壱番屋」（北谷国体道路店）は嘉手納基地の近くにある。しかし、当初は米兵をターゲットにしていたわけではなく、アメリカ人の客は三割程度だった。変化の兆しが生じたのは、英字のチラシを作成し、常連客の米兵に渡したことだという。彼らは「ＣｏＣｏ壱番屋」を「CoCo's」と呼び、赴任するとまず「もう『CoCo's』には行ったか？」と聞かれるほど人気となった。特徴として挙げられるのは、それぞれお気に入りの組み合わせが決まっていること。著者の駒沢さんは「CoCo's」好きの四人を集めて、人気の理由を探ってゆく。

普段は好き好きに食べているだけのカレーの、その本当の魅力は何なのか――それを改めて訊かれると、彼らもにわかには答えを出すことができなかった。しかしやがて議論がまとまってきて、全員で一致した意見は「カレーソースをベースに、チーズやミートなどたくさんの種類が揃っていて、それを混ぜ合わせるのが楽しい」というものだった。

様々な意見が出たあと、参加者の一人は「最後におれがまとめると、『アメリカンズ・ラヴ・チョイセズ』ってことだろうな」と話を締めくくる。「選ぶ自由がある。これがないと、アメリカ人は生きている気がしないんだよ」

「アメリカンズ・ラヴ・チョイセズ」。それが「ＣｏＣｏ壱番屋」（北谷国体道路店）が人気を博した理由だとすれば、「ペッパーズドライブイン」もアメリカ人の好みにマッチするだろう。自由に選ぶスタイルのカレーライスはアメリカ的とも言える。

＊

「ペッパーズドライブイン」がカレーハウスであることが興味深いのには、もう一つ理由がある。アメリカのドライブインで提供される食事は、ハンバーガーであれホットドッグであれ、アメリカ人にとってのソウルフードだろう。でも、日本に現存するドライブインでアメリカ的なソウルフードを提供する店は圧倒的に少数派だ。「ペッパーズドライブイン」のようにアメリカンな店でも、日本人にとってのソウルフードであるカレーライスを出しているのは奇妙な組み合わせだ。

「そこを面白がってもらえたらいいんだけどね」とオーナーは語っていたけれど、「ペッパーズドライブイン」を面白がるお客さんは少しずつ増えている。営業時間外には店舗を撮影スタジオとして貸し出しており、テレビや雑誌、ミュージックビデオや映画と様々な撮影が行われてきた。その影響もあってか若い層にも知られるようになり、遠方からやってくる若いお客さんも増えたのだとオーナーは話してくれた。

「駐車場のクルマのナンバーを見ると、ほんとにあちこちから来てくださってるんです。

最近は若いお客さんが――特に若い女の子が増えました。インスタグラムがワッと流行ってからは特に、うちで写真を撮りたいってお客さんが増えたんですよ。伊勢原駅から歩いてくるお客さんもいれば、わざわざタクシーで来てくれるお客さんもいるんですけど、とにかく若いお客さんが増えました」

「ペッパーズドライブイン」を訪れた日、若い女性客がテーブル席に座っていて、写真を撮り合っていた。僕が何より驚いたのは、彼女たちが「なんか懐かしいんだけど」と口にしたことだ。

彼女たちはおそらく平成生まれだろう。

だとすれば、アメリカが輝いていた時代はもちろん知らないはずだ。おそらくマクドナルドが輝いていた時代すら知らないだろう。そんな彼女たちにさえ「懐かしい」と感じさせているものは何だろう?

「面白いなと思うのは、若い子だけじゃなくて、地元のお年寄りも来てくれるんです」とオーナーは語る。「お年寄りのお客さんでも、意外と『落ち着く』って言ってくれるかたが多いんです。こんなにガチャガチャしてるのに、音楽がそうさせるのか、落ち着くって言ってくれるんですよね。若いお客さんだけじゃなく、お年寄りにも『いつまでもいたくなる』と言ってもらえるのは嬉しいですね」

戦後七十年を過ぎた今、日本人の大半は戦後生まれだ。かつてはアメリカは遠い異国だったけれど、アメリカンな風景はすっかり日本に根づいたとも言える。だからお年寄りも「ペッパーズドライブイン」で過ごす時間に落ち着きを感じ、若い世代は懐かしさを見出すのではないか。

＊

最後に今後の展望を訊ねると、「できたらライブもできるような小さいステージを作りたいんです」とオーナーは言った。「うちの店に来てくれるお客さんは、バンドをやってる人もいるんですよ。その人たちは『この店でライブをやりたい』と言ってくれるから、そういうステージを作りたいとは思ってます。それで、普段はおじいちゃんやおばあちゃんにカラオケを歌ってもらったり、学芸会をやってもらうスペースにしたいですね」

とっぷりと日がくれたあとに、田園風景の中に存在するアメリカンなドライブインで誰かの歌を聴く。それがお年寄りのカラオケであれ若いバンドのライブであれ、その時間に僕は懐かしさを感じてしまうのではないかという気持ちがする。

オレンジ色の輝き　エイアンドダブリュ沖縄株式会社

六月だというのに、窓の外には入道雲が浮かんでいる。梅雨が明けても湿度が高く、クルマを降りると眼鏡が曇る。そのたびにここが沖縄であることを思い出す。ビジネスホテルが林立していた国道五八号線の風景は、牧港《まきみなと》、大謝名《おおじゃな》、真志喜《ましき》、大山《おおやま》と北上するにつれて少しずつ表情を変えてゆく。広大な駐車場を備えたショッピングセンターや家電量販店。ステーキハウス「サムズ・アンカー・イン」や、アメリカのパイを提供する「ジミーベーカリー」。英語表記の看板を掲げた家具屋や鍵屋、それにタトゥー・ショップ。ドルで値段が書かれたカー・ショップや輸入食品店があり、「マネー・エクスチェンジ」の店を過ぎると北谷の交差点に至る。この交差点を右折して二キロほど進むと、オレンジ色の看板が見えてくる。「A&W」(屋宜原《やぎばる》店)だ。

「A&W」はアメリカ生まれのファストフード。沖縄を訪れたことがある人には「ルートビアの店」と言えば伝わるだろうか。ルートビアは様々なハーブを配合した炭酸飲料で、薬局で働いていたロイ・アレンが病気の友人のために作ったヘルシードリンクである。一九一九年、アレンはカリフォルニア州にルートビアを販売するスタンドを開設する。当時は禁酒法の時代であり、「ビア」と謳いながらもノンアルコールのルートビアは人気となった。そこでアレンは、ルートビア・スタンドの従業員だったフランク・ライトをビジネスパートナーに迎え、一九二二年、二人のイニシャルを取った「A&Wルートビア」を創業する。

アメリカ国内でフランチャイズ店舗を増やした「A&W」は、アジアにも進出する。屋宜原に日本一号店をオープンするのは一九六三年のこと。マクドナルドより八年も早く開店した「A&W」は、日本に上陸した最初のファストフード店である。

この「A&W」(屋宜原店)は今も同じ場所で営業を続けており、創業当時と変わらぬドライブインだ。沖縄におけるドライブインは、他の地域のドライブインとは少し異なる。沖縄の戦後史には、アメリカの影が色濃く刻まれている。

＊

「ここに一号店を建てたのは、外人住宅や基地が近くにあったからだと思います」。エイアンドダブリュ沖縄の経営企画部部長の伊波弘次さんはそう教えてくれた。「すぐ近くに普天間《ふてんま》基地と嘉手納基地があって、もう少し上がるとライカムがあるんです。今はショッピングモールになってますけど、つい最近まで米軍専用のゴルフ場だったんです」

A&W
ドライブインレストラン

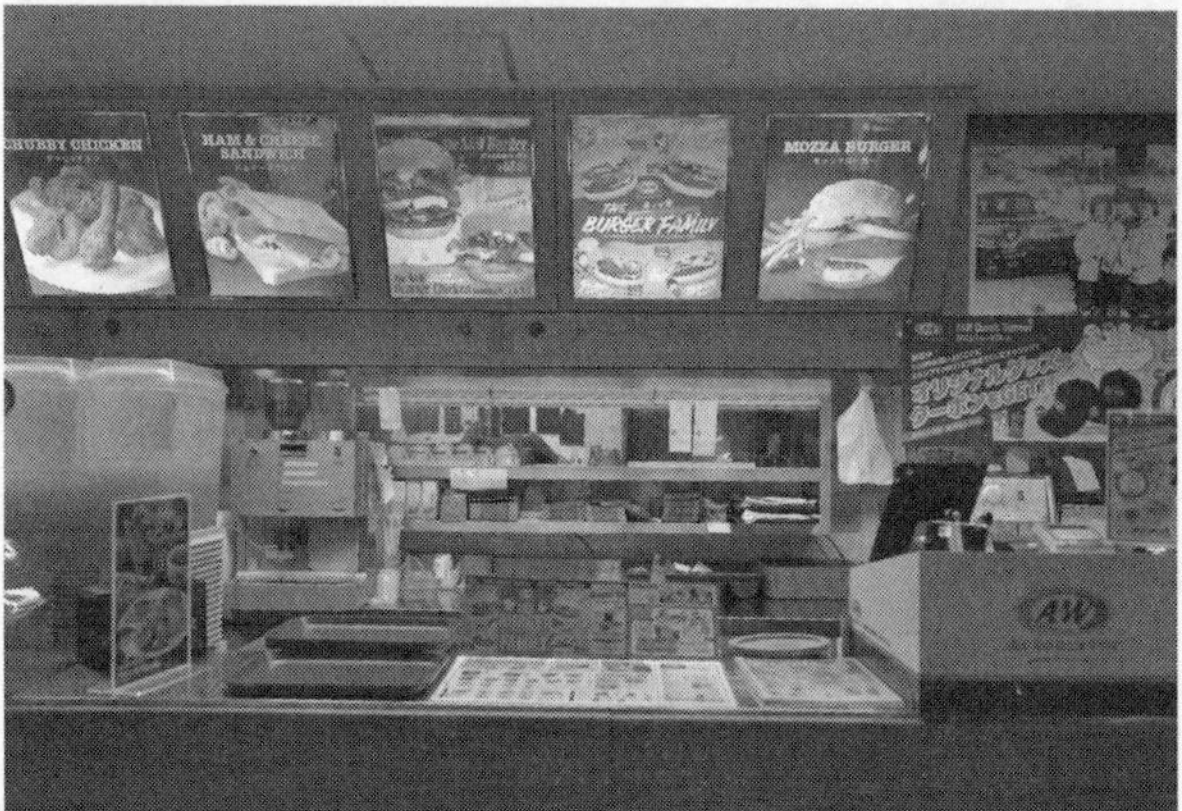
CHUBBY CHICKEN
HAM & CHEESE SANDWICH
BURGER FAMILY
MOZZA BURGER
A&W

ゴルフ場が返還され、沖縄最大の商業施設「イオンモール沖縄ライカム」がオープンしたのは二〇一五年の春だ。「ライカム」とは、かつてそこに存在した「琉球米軍司令部（Ryukyu Command headquarters）」の略称である。一九四五年六月二十三日に組織的な戦闘が終結すると、沖縄はアメリカの軍政下に置かれた。軍政が敷かれて間もない頃はまだ、明確な統治方針は存在しなかった。宮城悦二郎『占領者の眼　アメリカ人は〈沖縄〉をどう見たか』（那覇出版社）を読むと、その時代の悲惨さが伝わってくる。

戦禍で荒れ果てた島を米軍人らは〝ロック〟（岩石）と呼び、〝ヘル・ホール〟（不潔乱雑で不道徳なことが行なわれていることで悪名高い場所）といった。見わたすかぎり不用になった軍事物資が野ざらしになって積まれている〝ジャンク・ヤード〟〝ジャンク・ヒープ〟であった。

またGHQから使いものにならない者として沖縄に流されて来た老いた将校や軍属たちにとっては、まさに〝太平洋のシベリア〟であり、元英国の流刑地・オーストラリアの〝ボタニー・ベイ〟にも比すべき地であった。

戦争の傷跡は残されたままで、兵舎は台風にさらされて雨漏りするような有様だった。転機となるのは一九五〇年の朝鮮戦争だ。東アジアで冷戦の緊張が高まると、「岩石」

は「太平洋の要石」と呼ばれるようになる。沖縄に米軍基地が建設され、配属される兵士のための住居も整備されてゆく。アメリカだけではその建設を賄えず、細かい建築基準を課して日本人に委託されることになる。そうして一九五八年、大山地区に最初の外人住宅が建設される。

「会長の平良幸雄も、最初は外人住宅の建設と管理をするパークサイド住宅を立ち上げたんです。会長は以前から土木建築の請負の仕事をやっていて、設計図も読めたらしいんですよね。専門の学校で英語を習ったわけではないと思うんですけど、そうやって仕事をするなかで英語を覚えたらしくて、外国人との付き合いはずっとあったんだと思います」

一九六二年の『オキナワグラフ』にパークサイド住宅の広告を見つけた。「デラックスを誇る　パークサイド住宅」と銘打たれた広告には、沖縄経済は「重大な岐路に立っている」とした上で、こう書かれている。

だが、これとは反対に頼母《たのも》しい産業もある。その代表的なのが、全島に四八〇〇を数え年間五百万ドルの収益をあげる米人向貸住宅である。いってみればオキナワ経済のダークホースであり、市町村繁栄の大きな推進力である。その中で最近とくに注目をあつめているのが、パークサイド住宅合名会社、誕生してまだ一年だが、中城《なかぐすく》公園側に第一次計画として完成した一〇〇棟の高級住宅は、数多い賃住宅の中でも、最上級の折紙をつけられている。海抜四五〇フィートの高台にあって、中城城跡をのぞみ、太平洋、東支那海《ひがししなかい》を眼下に見おろす絶好の地理的条件、さらに夜ともなれば、大那覇のネオンが七色に点滅して、琉球の夜が満喫できる。

最初に外人住宅を手がけたのは石川産業だ。石川産業の経営者であり、のちに米琉住宅を立ち上げる石川孝信さんは、もとは「大山ドライブイン」を経営していた人物である。反対に、パークサイド住宅を経営していた平良幸雄さんは、屋宜原店の建築を請け負ったことをきっかけに「A&W」の経営に携わるようになる。食と住——いずれも日本にやってきたアメリカ人の生活を支える産業だ。大山地区には、石川さんが経営していた「大山ドライブイン」だけでなく、イタリア料理とビフテキの店「ピザハウス」、「ジミーベーカリー」(一号店)など、アメリカの味を提供する店が数多く存在していた。

「アメリカの味が食べられる店は、この界隈には当たり前にありましたね」と伊波さんは振り返る。「大山のあたりにはペプシコーラの会社もあって、アメリカの味はいつも身近にありました。地図を見るとわかりやすいんですけど、普天間基地が真ん中にあって、そこを下っていくと大山や伊佐がある。この界隈は外国人が多いので、英語の看板が多いんです。今も残ってますけど、昔はほとんど英語でしたね」

戦争の傷跡が少しずつ消え、生活環境が整うにつれて、沖縄滞在の延長を願い出る米兵も増えてゆく。そうした時代に流行したのが「ステーツ・サイド」という言葉だ。「アメリカのような」といった意味の言葉である。その一翼を担ったのが外人住宅であり、アメリカの味を提供する店だろう。もちろん「A&W」もその一つだ。

＊

創業当時の「A&W」（屋宜原店）を利用していたのは主にアメリカ人だ。一九五四年生まれの——つまり九歳のときに「A&W」が創業されている——伊波さんも、小さい頃は訪れる機会がほとんどなかったという。

「今のように簡単に手が出る値段じゃなかったもんですから、なかなか食べれなかったんです。ハンバーガーとかホットドッグとか、知ってはいるんだけど、食べたことはなかったですね。沖縄の人にとって、『A&W』はあこがれだと思うんです。たとえば中学三年生ぐらいになると、友達と一緒に食堂へ行ったことはありました。沖縄の食堂のメニューに〝ランチ〟というのがあって、それを初めて、注文したときには感動しましたね。『こういうお店に来ることができた』と。でも、それでもまだ『A&W』には行けなかった。あの頃の『A&W』はクルマで行く場所で、歩いていくお店ではなかったんです」

実際に足を運んでみると、北谷の交差点から屋宜原に向かう道は上り坂だとわかる。

「A&W」（屋宜原店）は丘の上にあり、歩いていくには少し不便な場所だ。しかし、遠さを生んでいたのは物理的な問題だけではないだろう。創業当時の写真を見ると、トレイを手にした店員がクルマまで料理を運ぶ様子が収められている。「A&W」(屋宜原店)は、ウェイトレスがクルマまで食事を運んできてくれる、日本では珍しいカーホップ型ドライブインだったのだ。

沖縄に自家用車が普及するのは一九七〇年代以降のこと。一九六〇年代の国道五八号線——沖縄に点在する基地を結ぶために建設されたこの道路は、当時はまだ軍道一号線と呼ばれていた——の写真を見ると、まだ右側通行の道路を大きなアメ車が走っている。戦後のある時期までは沖縄に国産車は走っておらず、パトカーやタクシーでさえアメ車だった時代がある。巨大なアメ車を乗りつけて、サービスフォーンでオーダーを伝え、ハンバーガーを頬張る——そんな生活がスクリーンの向こうにではなく、丘の上に存在していたのだ。その姿は、当時の沖縄県民にまぶしく映っただろう。年配のタクシー運転手に話を聞くと、初めて「A&W」を訪れたときのことを興奮気味に語ってくれた。

「普天間出身の同級生がいたんですけどね、彼はもう行ったことがあったんです。『ごはんでも食べに行こうか』なんて言われて連れて行かれて、クルマでそのまま入って行って——いや、驚いたなんてもんじゃないです。アメリカでは普通かもしれませんけど、当時の沖縄はまだ田舎でしたからね。そこで食べたパンの柔らかかったこと。当時はま

1960年代のA&W屋宜原店（写真提供・エイアンドダブリュ沖縄株式会社）

だ通貨がドルでしたけど、あの味は忘れられないです」

「『A&W』はあこがれだったんです」と伊波さんも語る。「ドライブインに行くことが一つのステータスだった時代があるんです。高校三年生のときに友達が免許を取ったもんですから、その友達が親父さんのクルマを出してくれて、皆で行きました。最初に食べたのはフットロングホットドッグ。今はもうメニューからなくなってしまいましたけど、二倍ぐらいのサイズのホットドッグがあったんです。それを食べたときはもう、本当に大人っぽい味がしましたね。ホットドッグもハンバーガーも、今とレシピが違うわけじゃないんですけど、最初に食べる味は印象に残るから、すごく感激しました」

＊

沖縄出身のアーティストは数多く存在するが、その一人にＣｏｃｃｏがいる。『ＳＷＩＴＣＨ』（「特別編集　Ｃｏｃｃｏ」号、二〇〇一）という雑誌の取材で沖縄を訪れた際、彼女は「Ａ&Ｗ」に立ち寄り、ハンバーガーを頬張っている。Ｃｏｃｃｏは「Ａ&Ｗ」（エンダー）についてこう語る。

「夏だったらハムチーズサンドとスーパーフライとスラッシュだばーてー。スラッシュって氷の砕けたやつ。冬だったらハムチーズとスーパーフライとチキンライススープだばーよ。どっちでもない時はオレンジジュースね。金曜とか土曜にエンダーに行ってブルーシールに行くのが、沖縄の子供が喜ぶスペシャルコースなわけよ」

創業当時はほとんどがアメリカ人客だった「A&W」は、どのようにして県民に愛される店になったのだろう。その経緯を振り返るには、会長の平良幸雄さんの半生を振り返る必要がある。

「A&W」を作るべく沖縄にやってきたのはアダムスとバーンズ、若い二人のビジネスマンだ。実際にお店を開店するためには、建築を依頼する必要がある。そこで二人はG・フェローという男性を頼り、建築を請け負ってくれる人を紹介してもらう。そこで紹介されたのは、かつてフェロー氏の部下として働いたことのある平良幸雄さんだった。そこで請け負ったのは建築だけだったはずが、英語が話せることもあり、お店のスタッフとして働く沖縄県民とアメリカ人のあいだで通訳をすることもあれば、厨房に入ってハンバーガーを焼いたこともある。そうした縁もあり、一九六八年にA&W牧港合名会社の共同経営者となる。

一九七一年に沖縄返還協定が結ばれると、アダムスとバーンズは帰国することになった。経営権を譲り受けた平良さんは、「あなたとわたしのドライブイン」というキャッチコピーを考案する。創業者のイニシャルであった「A&W」を「ANATA & WATASHI」に読み替えたのだ。

「昔のメニューを見ると、そこに『あなたとわたしのドライブイン』という言葉が載っているんです。だから、今では『それで「A&W」なんだ』と思っている人もいると思いますね。経営権を引き継いだばかりの頃は、仲間と一緒に那覇に飲みに行ったときにはチラシを見せて宣伝していたそうです。あと、当時は飲み終えたマグカップをそのまま持って帰る人もいたんですね。でも、会長は『宣伝になるから、止めずに持たせなさい』と言っていたみたいなんです。各家庭に一個ずつA&Wのロゴが入ったマグがあれば、それだけ沖縄の人たちに根づくと。今はドライブインのお客様にはペーパーカップで提供してますけど、当時はドライブインもマグで出してましたから、部屋にマグカップをいくつも並べている同級生もいましたね」

アメリカの味だった「A&W」は、沖縄の味になってゆく。『るるぶ沖縄'17』を開くと、「県民に愛される沖縄ファストフードの代表格」の見出しで大々的に取り上げられている。今では「エンダー」の愛称で親しまれているが、最初はこの呼び名に抵抗があったのだと伊波さんは教えてくれた。

「沖縄の方言に『イェーンダー』という言葉があって、これは遠慮深いとか引っ込み思案とか、ちょっと消極的なイメージもある言葉なんです。『エンダー』という呼び方はそれに近いものですから、会長としては少し抵抗があったみたいなんですね。僕が入社したのは一九八一年で、その頃にはもう『エンダー』と呼んでいただいていたんですけど、僕たちのあいだでは禁句だったんですね。でも、これだけ定着してるので、十数年前からは『エンダー』として紹介していただくことも受け入れるようになったんです」

＊

屋宜原と牧港の二店舗だけだった「A&W」は、返還後に次々と出店を果たす。店舗だけでなく、新メニューも開発されてゆく。今や「A&W」を象徴するメニューの一つにまでなったカーリーフライは一九九五年に新発売となったメニューだ。それ以降も、ビーフパティの上にカリッとしたベーコンとチーズを挟んでクリーミーなソースを加えたメルティリッチ（一九九五年）、チーズやトマトに特製モッツァソースをかけたモッツァバーガー（二〇〇五年）、ライスの上にビーフバーグと目玉焼きをのせたベントーミール（二〇一〇年）など、定番となったメニューたちもある。

「新メニューの開発基準は担当者によって違うとは思うんですけど、まず心がけるのは『自分たちが食べたいものかどうか』ということです。すでに出来上がったメニューはあるわけですから、新たに作るのであれば『自分たちが食べたいもの』や『こういう食材を使いたい』ということで作り込んでいきます。去年ブルーチーズステーキサンドというのを出したんですけど、僕ともう一人の担当者で『いつかブルーチーズを使った商品を出したい』という話をしていて、それで商品化に至ったんです。やっぱり、出来るだけおうちで食べられないような味でないとダメだと思うんですね。パンと肉を買ってくれば誰でも作れる味だと魅力はないと思うので、プロらしい味を作らなければと思っています」

新しく生み出される味もあれば、変わらない味もある。

観光客として沖縄を訪れる僕にとって、「A&W」はルートビアの店だと思っていた。しかし、ドリンクの中で一番人気なのはオレンジジュースだ。「飲み物の中ではダントツの一番人気なんです」と伊波さんは語る。どれだけ他のドリンクメニューのキャンペーンを打とうとも、オレンジジュースの売り上げには敵わないほど人気なのだという。「A&W」のカウンターにはディスペンサーが置かれており、オレンジジュースが攪拌されている。メニューの中には二リットル入りのペットボトルも販売されていて、人気のほどが窺える。

沖縄の戦後を語る上で、コカ・コーラとバヤリースは欠かすことができない存在だ。『庶民がつづる沖縄戦後生活史』（沖縄タイムス社）には、昭和一桁生まれの男性による回想が残されている。

> 終戦直後、物のない時代であったが、それでも田舎では住む家が残り、荒れ地を耕して糊口《ここう》をしのぐことができた。
>
> 世の中は次第に落ち着き、折から流行してきた並木路子の「リンゴの歌」の軽やかなメロディーを口ずさみながら、生きのびられた喜びをかみしめた。
>
> そのころ、街ではコカ・コーラという珍しい飲み物があると、だれからともなく聞

かされた。飲めばたちまち気分そう快にして元気百倍。うわさはうわさを呼んで、栄養失調のすきっ腹がうずいてくるが、まだ一度もお目にかかったことはなかった。

まだ物のなかった時代だったこともあり、コカ・コーラとバヤリースは余計に輝いて見えたのだろう。昔の沖縄の写真を見ると、企業のセレモニーや株主総会にはお茶ではなくコカ・コーラが並んでいる。コカ・コーラとバヤリースはそれだけ高級品だったのだ。

コカ・コーラは全国共通だが、沖縄のバヤリースは特別な味だった。

かつてオレンジは輸入制限品目であった。そのため、本土で販売されるバヤリースは日本の柑橘《かんきつ》類で作られており、アメリカの味を再現したものだった。それに対して、占領下の沖縄で販売されていたのはアメリカから輸入されたオレンジ濃縮ベースをもとに作られており、まさに「アメリカの味」だった。それは「A＆W」のオレンジジュースにも共通する。

「年配のお客様には『昔のオレンジジュースのほうが美味しかった』とおっしゃる人もいるんです。でも、レシピはまったく変わってないんですね。年によってオレンジの出来に差はあって、ある年には苦いシロップが送られてきて苦労したこともありましたけど、基本的には同じ味を守っています。昔のほうが美味しく感じるのは、色々なものを飲んできたからだと思うんです。昔は物が少なかったですけど、美味しい物もたくさん出回るようになってきて、だんだん味に慣れてきたんじゃないかと思いますね」

＊

後日、「A&W」（屋宜原店）を目指した。

日曜日の夜九時過ぎだというのに、店は賑わっていた。驚いたのは客層の広さだ。勉強している学生たちもいれば、オレンジジュースとカーリーフライで静かに語らうカップルもいる。ルートビアをお代わりしながら語り続ける年配の女性たちもいる。老若男女、幅広いお客さんで賑わっていた。

「屋宜原店は特に幅広い年齢層のお客様に利用していただいているんです」。伊波さんがそう語っていたことを思い出す。「皆勤賞をあげようかというくらい頻繁に来てくださるお客さんもいて、一日何回も来てくださる方もいます。若い時からハンバーガーを食べているものですから、九十歳になるおばぁでもハンバーガーを食べてくださいますね」

静かな時間の流れる店内に、ビーッ、ビーッ、と警告音のような音が響き渡る。その音は、どうやらドライブインからの注文の合図のようだ。

カーホップ型ドライブインというスタイルは合理的とは言い難いシステムだ。今では駐車場にメニューとインターホンが設置されており、注文を聞きに行かなくてもオーダ

ーを受けられるとはいえ、クルマまで料理を運んでいく必要がある。ただ、いかに合理的でなくとも、会長の平良幸雄さんと、社長を務める平良健一さんは「ドライブインは残していく」という方針であるという。それはきっと、この形式こそが「A&W」の出発点であるからだろう。

＊

オレンジジュースを飲み干したところで店を出た。帰りは少し寄り道をして、屋宜原の丘を目指した。この一帯は夜景スポットとして有名で、かつては人気のドライブコースだったと聞いた。二十年ほど前まではカップルで賑わっていたエリアも、今は誰の姿も見えず、雑草が鬱蒼《うっそう》と茂っていた。町を展望できる場所に立ってみる。眼下に広がるネオンはオレンジ色だ。オレンジ色の灯り。その灯りがともっている範囲は米軍基地だ。一面に広がるオレンジ色の風景を、僕はただしばらく眺めていた。

沖縄で感じるハワイ　本部町・ドライブインレストランハワイ

沖縄自動車道を降りると、すぐに海が見えてきた。国道五八号線を北上し、本部半島をぐるりと巡る国道四四九号線に入る頃には、周りを走るクルマにレンタカーが目立ってくる。この道を走ってゆけば沖縄の観光スポットとして真っ先に名前の挙がる美ら海《ちゅうみ》水族館がある。僕がそのドライブインに出会ったのも、美ら海水族館を目指して走っているときのことだった。

国道四四九号線の風景は、左手に海が広がり、右手には砕石場が点在する。そんな風景がしばらく続いたあとに、一軒のレストランが見えてくる。その名も「ドライブインレストランハワイ」。沖縄にいるのに、ハワイと書かれた看板がある。そのギャップに少し混乱する。

「今でこそ少なくなりましたけど、昔は通りかかった観光客の方が『えー、ハワイだって』と笑いながら写真を撮っていくことも多かったんです」。「ドライブインレストランハワイ」を経営する岸本恵樹さんはそう語る。「しかも、写真だけ撮ってお店には入ってくれないから、『いつか絶対うちに呼んでやるぞ』と思ってました」と、妻で総務を務める岸本咲子さんも口を揃える。

なぜ沖縄に「ドライブインレストランハワイ」が誕生したのか。その歴史を語るには、岸本恵樹さんの父であり、この店を創業した岸本恵光さんの経歴を辿る必要がある。

昭和十六年生まれの岸本恵光さんは、名護にある沖縄県立北部農林高校を卒業したのち、本部町役場で働き始める。当時の本部町はまだ農業が盛んではなかったが、産業を振興するべく、パパイヤとパイナップルの栽培を研修する特使をハワイに派遣することに決めた。そこで選ばれたのが農業学校出身の恵光さんだ。特使とはいえ、生活費を稼ぐために現地でアルバイトをする必要があり、恵光さんはレストランで働き始める。当時の本部町にはレストランは少なく、「沖縄にもこういうシーサイドレストランがあればいいのに」と思ったのだという。

沖縄に戻った岸本さんは、しばらくパパイヤとパイナップルの栽培技術を伝える仕事をしていたけれど、一念発起してレストランを創業する。一九七六年、三十五歳を迎えるときのことだ。そのレストランがドライブインだったことに、不思議な縁を感じてしまう。

ワイキキビーチからほど近い場所にあるカパフル通りには、ハワイのローカルフードを提供する店がずらりと並んでいる。その中の一つに「レインボードライブイン」がある。一九六一年創業の老舗ドライブインであり、オバマ前大統領が休暇中に立ち寄りたい店として名前を挙げ、一躍有名になったレストランだ。このレストランを創業したのは、日系二世のセイジュ伊福さん。両親はともに沖縄出身だ。沖縄からの移民二世がハワイにおける草分け的存在のドライブインを創業し、特使としてハワイに渡った岸本恵光さんがドライブインに魅了され、沖縄に店を開く。こうして歴史をさかのぼると、必然としか思えない偶然に出くわすことがあるから不思議だ。

＊

「ドライブインレストランハワイ」が創業される前年、一九七五年には本部町で沖縄国際海洋博覧会が開催された。

海洋博は沖縄返還を祝して開催された博覧会だ。「海――その望ましい未来」をテーマに掲げ、膨大な公共事業費を投入して開催された。その公共事業費は道路整備にも投じられており、沖縄自動車道や、会場となる本部半島周辺の道路も整備されている。次第に海洋博ブームが過熱してゆく。民間企業も様々な投機を行ったが、海洋博は予想されていた来場者数を大きく下回る結果となる。

「海洋博が終わったあとの衰退時期はかなり厳しかったという話は聞いてますね」。岸本恵樹さんはそう語る。「意外と観光客が増えなくて、倒産する企業も多かったそうです。でも、うちの店は地元のお客様に支えていただいたんです。当時の本部町ではこれだけ大きなレストランというのは珍しかったものですから、オープンした頃は反響がすごかったらしいんですね。地元の方は皆きてくださって、夜の十一時頃まで行列が出来ていたそうです」

二階には宴会場もあり、地元のお客さんが結婚式場として利用する機会も多かった。そんなエピソードからも、地元の人に愛されていたことが伝わってくる。創業当時から変わらぬ看板メニューはAランチだ。

Aランチについては少し説明が必要だろう。

「ドライブインレストランハワイ」では、Aランチ、Bランチ、Cランチが提供されている。沖縄以外の地域で生まれ育った者からすると、「Aランチ、Bランチ、Cランチを出している」と聞けば、それぞれハンバーグ、しょうが焼き、オムライスといった別個のメニューを想像する。でも、たとえば「ドライブインレストランハワイ」では次のようなラインナップになる。Aランチは、手仕込みのサクサクとんかつ・特製ハンバーグ・エビフライ・チキンカツ・ウィンナー・焼肉・玉子焼き・スパゲティーが一つのプレートに収まっている。Bランチはここからエビフライと焼肉が消え、Cランチはさらにチキンカツが姿を消す。つまり、Aランチが一番豪華で、B、Cと少しずつ品数が減ってゆくのだ。

「ちょっと間違い探しみたいなところがあって、何が違うのか、作ってる側も大変なん

です」と恵樹さんは笑う。「ここのアメリカの基地文化の流れも影響してるんです。昔、沖縄にはAサインバーというのがあったんですけど、そのAも関係してるみたいですね」

Aサインとは、アメリカ占領下の沖縄において米軍公認の飲食店や風俗店に与えられた営業許可証であり、「A」はAPPROVED、つまり「許可済み」を意味する。当時は米兵が立ち寄ることが許されていたのはAサインのある店に限られており、清掃が行き届いているか、トイレはタイル貼りであるかなど厳密な基準が設けられていた。沖縄の本土復帰とともにAサイン制度も消滅したが、今も許可証を掲げて営業を続ける店は少なくない。沖縄の人たちのあいだで、Aというアルファベットは「上等のもの」という響きを帯びているのだという。

「当時は洋食自体に豪華なイメージがあったんです。とんかつやハンバーグ、エビフライはそんなに口にできる食べ物じゃなかったんです。そこで、本当だったらそれぞれが主人公になるものを全部のっけたAランチというのが沖縄では定番になったみたいなんですね。なかなか食べきれないボリュームなので、お持ち帰り用の折箱もよく出るんです。僕は小さい頃から見て育ったので、『食べきれるはずがない』と思っていました（笑）。でも、地元のお客様には、『特別な日には「ハワイ」でAランチを食べた』という思い出を持っていらっしゃる方もたくさんいるんです」

恵樹さんの妻・咲子さんもAランチに憧れていたひとりだ。「Aランチは特別な日に食べるものだったんです。隣のテーブルの人が食べてたらうらやましかったですね。本当に特別なときにだけ、お父さんが食べているのを分けてもらったり、一緒に食べたりしてました」

＊

Aランチ発祥の店は、コザにあった「ニューヨークレストラン」だ。それ以降、多くの店がAランチを提供するようになる。ラインナップは店によって様々だが、一つ共通することがある。それは、ほとんどの店がキャンベルスープを出していることだ。

「うちの場合は出汁を取って、小麦粉から作ってるんですけど、キャンベルスープに近い味ですね。ただ、『このスープは何スープなんですか？』と聞かれることが多いんですけど、どうやって答えるかいつも迷うんです。コーンスープでもなければ、クラムチャウダーでもなくて、『オリジナルです』と答えてるんですけど。もう創業して四十二年になるので、そろそろ名前を決めないといけないですね（笑）。調理人が変わったので、多少は味が変わったところはあるかもしれませんけど、創業した頃から同じレシピで作っているスープです」

キャンベルスープというのはアメリカ生まれの缶入りスープだ。赤と白で彩られた缶は、アンディ・ウォーホルがモチーフに選んだことでも知られている。キャンベルスープは戦後の沖縄を支えた食品だ。

沖縄の戦後は一九四五年六月二十三日に始まる。当時の歴史を振り返って驚かされるのは、沖縄上陸を前に、アメリカは捕虜になった住民にどうやって食料を補給するかまで計画を立てていることだ。米軍に保護され収容所に入れられた住民たちに提供されたのは「レーション」である。レーションとは兵士のために製造された野戦用携帯食品であり、様々な食品がパックされたものだ。そのパックの中に入っているものがランダムで配給される。そこで沖縄県民は、初めて目にする食品と出会うことになる。『庶民がつづる沖縄戦後生活史』(沖縄タイムス社)にはこんなエピソードが登場する。

米軍の非常食Cレーションや父母が命がけで取ってくる戦果がアメリカ食、アメリカ味との出合いであった。

時には米軍のチリ捨て場から、今にも破裂しそうに膨張した缶詰を拾ってきた。重さや振った感触で中身の見当をつけ、コンビーフやハムが出てくると大喜びした。倍の塩を入れて保存食にし、ひと切れずつ幾日にも分けて食べた。

牛や山羊の草をかたっぱしから食べていた私たちにとって、アメリカ缶詰の味は、それこそ「命《ぬち》ぐすい」であった。バターとチーズの区別がつかず、いためなべに入れて熱したときのとけ具合で油としての良し悪しを決めた。

「命ぐすい」となったアメリカの缶詰として代表的なものがチューリップ社の「ポークランチョンミート」と、キャンベル社のスープだ。沖縄の大衆食堂を訪れると、たいていの場合はチューリップの「ポークランチョンミート」が置かれており、さまざまなちゃんぷるー料理や、卵と炒めた「ポークたまご」の材料となっている。キャンベルスープもまた、今ではすっかり沖縄県民に愛される味だ。

「ポークランチョンミートもキャンベルスープも、私が生まれた時からごく普通にあるものでしたね」と咲子さんは振り返る。「マッシュルーム入りのスープと、野菜スープと、マカロニ入りのスープと、三種類ぐらいは必ず置いてあるんです。お母さんと一緒にスーパーに行くと、よくねだって買ってもらってました。スープとごはんだけで満足するぐらい好きでしたね。特にアメリカのものだと思わないぐらい日常に馴染んでたんです。スーパーだけじゃなくて、普通の商店にも並んでました。ポークランチョンミートも、ハムを買うのと同じ感覚で買ってましたね。本当に日常のものだったんです」

東京のスーパーマーケットでポークランチョンミートとキャンベルスープを売っている店はかなり少数派だ。高級志向のスーパーマーケットか、輸入品を扱う店でなければ見かけることは稀である。でも、東京ではまだポークランチョンミートやキャンベルスープの存在すら知られていなかった頃から、沖縄ではアメリカの味が生活に馴染んでいたのだ。

＊

恵樹さんが店を継いだのは二〇〇九年のことだ。

「店を継ぐまでは内地で修業してたんです。『華屋与兵衛《はなやよへい》』で店長をしながら、マネジメントとマーケティングを学んでました。内地の飲食文化はノウハウがすごくて、帰ってきたときにギャップを感じたんです。オペレーションも悪くて、メニューも七十種類ぐらいあったんです。こんなにメニューがあっては絶対にまわせないということで、メニューはかなり減らしました」

かつて「ドライブインレストランハワイ」で提供されていたメニューには、さまざまなちゃんぷるー料理もあれば、中華料理もあり、天ぷらに刺身に鰻丼といった和食も存在していた。

「やっぱり、どこの食堂に行っても食べられるものを置いていても魅力はないと思うんです。『ハワイに行けば特別なものを食べられる』と思ってもらえるようにはどうすればいいかということで、新しいメニューを考えました。今は『ボウルメニュー』というのを出していて、これは彼女（妻の咲子さん）が命名したんですけど、ハワイオリジナルの呼び方ですね。日本風にいえば丼で、炙りサーモンとアボカドをライスの上にのせた『ハワイボウル』や、ハンバーグと目玉焼きをのせた『ロコモコ』、鰻にアボカドを

沖縄的ファミリー

添えた『うなボール』なんてものも出してます。僕はハワイに行ったことはないんですけど、ハワイアンなイメージで食べていただけるように変えたんです」

話を聞いているうちに、一つの疑問が浮かんだ。それは、店を継ぐタイミングで「ドライブインレストランハワイ」という名前を変えようとは思わなかったのかということだ。

「そこは結構悩みましたね」と恵樹さん。

「最初の二、三年は話に出たよね？」と咲子さんも言う。

「この名前で何を売っていけばいいのか、かなり葛藤はありました。でも、『ドライブインレストランハワイ』として地元の皆さんに愛していただいているのに、名前を変えるのは違うんじゃないかということで、この店名で続けて行くことにしたんです」

沖縄とハワイは姉妹都市だ。気候や風土が似通っていることもあり、戦前には多くの沖縄県民がハワイに移り住んだ。沖縄の人にとってもハワイはあこがれの場所だという。

「沖縄のおじいちゃんやおばあちゃんが使う言葉に、『はわいやっさー』というのがあるんです。お墓のCMで登川誠仁さんも『はわいやっさー』と言ってますけど、天国みたいだという意味の言葉なんです。ハワイにはパラダイスみたいなイメージがあるから、それで『はわいやっさー』という言葉が生まれたんじゃないかと思うんですよね。親父が『ハワイ』という名前をつけたのも、それを少しもじったんだと思います」

＊

話を聞き終える頃には十一時になろうとしていた。「ドライブインレストランハワイ」の開店時間だ。平日だというのに次々とお客さんがやってきて、席が埋まってゆく。せっかくだから僕も食事をいただくことにして、Aランチを注文した。

「Aランチはラインナップも含めて、創業当時から何も変えずに提供しているんです」と恵樹さんは言う。「やっぱり、地元のお客様が愛してくれているものなので、残していかないとダメだと思っています。二〇一一年にコザで第一回Aランチ選手権というのが開催されたんですけど、そこでうちの店は優勝させてもらったんです。今でもAランチは一番人気ですね」

運ばれてきたAランチは、改めて目の当たりにしてみるとかなりのボリュームだ。食べきれなかったぶんは折箱に詰めて持ち帰るつもりで、ハンバーグから食べてゆく。本当に豪華なプレートで、どれも美味しく、あっという間に平らげてしまった。窓の外には海が広がっている。満腹になってぼんやり海を眺めていると、天国のような心地がする。

III

花盛りの思い出

観光バスはどこまでも

能登・ロードパーク女の浦

民宿から海が見えた。風景は静まり返っていて、波の音だけが小さく聴こえてくる。夜釣りに出ているのだろう、漁船が色とりどりに輝いている。遠くのほうでは送電線が赤く点灯している。対岸に見えるひときわ強い光は灯台に違いない。あの岬にもきっと名前があるのだろう。

窓辺にポスターが貼られていた。富来《とぎ》町観光協会が発行した観光案内図だ。すっかり日に焼けて古ぼけており、時間の経過を感じさせる。今はもう富来という町は存在せず、合併して志賀町になった。地図には景勝地がいくつも書き込まれている。能登の小さな町にこんなに多くの景勝地があるのかと驚く。

志賀町は日本海に面しており、二七キロに及ぶ海岸線は「能登金剛」と呼ばれている。奇岩や断崖が数多く存在し、朝鮮半島にある景勝地・金剛山にあやかってその名がつけられた。日本の水浴場八十八選に選ばれた増穂浦《ますほがうら》。明治九年に建設された日本最古の木造灯台・旧福浦灯台。「能登二見」の異名を持つ機具岩《はたごいわ》。義経の舟隠しにヤセの断崖。

もっとも観光客で賑わうのは歌川広重の「六十余州名所図会」にも描かれた巌門《がんもん》だろう。

＊

海沿いを走る県道三六号線を北上していくと、「巌門 200m先左折」と書かれた看板が見えてくる。その曲がり角に一軒のドライブインが建っている。「ロードパーク女の浦《めうら》」だ。店は切り立った崖に建っており、駐車場からは海が一望できた。ソフトクリームやかき氷は店の外からも注文できるようで、軒先にベンチが置かれている。店に入ると右手にカウンター席があり、テーブル席や座敷席もある。左手は土産物売り場で、貝細工が並んでいた。増穂浦には、万葉歌に詠まれた三十六歌仙貝が打ち寄せる。その歌仙貝《かせんがい》を使った貝細工だ。ピンク色の桜貝に見入っていると、店主の岡本澄子さんが「いらっしゃいませ」と声をかけてくれた。

澄子さんは富来町に生まれ育ったわけではなく、もとは金沢に暮らしていた。富来町に移り住んだのは、澄子さんの父が物件を見つけてきたことがきっかけだった。その物件というのは、巌門のすぐそばにある貝細工の店だった。お父さんは役所に勤めていたため、自分が店を経営するのではなく、娘夫婦に「店をやってはどうか」と提案する。そこで澄子さんは、一九六九年、夫の岡本護さんと一緒に二十六歳で店を始めた。

店はすぐに繁盛した。巌門を訪れた観光客が土産物を求めてやってきて、額に飾られた歌仙貝細工が飛ぶように売れたという。

「当時は日本が伸びていく時代でね、今に比べると物がなかったですから、飾り物は売れましたよ。今はマンションに住んでいる方が多いですから、飾る場所がないかもしれませんけど、あの時分は我先に飾り物を買っていたんです。それと、観光バスのお客さんが多かった。今は自家用車のお客さんも多いですけど、あの頃はほとんど観光バスでした。バスがやってくるとワーッとお客さんがきて、バスが出発すると誰もおらんようになる。そんな時代でしたね」

ドライブインを語るには、観光バスの歴史に触れる必要があるだろう。

日本に遊覧バスが登場するのは、時代が昭和を迎える頃のこと。宮崎海岸を走る宮崎遊覧バス、白浜海岸を走る明光《めいこう》バス、阿蘇を遊覧する登山バス。数えるほどではあるものの、全国各地を遊覧バスが走り、東京では一九二五年に東京遊覧乗合自動車という会社が定期便を走らせていた。

こうした遊覧バスは、戦時下の統制経済で事業廃止に追い込まれ、そのまま終戦を迎える。国破れて山河あり。まだGHQの統治下にあった一九四八年、東京で新日本観光株式会社が創立される。この新日本観光株式会社が運行したのが〝はとバス〟である。観光バスはまたたく間に全国に広がり、観光バス戦国時代が到来する。『旅』(一九五七年一〇月号)では「バスの旅」と題した特集が組まれている。

日本六十余州、どこへ行っても、名所旧跡、観光地、およそ人間の集まるところ観光バスの姿を見ないところはない。田圃《たんぼ》のような泥んこ道や磧《かわら》のような石のごろごろころがっている道までバスは走る。その車体だけは、デザインも色彩も最新式で、東京や京都の都大路を走りまわる車と少しも変りがない。今や、まさに日本を挙げての観光バス時代である。まずその実情から調べてみよう。

会社工場のレクリエーション旅行はもちろん、修学旅行、PTAの見学旅行、学童たちの遠足、町内の慰安旅行、お得意様招待のサービス旅行、インテリ集めての文学散歩旅行と、手軽なところが歓迎されて観光バス全盛の世の中となった次第だが、バスの数ばかりふえ、車ばかりが立派になったけれども、道路のほうは依然として昔のまま、またバスターミナルや、休憩所、便所といった付帯施設は並行せずに原始状態。甚だ均整のとれないところに日本独特の非文化性が露呈されているわけだが、それでも結構、旅は楽しそうだ。

統計によれば、一九五六年に観光バスを利用した人の数は八八五六万人。単純計算すれば一人一回は観光バスに乗車したことになる。観光バスは全国各地を走るようになる。それはつまり、全国各地に観光地が誕生したということでもある。

観光バスの波は能登にも押し寄せる。それを後押ししたのは、松本清張の小説「ゼロの焦点」だ。この小説はベストセラーとなり、一九六一年に映画化された。舞台となった能登金剛には観光客が詰めかけ、能登ブームを迎える。

「あの頃は今より定期観光バスも多かったですし、普通の観光バスも多かったですよ」と澄子さんは振り返る。「観光バスをチャーターして、団体さんでいらっしゃるんです。社員旅行でも町内会の慰安旅行でも、あの時分は観光バスで出かけてたんです。お昼になると観光バスがいっぺんに入ってくるもんだから、お客さんが食堂に入りきらなくなってましたよ。あの頃は本当に観光バスが多かったんです」

＊

澄子さんが営んでいた貝細工の店に駐車場はなかった。観光バスが停まっていたのは、すぐ近くにある巌門センターだ。

巌門センターは、富来町と北陸鉄道が共同出資して一九六二年に開設された。それ以前の能登金剛には、観光客が足を止めるような店はなかった。観光バス時代が到来しているというのに、バスを停められる駐車場を備えた店さえ存在しなかった。そこに巌門センターが開設されたことで、ようやく観光バスを受け入れることができるようになる。一九六五年には近くに能登金剛センターも開設され、競い合うように観光バスを呼び込んだ。富来町を訪れる観光客は一九七二年に一〇〇万人を突破し、昭和五十年代には二五〇万人を記録している。

売店
歌仙貝細工．お土産
お食事
会計
ひっぱり餅

「あの当時は道路が渋滞して、クルマが動かないほどでした」と澄子さんは言う。能登観光のハイシーズンは夏。当時はまだ週休二日制が導入されていなかったこともあり、観光客は日曜日に集中した。観光バスがすれ違うだけの道幅がなく、普段なら五分で移動できる距離が一時間かかってしまうような混雑ぶりだったという。

迎え入れるドライブインからすれば、観光バスは大勢のお客さんを運んできてくれる〝福の神〟だ。どうにかして観光バスを自分の店に迎え入れようと、運転手に対するサービス競争が過熱した時代もある。一九六九年の『週刊サンケイ』には「観光バス運転手の危険なモテ方　両手に花？　チップと車掌の愛情サービス」と題した記事が掲載されている。

街道に軒をつらねるドライブインから「さあ、いらっしゃい」とチップ攻めにあって、観光バス運転手は笑いがとまらない。なにしろ、町中を走る路線バスや駅のある鉄道と違い、目的の観光地に着くまで停車地は運転手の判断にまかされている。五、六十人乗りの大型観光バスにもトイレはない。お客の生理現象でやむをえずドライブインに駐車、休けいする。すべて運転手一人の〝良識〟である。

観光バスの時代が到来したばかりの頃はまだ、バスで立ち寄れる店は数えるほどしか存在していなかった。だが、ドライブインが増えるにつれて競争が生まれ、サービス合戦が始まる。今でこそ観光バスが立ち寄る店は事前に決められているけれど、当時は運転手の裁量に委ねられていた。そこでドライブインはチップを渡したり、豪華な食事をサービスしたりして運転手をもてなそうとする。この流れに歯止めをかけるために、一九六七年には全日本ドライブイン協会が結成されている。

＊

澄子さんが「ロードパーク女の浦」を始めるのは、能登ブームがピークを迎える一九八二年のことだ。「女の浦亭」という店を営んでいた知り合いが郷里に帰ることになり、そこを買い取ることにしたのだ。観光バスは受け入れなかったが、その頃にはもう自家用車が普及しており、お店を開ければすぐにお客さんが入ってきたという。

「朝五時に開ければ五時にお客さんが入ってくるんだけど、あんまり早くから始めるとくたびれるから、六時ぐらいからやってました。当時は朝食定食というのを出してたんです。ごはんとお味噌汁に、ちょっとしたお刺身やサザエの壺焼きをつけたり、お魚の炊いたんをつけたりしてね。お昼はラーメンとかうどんとか、麺類がよく出てましたよ。でも、店を始めた頃は出汁の取り方がわからんで、お客さんに怒られてね。それがショックで、一時期は『ラーメンできません』とメニューから外したこともあったんです」

ドライブインを始めるまで、澄子さんは飲食店で働いたことがなかった。若い頃に料理教室に申し込んだこともあるが、熱心には通わなかった。「だから、主人が『あそこでドライブインを始めることにした』と言い出した時はパニックでしたよ」と澄子さんは笑う。夫の護さんも飲食店で働いた経験はなく、料理は澄子さんが担当することになった。海辺にあるドライブインということもあり、観光客は海鮮料理を求めてやってくるけれど、お店を始めたばかりの頃は魚を捌《さば》くことができなかったそうだ。

「私はまだクルマの免許を持ってなかったから、最初のうちは主人に買い物を頼んでいたんです。こっちで魚屋さんは魚を捌いてくれなくて、新聞紙に包んでホイッと渡してくれるんですよね。どうして料理してもらってこないのと主人に訊ねても、『皆こうして買ってるのに、料理してくれなんて言われん』と言うんです。どうにもならんから、見よう見まねで捌いてました。お刺身なんかでも、最初は失敗ばっかりやわね。ただ、主人が魚釣りをしてたもんで、その魚で練習してましたよ。買ってきた魚ならもったいないと思うけど、釣ってきたもんやから、失敗してくちゃくちゃになればお汁にして食べてましたね」

現在の「ロードパーク女の浦」には、海鮮メニューがいくつも並んでいる。一番人気は海鮮丼だ。苦手だったラーメンも今では看板メニューになり、玄関には「名物 能登ラーメン」の貼り紙がある。何を注文するか迷ったけれど、僕は能登ラーメンを注文した。運ばれてきたのはワカメがどっさりのった醤油ラーメンである。地元で獲れた生のワカメを使っているだけあって味は抜群だ。

＊

「女の浦亭」を「ロードパーク女の浦」に変えたのは、平成に入ってからのことだ。店を改装したときに店名も変えることにしたのだという。当時は道の駅が出来始めた頃で、そこから「ロードパーク」と名前をつけることにした。

澄子さんがドライブインを始めて三十五年になる。貝細工の店から数えればもうすぐ半世紀だ。お店を続けてきた中で印象的だった出来事を訊ねてみると、「やっぱり朝早くから夜遅くまで働いたのが一番大変だったやろうね」と澄子さんは語る。「お店を始めた頃はね、忙しかったからずっと調理場にいたんです。お客さんに『また来ましたよ』と言われても、私には誰だかわからなかったんですよね。あの頃は料理を運ぶ人は料理を運ぶ人で雇って、売店で物を売る人は物を売る人で雇って、一番忙しくなる八月には全部で二十人ぐらい雇っとりました。今はもうお客さんが少なくなったから、私一人でも余るほどですけどね」

僕が訪れた日は日曜日だったけれど、他にお客さんはいなかった。ドライブインのお客さんだけでなく、能登金剛を訪れる観光客も少なくなっている。巌門センターは閉鎖され、すでに姿を消してしまった。もう一方の能登金剛センターも二〇一一年に破産申請をして、経営は別会社に引き継がれた。そこに観光バスの姿はなく、自家用車でやってきたお客さんがぽつぽついる程度だ。

能登ラーメンを食べ終えたところで、巌門に足を運んでみることにした。海に向かって階段を降りてゆくと、すぐに巌門が見えてきた。高さ一五メートル、幅六メートルの巨大な岩盤だ。岩の下には海水の浸食によって出来た洞門がある。なるほど、名前の通り門のようだ。そうして僕は、それを「巌門」として眺めている。松本清張の「ゼロの焦点」の舞台となり、歌川広重が「六十余州名所図会」に描いた場所として見物している。では、もし何の看板も出ていなかったとしたら、僕はこの風景に立ち止まっただろうか？

歌川広重に比べて、僕の目は鈍感だ。テレビをつければ、スマートフォンに触れれば、世界中の絶景を見ることができる。僕はグランドキャニオンだって見慣れてしまったし、ウユニ塩湖だって見慣れてしまっている。歌川広重の目に、巌門はどんなふうに映ったのだろう。観光バスで大挙して押し寄せた人たちは、この場所に何を観たのだろう。

「観光」という言葉が普及するのは、一九三〇年に国際観光局が設立されてからだ。その語源は、中国の『易経』に登場する「国の光を観る、もって王に賓たるに利し」という一節にある。本来は「国の威光を観察する」ことを意味する言葉だったが、英語のツーリズム（tourism）を翻訳した言葉として使われるようになる。

では、「観光」が普及する前の時代には、風景に対してどんな視線が注がれていたのだろう？

『富来町史』を繙くと、江戸時代から明治時代にかけて「富来八景」が制定されたという記述を見つけた。この時代には各地の名勝に「八景」と名づけられた場所が誕生しており、そうした流行にのって富来八景も制定されたのだろう。富来八景に選ばれたのは、小釜夜雨、機具岩晴嵐、城ヶ根尾秋月、織田落雁、荒木夕照、岩屋暮雪、龍護寺晩鐘、松ヶ下帰帆である。「機具岩」は現在でも景勝地として知られているが、そこに「晴嵐」というシチュエーションが加えられている。ここで富来八景に選ばれているのは、観光に訪れて見ることができる風景ではなく、そこに生活するなかで見えてくる風景だ。

＊

巌門の見物を終えると、もう一度「ロードパーク女の浦」に足を運んだ。ふと気になって、澄子さんに能登金剛で一番好きな風景を訊ねてみる。澄子さんは少し考えて、「やっぱり、店の前の海が落ち着くかね」と言う。

「こんなに住んでるのに、他のところはあまり行ったことがないの。そこに関野鼻のポスターを貼ってあるけど、そうやって写真でしか観たことがないんです。ヤセの断崖はいっぺん行ったけど、風が強くて怖かったから、途中で帰ってきたんですよ。どこかへ出かけても、帰ってくると『はあー、良かった』という感覚ですよね。この海が一番落ち着くし、癒される。イライラすることがあっても、ワーッと大きな声を出して海を眺

めているど何となく落ち着いてくるんです。そういうときは『ああ、私が一番癒されてないかもしらんな』と思いますけど、お客さんもこうして癒していってくれたらいいなと思います。忙しい世の中やけんね、ここに来たときは三分ほど海を眺めて行きまっしという気持ちで店を続けてますね」

大きな声を出したくなるようなこともあったんですか。少し驚いて聞き返すと、「そりゃありますよ」と澄子さんは笑う。僕が見ることができるのは、穏やかに話をしてくれる澄子さんの姿だけだ。今日に至るまで、彼女がこの場所で過ごした三十五年を、五十年を想像する。

最後に店の前で写真を撮らせてもらうことにした。写真は苦手なんだけどねえ。そう言って澄子さんは照れくさそうに表に出ると、カメラを構えた僕のほうにではなく、海のほうにむかって腰を下ろした。そうして海を眺めていた。僕はしばらくのあいだ、彼女の背中を見つめていた。

レトロなオートレストラン　群馬・ドライブイン七輿

夏の日、群馬県藤岡市にある「ドライブイン七輿《ななこし》」を訪ねた。朝の七時とあって、まだお客さんの姿はなかった。蟬《せみ》の声だけが賑やかに響く。「いらっしゃいませ」と書かれた看板をくぐり、五卓あるテーブルの一つに腰掛け、止っていた扇風機のスイッチを入れる。店の前には広大な駐車場が広がっている。八時過ぎ、そこに一台のクルマがやってくる。運転席に座っているのは店主の木村清さんだ。

「ドライブイン七輿」には自動販売機とゲーム機がずらりと並んでいる。自販機コーナーは二十四時間営業だが、ゲームコーナーは深夜になると閉めてしまうので、朝になると清さんがやってきてシャッターを開ける。ほどなくしてサンダル履きの男性がやってきて、まっすぐゲームコーナーに入り、麻雀ゲームを始めた。「ゲームコーナーは八時から営業します」と看板を出しているわけではないが、常連のお客さんはその時間を把握しているのだろう。

「前は五時半に開けてたんですけど、大変だからやめたんです」と清さんは言う。二〇

Hamburger
トーストサンド
日清食品
うどん

一七年の夏に古希を迎えた清さんは、ゲーム機をすべて稼働させると自宅に帰ってゆく。

＊

今日はよく晴れている。向こうには田圃が広がっていて、稲穂が風に揺れているのが見えた。「ドライブイン七輿」が建っている場所もかつては農地で、清さんの両親は稲作と養蚕《ようさん》を営んでいた。だが、輸入品が増えたこともあり、絹糸は以前ほど高値で売れず、農家で食べて行くのは難しくなった。清さんは農家を継ぐのではなく、就職して働く道を選び、二十六歳でふじこさんと結婚する。「ドライブイン七輿」を始めたきっかけになったのは、ふじこさんの言葉だった。

「ドライブイン七輿」の前を走るのは上州姫街道である。一九七〇年代に入ると、上州姫街道の交通量は増えてゆく。当時は関越自動車道が川越までしか開通しておらず、上信越自動車道も開通していなかったため、富岡や下仁田《しもにた》、軽井沢や長野方面に向かうクルマは上州姫街道を走るほかなかった。その様子を眺めていたふじこさんが「ここに自動販売機でも置けば便利かもね」とつぶやいたのだ。

自動販売機が物珍しかった時代がある。『素晴しい販売員』（一九五〇年九月号）という雑誌には「自動販賣機はこゝまで發達している！」と題した記事が掲載されており、アメリカの自動販売機がこんなふうに紹介されている。

ホット・ケーキは、どうです、ハンバーグ入のホット・ドッグに、チーズ入サンドウィッチは如何が……。

お金を穴に入れると、一九秒で目の前に、料理された温い出来たての、お美味しいのが、ピョコンと姿を現わす。こんな重宝な機械が出来たら、それこそ、ナンボーか喜しかろう。これが夢ではなくて、現実にアメリカに出現している。自動販売機がこれである。自動販売機は戦前からあって、一般大衆の興味を惹き、便利なものであるとされていた。だが一般に知られているものは、菓子、煙草、飲料水、豆類、チュウインガムぐらいのものであるが、今ではこの他に料理、葉巻き煙草、アスピリン絹又はナイロンの靴下、（色は二色でサイズは五種類）、ポップコーン、ホット・コーヒー（クリーム砂糖お好み次第）写眞の撮影、声の吹き込み等がある。

海の向こうのものだった自動販売機は、十年後には日本に普及し始める。一九六二年の『商店界』（七月号）には「自動販売機は商店にどのようにとりいれられるか」と題した特集が組まれており、自動販売機の普及ぶりが記録されている。

自動販売機はいま新しい分野を求めてどんどん広がりつつある。わが国にはじめてはいってきた当時は単に物珍らしいということで人が集まった面もあったが、いままではほぼ完全に消費者と結びつきようやく現代社会にとって必要なものになってきたようだ。東京池袋の西武百貨店地下一階にあるオートパーラーは三月九日に開設したニューフェイスにもかかわらずすでに「固定客」がかなりついているという。また都内の新橋、浅草の酒屋さんが五年前からやっている自動販売スタンドはインスタントに酒を飲めるというので、これも多くの固定ファンをつかんでいる。こういった成果をみてビール会社も試験的に自動販売機を利用し始め、また、競争の激しい清涼飲料業界でもジュース販売機をふやしたり、ソーダ水にも手を広げようとしている。

オートパーラー、オートスナック、コインスナック、オートレストラン……。呼び名は様々だが、自動販売機だけを集めた食堂が新しいスタイルの飲食店として注目を浴びるようになる。客としては無人のレストランで食事をする近未来感を味わえるし、店としては人件費を削減することができるというわけだ。

オートレストランは全国各地に広まってゆく。営業マンとして働いていた清さんは、そうした風景を目にしていた。ふじこさんは「飲み物の自動販売機を二、三台置けばいいんじゃないか」というつもりで提案したのだが、清さんの頭の中ではイメージが膨らんでいた。そうして一九七五年、現在の場所にオートレストランを開店させる。

＊

十時過ぎ、自宅で食事を終えた清さんが戻ってきた。妻のふじこさんも一緒だ。まずは清さんがトーストの自動販売機に商品を補充し、ふじこさんは店内を掃除する。

ぽつりぽつりとお客さんがやってくる。ハンズフリーで通話できるようにヘッドセットをつけたトラックの運転手は、勝手知ったる様子でまっすぐ両替機に歩いてゆき、お札を崩してチャーシューメンを買ってゆく。地下足袋《じかたび》を履き、首からタオルを提げた男性がやってくる。まずはトイレで顔を洗って天ぷらうどんを購入し、軽トラックに戻って食べている。スーツ姿の男性の姿もある。共通するのは、皆、五分程度で食事を終えるとすぐに去ってゆくこと。

「朝の時間帯だと、出勤前にコーヒーを一杯飲んでいくお客さんもいるんですよ」と清さんは言う。「最初に作った看板は、コーヒーカップを描いた看板だったんです。それもあって、コーヒーを飲んでいくお客さんは多かったですね。あとはダンプやトラックの運転手さんが多かった。ここなら駐車場が広くて停めやすいからね。あの頃は携帯電話がなかった時代だから、ここで待ち合わせる人もいたんですよ。話をしながらコーヒーを飲んで、それから仕事にいく。そういうお客さんが多かったですね」

最初に並べた自動販売機は、コカ・コーラとポッカ、うどんとそば、トースト、それにハンバーガーの自動販売機だ。当時はまだ店を構えておらず、片屋根式のガレージがあるだけの簡素な造りだった。

反響は思いのほか大きく、駐車場が完成しないうちからお客さんがやってきた。お客さんのリクエストに応える形で、木村さん夫婦は店を拡大してゆく。まずはトイレを建て、自動販売機の数を増やして駐車場を拡大し、モルタル造りの店を構える。無我夢中で働いていたので、当時の写真は一枚も残っていないという。「ドライブイン七輿」と看板を掲げたのは一九八四年。店を始めて九年が経っていた。

「最初に建てた店が手狭になってきたから、店を改築したんですよ。広げたスペースには新しい自動販売機を並べるつもりだったんだけど、ふじこの知り合いのコックが遊びにきて、『向こうのスペースは今のまま自動販売機を並べておいて、こっちは食堂にすればいいんじゃないか』と言われたんだよね。このあたりには食堂がなかったから、ごはんものが食べたいってお客さんは前からいたんですよ。それで、そのコックが手伝うと言うもんだから、食堂を始めたんです。それまでは勤めに出てたんだけど、食堂を始めれば忙しくなるだろうってことで会社を辞めたんだよね」

食堂を始めるにあたって、清さんは大型免許を取得している。「もし食堂がうまくいかなかったら、トラックの運転手をやろうと思ってたんです。家族を食わせていかなきゃなんないからね」と清さんは笑う。心配は杞憂《きゆう》に終わった。開店直後から食堂は大賑わいだった。ごはんを大盛りにしたこともあり、トラックの運転手や建築屋さんに人気の店となる。看板メニューは六〇〇円のモツ煮定食だ。

「食堂はとにかく忙しかったですよ。最初は出前もやってたから、自分たちがお昼ごはんを食べるのはいつも夕方になってましたね。店を閉めると、次の日の仕込みをして、自動販売機に食べ物を補充する。そうすると、家に帰るのは深夜の二時とかになっちゃうんです」

三十年以上続けてきた食堂は、今はもう営業していない。閉店のきっかけは清さんの病だ。

清さんは以前から心臓を患っており、手術を受けたこともある。それでも「ドライブイン七輿」で働き続けていたのだが、二〇一五年一月二日、お店で倒れてしまう。下された診断は大動脈解離。このまま食堂を続けることは難しく、オートレストランとゲームコーナーだけを残す決断をする。食堂を営んでいた場所は、現在は事務所として利用している。

*

昼下がり。事務所に置かれたテレビでは甲子園の中継が流れている。

補充を終えたあとも、清さんはなるべく事務所で過ごすようにしている。トーストの自動販売機には不具合が多く、ボタンを押してもトーストが出てこなかったり、冷たいまま出てきてしまったりするのだ。太平洋工業製のトーストサンド自動販売機は、一九七四年に発売されたもの。アルミに包まれたトーストが自動販売機に冷蔵されており、購入すると加熱された状態で出てくる仕掛けだ。

「トーストは昔から壊れやすくて、『いつまで経っても出てこねえぞ！』と蹴っ飛ばされたこともあるんだよね。うちに帰ったあとに電話がかかってきて、『トーストが出ねえよ』と呼び出されることが多いから、今は深夜は販売中止にしてます。『こんな機械、ぶっ壊してやる』と脅かされたこともあったし、実際に機械を荒らされたこともあったね。お客さんから壊れてるよと言われて行ってみたら、お金が散らばってたりして。今振り返ると、よくやってこれたなと思うよ」

トーストサンドの自動販売機とハンバーガーの自動販売機は、開店当初から店に置かれているものだ。製造元のサポートはとっくに終わっており、マシンにトラブルがあると知り合いに頼んで修理をしてもらっているという。簡単なトラブルであれば自分でメンテナンスをする。どうやって技術を身につけたのかと訊ねると、「昔、カネボウで働いたことがあるんだよ」と清さんは言う。

「カネボウといえば繊維が有名だけど、あの頃はコーヒーも作ってたんだよ。ベルミーコーヒーって、昔はうちにも自動販売機があったんだけどね。そのオーバーホールをする修理工を臨時で募集してたんです。食堂を始める前にそこで一年間働いていたから、構造は大体わかるようになったんだよね」

「ドライブイン七輿」に置かれた自動販売機は、この四十年で移り変わってきた。かつてはボンカレーの自動販売機やかき氷の自動販売機、弁当の自動販売機もあったが、故障して姿を消した。移り変わりがあるのは自動販売機だけでなく、納品業者もこの四十年間で変わった。トーストサンドとハンバーガーは、創業当時は群馬県の玉村にある前食工業から仕入れていたが、その会社は倒産してしまった。そこから何軒か納品業者を変えて、現在では伊勢崎市のマルイケ食品から仕入れている。ハンバーガーの自動販売機にはチーズバーガーが、トーストサンドの自動販売機にはハムとピザの二種類が並んでいる。

夏休みだからだろう、午後になると小学生の姿が目立つ。父親に連れられてやってきた男の子は、トーストサンドの自動販売機の前で立ち止まる。

「トースト、美味しいかな？」と父。

「わかんない」と男の子。でも、トーストサンドの自動販売機に興味津々の様子だ。父親が「買ってみようか？」と問いかけると、黙って頷く。コインを入れて四十秒ほど待つと、ガタンとトーストが落ちてくる。男の子は熱々のピザトーストを嬉しそうに頬張っている。

また別の家族連れがやってくる。母親に連れられてやってきた男の子が足を止めたのはコカ・コーラの自動販売機だ。「ドライブイン七輿」には瓶のコカ・コーラの自動販売機がある。瓶の自動販売機を見たことがないのだろう、母親に「これって買えるの?」と訊ねている。開け方がわからず、母親に指導されながら蓋を開けている。

「最近は小さいこどもを連れたお客さんが増えましたね」とふじこさんが言う。「ハンバーガーを食べるにしても、お金を出せばいくらでも美味しいハンバーガーが食べられると思うんです。でも、昔こういう自動販売機を使っていた子が大人になって、自分のこどもを連れてきてくれる。『お父ちゃんはこういうとこでハンバーガー食べてたんだよ』って。昔はこれが最高のおやつだったんですよね」

この十年、古い自動販売機を懐かしむお客さんが増えた。目新しかった食べ物の自動販売機は、半世紀の歳月を経てレトロで懐かしいものになった。

「コンビニが増えた頃から、オートレストランは下火になったんです」。清さんはそう振り返る。「最初のうちは『ゲームなんか置かねえ』と言ってたんだけど、自動販売機が売れなくなったもんだから、それでゲームコーナーを始めたんだよね。でも、今から五年前にTBSのニュース番組で紹介されると、またお客さんが増えてきた。何度も取り上げられるうちに、自動販売機に行列ができるようになったんですよね」

一番人気はめん類の自動販売機だ。この自動販売機にはボタンが二つあり、片方は「チャーシューメン」(三五〇円)、もう片方は「天ぷらうどん」(三〇〇円)。めん類の担当はふじこさんで、在庫が少なくなれば調理場に行き、麺を茹でてエビ天を揚げ、チャーシューを切って補充する。

「麺は根岸物産から仕入れてるんですけど、特別に太麺に作ってもらってるんです」とふじこさんは語る。うどんも少し太麺で、田舎風にしている。めん類の自動販売機が残る店は全国にまだ点在しているが、その中身は店ごとに違っている。「ドライブイン七輿」のチャーシューメンには自家製チャーシューがたっぷりのっており、メンマとワカメとネギがトッピングされている。このチャーシューメンは、多い日には一〇〇杯ほど売れることもあるという。

＊

気づけば日が傾き始めている。

夕食時になると、「ドライブイン七輿」は家族連れやカップルで賑わう。「テレビで見たやつだ」と写真を撮って、チャーシューメンを啜る。麺だけでは満腹にならないのか、トーストやハンバーガーも一緒に食べてゆくお客さんもいる。県外ナンバーのクルマもちらほら見かける。懐かしのオートレストランで食事をすることが一つの家族団欒《だんらん》の形になっているのだろう。

十八時になると、めん類の自動販売機に最後の補充を済ませる。看板にネオンを灯し、事務所の戸締りを終えると、木村さん夫婦は帰途につく。夜が訪れる。「ドライブイン七輿」に流れる時間は表情を変えてゆく。家族連れが姿を消すと、オートレストランには誰もいなくなる。日没後にやってくるお客さんの多くはゲームコーナーに消えてゆく。

人気のゲームは「麻雀格闘倶楽部」だ。

麻雀のルールはわからないので、他のゲーム機で遊んでみる。ナムコの「Ｓｕｐｅｒワールドスタジアム２０００」。僕は阪神タイガースを選んで、対戦相手は広島東洋カープにする。今はなき広島市民球場で、僕は何度となくこのカードを見守ってきた。プリセットされたオーダーは坪井、和田、今岡、タラスコ、大豊《たいほう》、バトル、新庄、矢野。タラスコを桧山《ひやま》に交代させて、先発投手に川尻を選んでプレイボール。操作方法がうまくわからず、あっという間にコールドゲームの点差になってしまう。思えばあの時期の阪神タイガースは万年最下位だった。

ゲームを途中で放り出し、オートレストランに引き返す。ほどなくして初老の男性が入ってきた。あーあ、疲れたなあ。独りつぶやきながら天ぷらうどんを購入する。あっという間に食べ終えると、また「あーあ」とつぶやいて帰ってゆく。そんなふうに手短に食事を済ませていく人たちを何人か見送り、二十一時を過ぎると食事のお客さんは途絶えた。

カエルの鳴き声と自動販売機が唸る音だけが静かに響く。麻雀に興じていたお客さんも、二十三時が近づくに連れてひとり、またひとりと帰ってゆく。

「夜に遊びにくるお客さんはほとんど常連さんなんですよ。二十三時過ぎに閉店だとわかってるから、その前に帰ってくれるんです」。そう語るのはゲームコーナーで管理人すを務める男性だ。木村さん夫婦が帰途についたあとは、この男性が店を見守っている。お客さんがいなくなると、ゲーム機の電源を切り、ゲームコーナーにシャッターを降ろす。

「昔はこの時間でもお客さんが多かったですよ。ここで働いて十五年になりますけど、当時はトラックの運転手が多かったですね。長距離トラックの運転手は寝るに寝れなくて、ゲームをやって時間を潰すんです。ゲームコーナーが閉店すると、トラックに戻って眠りにつく。朝になって目をさまして、トイレで顔を洗って納品に行く。昔はそういう風景があったんですけど、十年経つと全然変わっちゃいましたね」

＊

オートレストランが最先端だった時代がある。

一九六五年の『オール大衆』（五月号）に、「無人販売時代本番入り　脚光あびる自動販売機のすべて」という記事が掲載されている。それによると、西銀座デパートに「三愛オートパーラー」が開設され、西銀座族と呼ばれる若者たちが「立ち食い、立ち飲みの気楽なパーティ」を繰り広げていたという。西銀座族はのちに〝みゆき族〟と呼ばれるようになり、社会現象にもなった。それから十年が経つと、オートレストランはすっかり街になじんだ存在になる。『中央公論』（一九七六年十二月号）に「手軽さと侘しさの共有〈オートレストラン〉」と題したグラビア記事を見つけた。

大都会に限らないが、最近の街の風物として目につくのが、オートレストラン、オートスナックと呼ばれるコイン式自動食品販売機を集めた無人の店である。この手の店やスタンドが盛んになっているのは手軽さだけが原因なのだろうか。深夜周囲の街並の暗さから浮き出た明るい店に、販売機にかこまれた素気ないテーブルでただ一人、うどんなど食べている老人の姿を眺めると、そのひとの家庭、家族のことまで考えてしまう。

何故か侘しい。たとえば流行の服に身を包んだ若い女性の場合でも、道路工事のたくましい男性であっても、この侘しさは同じである。「時間こそ金」と動き続けた世の中の落し子とも言える細長い箱にカメラを向けていると、一膳めし屋や赤ちょうちんの人情が偲ばれてくる。

誰かと言葉を交わすこともなく、機械に囲まれて食事する。記者はそこに侘しさを見出す。「一膳めし屋や赤ちょうちんの人情」と比較すると、たしかに侘しさはある。だが、この記事は重大なことを見落としている。「この手の店やスタンドが盛んになっているのは手軽さだけが原因なのだろうか」という疑問が残されたままなのだ。

「ドライブイン七輿」には、今でもたくさんのお客さんが訪れている。その多くは、レトロ自販機の懐かしさに惹かれてやってくるお客さんだろう。だが、ごく普通に利用するお客さんもいる。ふらりと店にやってきて、天ぷらうどんかチャーシューメンを平らげ、サッと帰っていくお客さんたちだ。食事をするだけであれば、近くにコンビニエンスストアは何軒もある。最近はイートインを併設したコンビニも増えているのに、彼らはなぜオートレストランを利用するのだろう。

日本にコンビニが普及するのは一九七〇年代に入ってからのこと。『商店界』（一九六八年五月号）では、「最新海外情報」としてコンビニエンスストアが紹介されている。タイトルは「コンビニエンスストアとはどんなもの？」。当時の日本ではまだ、コンビニを知る人はほとんどいなかったわけだ。

二〇一九年に生きる私たちは、コンビニエンスストアを知っている。誰もが同じような風景を想像することができるはずだ。つまり、日本全国にほとんど同じものが並んでいるということだ。このほとんど同じものが並んでいるということがコンビニエンスストアの特徴だろう。それはオートレストランにも共通する。どの自動販売機で購入しても、同じ品質のものが出てくる。その信頼があるからこそ、無人のオートレストランが成立する。それを可能にしたのは〝流通革命〟だ。

一九六〇年代に流通革命が起きると、日本は大量生産・大量消費の時代を迎える。日本全国津々浦々に、規格化された商品が行き渡るようになる。それ以前の時代――それこそ「一膳めし屋や赤ちょうちん」しか存在しなかった時代——には、飲食店で提供されていたのはその店ならではの味だ。だが、流通革命により、いつでもどこでも同じ味が食べられるようになる。それがオートレストランとコンビニエンスストアに共通する新しさだ。

一九七〇年代には、オートレストランもコンビニエンスストアも新しい業態だった。海のものとも山のものともつかぬものだった。だが、今やコンビニはナショナルチェーンに成長し、オートレストランは懐かしい店になった。両者を隔てたのは一体何だったのだろう？

深夜の「ドライブイン七輿」には、誰もやってくる気配はなかった。ひとりコーヒーを飲みながら、オートレストランがナショナルチェーンになった今を想像してみる。そんな未来だってありえたはずなのに、うまく想像することができなかった。

＊

店の外に出てみる。いつのまにかネオンは消灯していた。

コンビニエンスストアになくてオートレストランにあるものは、この暗さだ。駐車場から「ドライブイン七輿」を眺めているうちにそう思った。

コンビニは常に現在であり続ける。常に最新のものが並び、清潔で、ピカピカと輝き続けている。対するオートレストランは過去になってゆく。そこに並ぶ自動販売機は、私たちと同じように少しずつ年を重ねてゆく。だからこそオートレストランにいると不思議と落ち着くのだろう。そこに侘しさがあるとすれば、それは私たちもまた少しずつ老いていくという侘しさだ。

「今は故障が多くて手がかかる機械なんですけど、この自動販売機たちが頑張っているうちは私も頑張らなくちゃと思ってるんです。私にとっては家族のような存在なんです」。そう語っていたふじこさんのことを思い出す。創業当時から置かれている自動販売機は僕より年配だ。この自動販売機も僕も、いつかは動かなくなる。

最後にもう一杯、チャーシューメンを食べることにした。三五〇円投入してボタンを押すと、ニキシー管が点灯し、二十五秒のカウントダウンが始まる。ニキシー管を製造するメーカーも今はなくなってしまった。光が消える瞬間まで、僕はじっとニキシー管を見つめていた。

トラック野郎のオアシス　福島・二本松バイパスドライブイン

テーブルの上には缶ビールが並んでいた。まだ午前中だというのに、二人組の男性が飲んでいる。運送会社の制服なのだろう、グレーのつなぎを着ている。二人とも五十代といったところか。八宝菜をツマミながら言葉を交わしている。親近感をおぼえて隣に座り、僕は瓶ビールを注文した。

「そういえば、こないだ花博通《はなはくどおり》で取り締まりしよったで」

「あんなとこで何を取り締まることがあんねん」

「あそこに路駐して寝よるやつ、よおけおるやろ。警察がそれに『移動せえ』言うてまわりよんねん」

「おるだけでもあかんの?」

「そう、テレビでも取り上げられとったけど、あんなん可哀想やで。邪魔になるならわかるけど、あんなとこ別に邪魔にならんやろ。移動せえ言うなら、ちゃんと休める場所を用意したらんと事故起こすで」

僕は少し不思議な心地でビールを飲んだ。二人の言葉は関西訛りだが、ここは福島県にある「二本松バイパスドライブイン」だ。店の前を走っているのは東京と青森を結ぶ国道四号線だ。

＊

国道四号線は日本の大動脈である。

地上を走る国道としては最長の距離を誇り、かつての日光街道や奥州街道を踏襲している。起点となる日本橋から北上すると、しばらくはドライブインのない風景が続く。あるのはコンビニやファミリーレストラン、それに道の駅ばかりだ。一〇〇キロほど走り、栃木県の矢板市に入ったあたりで最初のドライブインが見えてくる。そこから一五〇キロのあいだに五軒のドライブインが密集している。那須高原を通過すると再び姿を消し、次にドライブイン密集地帯があらわれるのは福島県二本松市だ。

そのうちの一軒、「二本松バイパスドライブイン」が創業されたのは一九七二年。お店を営む橋本宏子さんに話を聞く。

「この店はうちの人が始めたんです。その当時は道路も何もなくて、ここは山林だったの。でも、二本松バイパスが造られることになって、『良い山林があるから、買ったらいいんでないが？』と話が持ち込まれて。福島から南に行くにも、郡山から北に行くにも二本松を通るから、食べ物商売だったら間違いないんじゃないかってことで、ドライブインを始めることにしたんです。飲食店で働いたことはなくて、皆素人だから不安もあったけど、やってみないとわかんないからね。それで私が調理師免許を取って、お店を始めたんです」

ドライブインの歴史は自動車とともにある。モータリゼーションが進展するにつれて、日本全国で問題が生じ始めた。交通事故による死者が年間一万人を超えるようになり、一九六二年には「交通戦争」が流行語となる。高度経済成長を迎えるとダンプカーや砂利トラックが行き交い、「走る凶器」として人々に怖れられた。街には排気ガスが溜まり、光化学スモッグが頻発する。自動車公害を少しでも減らそうと歩行者天国が導入されたのは一九七〇年のこと。慢性的な渋滞を解消するべく、都市を迂回するバイパス道路が各地で建設され始めるのもこの時代だ。

二本松バイパスは一九七一年十二月に完成した。「二本松バイパスドライブイン」は、道路の建設中に工事が始まり、一九七一年七月にオープンする。経営者は宏子さんの夫・橋本正次さんだ。昭和十一年生まれの宏子さんは当時三十五歳。「今は後期高齢者になりました」と彼女は笑う。

「お店を始めると、すぐに繁盛して忙しかったよ。その当時からうちは二十四時間営業だったからね。コンビニなんてない時代で、二十四時間やってる店も珍しかったから、昼も夜も忙しかった。バイパス沿いだから、やっぱりトラックの運転手が多かったね。

アイスコーヒー
ホットコーヒー
お酒
タルハイ
ビール
なめこ汁
〈タルハイ〉

おかわり自由でやってるもんだから、皆さん喜んでくれました。駐車場も今よりずっと広かったから、そこにたくさんトラックが停まって、あの時代は忙しく働いていたんです」

夫婦二人だけでは切り盛りできず、何人も店員を雇った。その多くは農家の主婦たちだ。まだ免許を持っている女性は少なく、従業員の送迎も夫婦でやっていたという。

「今はさすがに送り迎えまではできないから、免許のある人しか雇ってませんけどね」

と宏子さんは言う。

「二本松バイパスドライブイン」は今でも多くのお客さんで賑わっている。やはりトラック運転手が目立つが、お昼時にはサラリーマンもやってきて、広い店内はほとんど満席になった。一番人気はバイパススタミナ定食。お店を創業するにあたり、「目玉になるメニューを作ろう」と正次さんが考案したものだ。キャベツと玉ねぎ、ニンジン、豚肉、それにホルモン。これらの具材を炒めて、味噌で味つけする。濃いめの味でごはんが進む。酒にもよく合う。四号線のドライブインにはホルモン炒めやモツ煮を看板メニューに掲げるお店が数多く存在する。長時間クルマを運転していると、ガツンとした味が食べたくなる。アクセルとブレーキを踏んでいるだけなのに、一体どういうわけだろう。

＊

「二本松バイパスドライブイン」はメニューが豊富だ。中でも目立つのは中華である。ラーメンとチャーハン、このくらいはどこのドライブインだって出す。でも、ここには中華丼もあれば八宝菜もあり、ホイコーローにマーボー定食、味噌坦々麵、さらにはテンメンジャン定食なんて変わり種まである。中華では定番の調味料である甜麵醬《てんめんじゃん》を使ってモヤシとニラと豚肉を炒めた一品で、これまたビールが進む味だ。

「店をオープンするとき、板前さんを雇ったんですけど、その方はもともと中華料理屋で働いてたんです。ここはほんとに山林だったから、山を切り拓いて建物を建てるまでに一年かかったんですよ。そのあいだに板前さんがメニューを考えてくれて、それで中華丼だの八宝菜だのを教わったんですよね。板前さんは五年ぐらい働いてくれたけど、郡山に自分の店を出したいってことで辞めちゃった。いくつか省いたメニューもあるけど、ほとんど当時のままですね」

メニューだけでなく、建物や内装もほとんど当時のまま。でも、隅々まで掃除が行き届いていて清潔感がある。ここは前払い制なので、入ってきたお客さんはまずレジに向かう。そこに流し台があり、トイレまで行かなくとも手や顔を洗うことが出来る。ドライバーには嬉しい設計だ。

お昼時を過ぎると、店は静かになった。隣で賑やかに飲んでいた二人組も、ひとりがうたた寝を始めてしまって、残された方は淡々とチューハイを飲んでいる。店の前には

いらっしゃいませ
バイパスドライブイン

カツ定食
生姜焼定食
焼肉定食
レバー炒め定食
ホルモン定食
ハンバーグ定食
八宝菜定食
野菜炒め定食
納豆定食
玉子焼定食
チキンカツ定食
マーボー定食
朝定食
焼魚定食
ハンバーグカレー
カツカレー
カツ重
カレーライス
チャーハン
中華丼
ソースカツ丼
ホイコーロー定食
タンメン
焼ソバ
なめこおろし
しらすおろし

信号がある。九十秒おきに信号は赤になり、青になるとまたクルマが走り出す。運送会社のロゴが入ったトラック。ダンプカー。ゴミ収集車。タンクローリー。ガスボンベを積んだトラック。宅急便。セブンイレブン。何台ものトラックが通り過ぎてゆく。その一台が駐車場に停まり、運転手の男性が店に入ってきた。

「スタミナかい?」と宏子さんが先に訊ねる。

「うん、スタミナ」。運転手はタオルで顔を拭いながら答える。聞けば常連さんだという。「二本松バイパスドライブイン」には常連客も多く、決まって同じメニューを注文する人もいる。「中には『バイパススタミナ定食が食べたくて、他所で食べないでここまで走ってきたんだ』と言ってくださる方もいて、そういう言葉を聞くと嬉しいですね」と宏子さんは言う。

代金を払い終えると、運転手は本棚に置かれた分厚いコンビニコミックを手に取り、ぱらぱら眺めている。僕はビールを飲みながら、持参した文庫本を読んでいた。こうしていると、わざわざ自分が読みたい本を持ってきたことがはしたないことのように思えてくる。料理が運ばれてくると、運転手はコミックを脇に置いて食事を始めた。ごはんを頬張る音がする。ごはんを頬張ることにも音があるのだなと思う。男性がいるのはテーブル席ではなく小上がりだ。あぐらをかいて座るのではなく、足は前に放り出している。このスタイルで食事するドライバーをよく見かけた。長時間運転していると、そうして足を伸ばして寛ぎたくなるのだろう。日本のドライブインには小上がりのあるお店が多いが、「二本松バイパスドライブイン」の小上がりは広く、四十畳に十五台のテーブルが並んでいる。

＊

このお店がドライバーに愛されるのには理由がある。広々とした駐車場があること。メニューが豊富なこと。おかわりが自由なこと。いくつか理由はあるけれど、特筆すべきはお風呂があることだ。

創業から四年が経った一九七五年、正次さんは「二本松バイパスドライブイン」にお風呂を増設する。男湯と女湯があり、大浴場とまではいかないまでも湯船もある。夕暮れ時になると、シャンプーや石鹸を抱えた運転手がやってくる。入浴料は四〇〇円で、お風呂にだけ浸かりにくるお客さんもいるほどだ。もちろん風呂上がりに晩酌を楽しむドライバーも多い。

ほとんどのドライブインは酒を提供している。「二本松バイパスドライブイン」のレジ裏にはタクシーや代行運転の電話番号が記されている。ただ、トラックの運転手が代行を頼むわけにはいかないだろう。昔であれば酒を飲んで運転するドライバーもいたけれど、時代は変わった。それでもドライブインで酒を飲む運転手がいるのは、早く眠りにつくためだ。

長距離を走るトラックでも、高速代を節約しようと一般道を走る場合がある。東京から青森を目指す場合、東北自動車道を走れば七時間半でたどり着けるけれど、一般道を走れば倍の時間がかかる。ただ、大型車であれば約二万五〇〇〇円、特定大型車であれば四万円もかかる。急ぎの荷物であれば高速道路を利用するだろうけれど、運賃を考えると一般道を走らなければ赤字になってしまう。寝床はいつもトラックだ。「二本松バイパスドライブイン」には宿泊施設もあるけれど、宿泊費だって馬鹿にならず、ドライバーは車中泊を選ぶ。渋滞を避けて走るには深夜から早朝の時間帯が好ましく、明るいうちに眠りにつく運転手もいる。そこで少しでも早く眠りにつけるように酒を飲むのだ。うたた寝をしていた男性は目をさまし、氷の溶けきったチューハイをひとくち飲んだ。

「先月は大変やったで。富山で十二日に積んで、十四日に名古屋で降ろしや」

「そんな時期に大変やな」

「お盆やから、乗用車が一杯。重い荷物を積んで国道四一号やで」

「あそこはヘアピン多いやろ」

「初めて走ったけど、アップダウンも激しいし——いや、普段はあんな道を通らんやろ。乗用車がよおけおったけど、もう知らん顔するしかないと思ってゆっくり走ったわ」

トラックの運転席は乗用車より高く設計されている。あの高さからは一体どんな風景が見えているのだろう。

＊

日本全国のドライブインを巡り始めてからというもの、観ておかなければと思っていた映画がある。鈴木則文監督の『トラック野郎』シリーズだ。

『トラック野郎』が公開されたのは一九七五年の夏。第一作の『トラック野郎・御意見無用』は大ヒットを記録し、シリーズ化が決定する。全十作、主演はいずれも菅原文太だ。主人公の星桃次郎は、電飾をあしらったデコトラ「一番星号」に乗り、日本全国を駆け巡る〝トラック野郎〟である。相棒は愛川欽也演じる〝やもめのジョナサン〟こと松下金造だ。この映画に欠かせないのがドライブインである。星桃次郎が恋に落ちるヒロインはドライブインで働く女性だ。

「二本松バイパスドライブイン」に取材することが決まり、今こそ観なければと『トラック野郎・御意見無用』を観た。とても面白かった。それと同時に驚かされたことが二つある。一つは、大型トラックが片側一車線の道路を爆走していること。もちろん演出はあるにせよ、交通網が発展途上だった時代にはトラックが細い道を行き交うこともあったのだろう。もう一つ驚かされたのは、ドライブインがいつも賑やかで、〝トラック野郎〟の溜まり場になっており、そこに行けば顔見知りがいるような場所として描かれていることだ。

ドライブインは今、すっかり静かな場所になった。「二本松バイパスドライブイン」

のように、運転手たちに愛され続けているお店はあるけれど、運転手同士が偶然顔を合わせて談笑する風景は消えてしまった。『トラック野郎』の世界は本当に実在したのだろうか――？

「いや、昔はよくありましたよ」と宏子さんは言う。「知り合いの人たちが一緒のテーブルで飲んだり食べたりする。別に待ち合わせしてるわけじゃないのに、偶然ここで会うこともあったみたいですよ。知り合いでなくても、『どこまで行くんですか』と話しかけている人もいました。あと、『こないだ××に行ってきたんだよ』とお土産をもらったこともあります。昔は本当に賑やかでした。時には酔っ払ったお客さん同士で喧嘩になって、ガラスを割られて警察を呼んだこともあるんです。今は暴れるような人はいなくなったから、静かになりました」

宏子さんが語る話はまさに『トラック野郎』の世界だ。この四十五年のあいだに、「二本松バイパスドライブイン」は随分変わった。店内だけでなく、界隈の風景も変わった。「昔は本当に何もなかったけど、ラーメン屋さんが出来たり、コンビニが出来たり――それは全然変わりました。でも、ここは場所も良いし、風景は素晴らしいと思います。向こうに安達太良山《あだたらやま》もあるし、最高の場所だと思います。ここから窓の外を眺めていると落ち着くんですよ」

店内には虫の音が響いている。宏子さんの話を聞いていると、ひっきりなしにクルマが行き交う二本松バイパスの風景もまた絶景に思えてくる。隣で飲んでいた二人組もそろそろ眠りにつくようで、財布とケータイをポケットに仕舞っている。

「お姉さん、もう寝るわ！」

「はい、ありがとう」

「次来るときまで元気でいてよ。俺が死んじゃうかもしれないけど」

「ミサイルが落っこちたら死んじゃうけど、そうじゃなければ大丈夫」

「そやな。ごちそうさん」

「はい、おやすみ」

夜が訪れる。駐車場には何台ものトラックが停まっている。カーテンが閉まっていて中の様子を窺うことはできないけれど、この星空の下で皆眠っているのだろう。翌朝になって再び「二本松バイパスドライブイン」を訪れた。朝日が昇る頃にはもう、すべてのトラックが姿を消していた。

ドライブインのマドンナ　千葉・なぎさドライブイン

「店を始めたのは私の母なんです。このあたりは松林だったんですけど、一九六九年に国道一二八号線を造る話が持ち上がったんですよね。うちの父は県に委託されて牛の売買をやっていて、ここは牛の餌を育てる畑があったんです。そこに道路が通ることになって、うちの母が『ドライブインをやろう』と言い出した。母はクルマを運転できたもんだから、知り合いに頼まれて神奈川県の三浦岬までお米を運びに行ったことがあるらしいんですけど、そこにドライブインが一杯あったんですって。このあたりにドライブインというのはなかったから、『じゃあうちでやってみよう』ってことで始めたみたいです」

彼女は川名洋子さん。千葉県は南房総市で「なぎさドライブイン」を営んでいる。母・川名きみ子さんがお店を創業したのは一九六九年四月のこと。店名の由来は「白《しら》渚《すか》」という地名だ。

「母は大正十三年生まれで、とにかく明るい性格でした。人付き合いが良くて、積極的でよくしゃべる人だったんです。店のことは母が全部一人でやって、一緒に働いてくれる人も自分で頼んできて――その人は今も働いてくれてるから、もう五十年近いですよね。最初に店を建てたのは今駐車場になっている場所で、六十五坪ぐらいの店でした。このあたりにも食堂はちらほらあったんですけど、すごく小さな店しかなかったから、すぐに繁盛したみたいです。あんまり忙し過ぎて、お店を始めて丸一年、一九七〇年の三月に死んじゃった。店に畳の部屋があって、そこは休憩室として使ったんですけど、夕方に『疲れたからちょっと横になるね』と言って、そのまま脳梗塞《のうこうそく》で死んだんです」

きみ子さんは四十五歳の若さで亡くなった。洋子さんは当時二十二歳。既に就職して働きに出ていたけれど、勤めを辞めて、父と一緒に「なぎさドライブイン」を続ける道を選んだ。

「うちは三人姉妹で、私が長女なんです。すぐ下の妹が高校を卒業する春で、一番下はまだ中学生だったんですけど、二人は勤めに出たいというので、私がドライブインをやることにしたんです。母が亡くなるまで、店を継ぐことは全然考えなかった。でも、今思えば、そこで店を閉める気もなかったですね。別に『母のために続けてあげたい』ってことでもなかった気がしますけど、自分がやんなきゃ困るだろうなと思って継ぐことにしたんです。やっぱり、自分は長女だからってことが頭にあったのかもしれない。長男、長女っていうのがね、昔はあったんですよね。別に『お前は長女なんだから』と言われて育てられたわけじゃないんですよ。母が亡くなるまでは店を手伝ってなかったですし、やりたいことをやってましたからね。でも、長女の私がやらないで、下の二人に任せても可哀想だなって気持ちがあって、じゃあ私がやろうってことで引き継いだんです」

＊

転機を迎えるのは二年後。現在では一緒に店を営んでいる勝さんと出会って、二人は結婚する。山梨出身の勝さんは、上京して繊維問屋で働いたのち、館山《たてやま》の寿司屋で働いていた。

「出会いはね、父と一緒にそのお寿司屋さんへ行ったんです。話をしてみると、七男だから婿に来れるっていうことと、料理もできるってことで、最初は父の方が乗り気だったんですよね。私もね、結婚してもいいかなとは思ってましたけどね。人との付き合いが良いし、知らない人が相手でもポンポン話をするから。向こうはお嫁に来てもらいたかったみたいですけど、共通の知り合いが『彼女はドライブインの跡取りだから』と言ったみたいで、それで婿に入ってくれたんです。私が昭和二十二年生まれで、向こうが昭和十八年生まれだから、年は四つ違いますね」

結婚したことで「なぎさドライブイン」は変化が生じた。勝さんがお寿司屋さんで働いていたこともあり、メニューに海鮮料理が加わったのだ。

「うちの母は普通の主婦だったから、特に料理が上手だったというわけでもないんです。ただ、親戚に東京の中華料理屋で働いていた人がいて、十日間ぐらい泊まり込みで教えてもらって、それでお店を始めたんです。私が店を継いでからも、基本的には母と同じメニューを出してました。一番人気は、おそばだったら野菜炒めラーメン、ご飯ものだと焼肉定食がよく出てました。でも、うちの主人が来てからお刺身とお寿司を出すようになったんです。昼間は二人、夜は一人雇ってましたけど、それでも忙しかったですね。その頃はね、昼間は観光客が多かった。当時はまだアクアラインがなかったから、皆さん一泊で来てたんですよね。最近はサーフィンのお客さんが増えました。十代の頃から来てくれてる方が『これ、僕の子ども』と遊びにきてくれるんですよ」

「なぎさドライブイン」は今も常連客に愛されている。店の片隅にはキープボトルも並んでいる。営業時間は朝の十時から夜の八時まで。昔はもっと遅い時間まで忙しく働いていたという。

「しばらく母が建てた店で営業してたんですけど、一九七九年に今の建物に建て替えて、その十年後には宴会場を増築しました。夜になると、地元のお客さんが来てくれるんですよね。昔はお酒を飲むお客さんが多かったから、夜遅くまで営業してましたけど、今は取り締まりが厳しくなったでしょう。あの頃は飲みたい放題のお客さんだったから、店を閉めるのは十二時を過ぎてからでしたね。うちの主人が寝ちゃっても、お客さんは

DRIVE-IN

まだ飲んでるんですよ。それで『ビールを何本飲んだ、また明日来ます』とメモを残して、そのまま帰っちゃったりしてね。ほとんど知り合いだから、そういうお客さんばっかり」

＊

メニューを眺めると、イカ納豆やアジのたたき、奴《やっこ》豆腐など酒のあてになりそうなメニューがいくつも並んでいる。目を引くのはクジラ料理だ。「なぎさドライブイン」から一キロほど北上した場所に和田漁港がある。捕鯨基地として知られる港だ。現在、日本に存在する捕鯨基地は、網走、函館、鮎川、太地《たいじ》、そして和田漁港の五ヶ所だけ。和田漁港で獲れるのはツチクジラ。これをしぐれ煮やコロッケ、唐揚げにして提供する。他の漁港で水揚げされたミンククジラの刺身もある。

「クジラはすぐそこの港で獲れるんですけど、そこにクジラを解体する場所もあるんですよ。このへんで獲るのは六月半ばから八月まで。その季節だけ働きにくる漁師さんもいます。でも、クジラ漁は昔のほうが盛んでしたね。今は一年間に獲れる頭数が決まっていて、それ以上獲ったら駄目なんです。クジラ漁は江戸時代から続いていて、小さい頃から見てきましたけど、私自身はあんまりクジラを食べたことはないんです。クジラはね、昔はすごく安かったんですよ。このあたりにはリヤカーでクジラを売って歩いている人がいてね、その人が通ると道路が血だらけになるんです。それだけは鮮明におぼえてます。あの血だらけの景色を見ると、食べる気になんなくてね。ただ、クジラの美味しさは血にあるんです。だから一度冷凍しておいて、ちょっと解凍して出してます。あんまり溶かしちゃうと、血が抜けてパサパサになって、うまみが落ちるんです。一度冷凍したあとに、半解凍で食べるのが美味しいみたいですね」

「なぎさドライブイン」を訪れるお客さんは、昔に比べれば少なくなった。ただ、帰りの観光客は「せっかくだから」と奮発してクジラ料理を注文することが多く、売り上げはさほど減っていないという。

「この国道一二八号線の交通量も、昔のほうが多かったですね。最初の頃はトラックの運転手さんも来ましたよ。港に船が戻ってきて魚が水揚げされると、待ち構えていたトラックの運転手さんがそれを積み込んで、あちこちに運んでいく。当時は冷蔵の技術がそんなに発達してなかったから、氷を一杯積み込んで、それで運んでたんです。そうすると段々氷が溶けてきて、道路にずーっと二本の線が出来てました。そこの港のトラックがうちに来ることはなかったけど、銚子で魚を積んだトラックはよく寄ってくれました。あの頃は賑やかでしたよ。運転手さん同士は顔見知りだったりするから、『今日はどっち方面に行くんだ？』と声をかけたり、『俺は今から静岡に行くんだよ』と話しかけたりしてね。ここで待ち合わせていた人もいて、いろんな方言が飛び交ってましたよ。皆さん威勢が良かったですね。トラックの方は何もかも大盛り。カレーとかカツ丼とか、

ボリュームのあるものを頼まれる方が多かったですね。でも、そうですね、平成に入ってからは少なくなりました」

せっかくだから『トラック野郎』の話を聞いてみようか。そう思っていたところで、洋子さんのほうからその名前を口にした。

「昔、『トラック野郎』って映画があったでしょう。私、映画の撮影であのトラックに乗ったんですよ。近くで撮影をやってたみたいなんですけど、マドンナ役の女性が来れなくなっちゃったみたいで、いきなりうちにやってきて『出演してもらえませんか』と言われたんです。『顔は映らないから』ってことで、マドンナ役の女性と同じ洋服を着てトラックに乗りました。それは宮崎かどこかが舞台だったみたいなんですけど、このあたりで撮影してたんです。南国風の街路樹があるし、海もあるってことで、ここで撮ってたみたいですね。運転席のすぐ後ろには横になれるように畳が敷いてあって、すごく綺麗だったのをおぼえています」

＊

昭和二十二年生まれの洋子さんは、今年（二〇一七年）で七十歳になる。日本全国に点在するドライブインは一九六〇年代から七〇年代に創業された店が多く、跡を継ぐ人がいなくて閉店する店も増えている。「なぎさドライブイン」は誰かに継いでもらう予定はあるのだろうか？

「こどもは両方女の子で、二人とも結婚して家を出たので、これから店をどうするかは今のところわからないんですよね。まあ、出来るだけのことはやってみようかなと思うけど、こどもに強制しても仕方がないし、いくら『継いでくれ』と言ったって大会社と違うからね。こどもたちはこどもたちで順調に暮らしてるけど、向こうを辞めてこっちに帰ってきても、順調にいけるかわかんないしね。だからもう、しょうがないってことで、こどもたちに任せてます。何かあったらこどもたちが考えるでしょう」

洋子さんが店を継いで半世紀近く経つ。これまで「なぎさドライブイン」で過ごしてきた時間の中で、印象的な出来事は何だろう。

「出来事ねえ。何だろう。やっぱり、二〇一一年の地震かしらね。あの日も店は営業していて、地震が起きたときはお客さんもいました。窓から海の様子を眺めたら、潮がね、ものすごく引いたんですよ。見たことないような岩がぼこぼこ出てきて、こんなところにこんな岩があったのかしらと思いましたね。あそこにずーっと堤防があるでしょ、あの先端まで潮が引いたんです。私がまだ学校だった頃かしら、チリの津波のときにものすごく潮が引いたんです。でも、それよりもっと引いたからね。『波が返ってきたらどうしよう』と心配してたんですけど、あんまり返ってこなくてね。被害はなかったんですけど、それが一番印象的かしらね」

「なぎさドライブイン」の窓からは太平洋が見渡せる。白波が幾重にも重なり、浜辺に打ち寄せている。「白渚」という地名通りの風景だ。「こうしてパッと海を見るとね、どこにサザエがいるかわかるんですよ」と夫の勝さんは語る。「ただ、その目を身につけるには五年、十年かかる。毎日海を眺めて、やっとわかるようになるんです」。僕にはサザエの居場所など見当もつかず、ただ太平洋の荒々しさに圧倒されるばかりだ。この土地で生まれ育った洋子さんの目に、「なぎさドライブイン」の前に広がる景色はどんなふうに見えているのだろう。

「そうだねえ。私は余所へ行くことがないから、外の良さっていうのはわからないんですよね。ただ、今のところ順調だし、目の前が海で景色は良いからね。景色が良いってことはね、台風がくると大変なの。潮風にやられて、台風のあとは家中水かけですよ。この前の台風はあんまり被害がなかったけど、それでも潮風はすごいもの。ちょっとクルマを外へ出しておくと、潮でべったり。まあでも、そんなこと言い出したらどこへ行っても同じよね。ここは塩害があるけど、余所に行けばまた違う問題があるでしょう。潮がついても流せばいいんだから、ここで店を続けていこうと思っています」

「せっかくだから泊まっていけば」。その言葉に甘えて一泊させてもらって、食事と酒までご馳走になった。翌朝、海を眺めようと表に出ると、遠くに洋子さんの姿が見えた。顔までは見えないけれど、佇まいで洋子さんだとわかる。どうやら海藻を獲っているようだ。この半世紀を振り返り、「あっという間だったわね」と語っていたことを思い出す。僕も五十年後には「あっという間だった」と感じるだろうか。少し目を閉じて、再び目を開く。さっきまでどんより曇っていたけれど、雲の切れ間から太陽が見えた。

Ⅳ

移りゆく時代に

きたぐにの冬　青森・わかばドライブイン

　身を切るような寒さとはこのことを指すのだろう。新幹線の扉が開くと、冷たい風が吹き込んできた。東京に比べると十度以上気温が低く、背中が縮まる。慌ててコートを羽織ってみたものの、それでもまだ寒かった。まだ十月だというのに、ここではもう冬だ。クルマはガタガタ揺れる。あちこちに道路を補修した跡が見える。雪国は舗装が傷みやすいのだと聞いたことがある。林の中を走る国道四号線は青森県十和田《とわだ》市に入る。ほどなくして一軒のドライブインが見えてくる。「わかばドライブイン」だ。

「ここを始めたのはうちの父親と母親だったんだけどね、あれは俺が中学生の頃だったから、もう四十五年前になるねえ」。お店で調理を担当する大澤茂さんは、当時の写真を手にそう話してくれた。ご両親が亡くなった今では、三男の茂さんが調理場を担当し、次男の敏明さんがホールを担当している。ふたりの親が「わかばドライブイン」を創業したのは、一九七二年のことである。

「今ドライブインがある場所は、もともとうちの土地だったんだけど、昔は山だったたんだよね。四号線を挟んだ向こう側に畑があって、そこで農家をやってたんだよ。でも、ただ山にしておいてもしょうがねえってことで、全部切り拓いたわけ。ここの土は黒土だったから、『土を買いたい』と言ってくる人もいたんだけど、うちの父親は『欲しいんだったら全部タダでくれてやる』ってことでね。そうやってここを平らにしたんだけど、別にドライブインを始めるつもりで平らにしたわけでもなかったみたいなんだよね。ただ、誰かに『今だったら、申請すれば国道四号線から入り口を作る許可が下りる』と言われたみたいで、まず入り口だけ作ったわけ。そうすると、せっかく入り口もできたことだし、ちょうどドライブインってのがこのあたりにも出来始めてた頃だったから、農家をやっててもそったに収入があるわけでもないし、商売でもやってみるかってことになったんだよね」

父・大澤市太郎さんは大正十一年生まれで、母・大澤すみさんは昭和二年生まれ。十和田市に生まれ育ったわけではなく、少し離れた三戸《さんのへ》や五戸《ごのへ》の出身だ。幼少期を過ごしたのは、東北が記録的な大凶作に見舞われた時期と重なる。やがて大人になり、二人が出会って結婚する頃になっても生活は苦しかった。そこで市太郎さんは祈禱師に相談する。「八戸《はちのへ》に行くか、あるいは十和田のほうに行けば、最後には大手を振って歩ける男になる」。祈禱師はそう告げた。その言葉を頼りに、二人はリヤカーを引いて十和田を目指す。たどり着いたのは盲沼《めくらぬま》という小さな集落だった。すぐに集落に入れてもらえた

わけではなく、最初は村の外れにあばら屋を建てて暮らし始めた。真面目に畑を耕し、積極的に村の人たちと交流を重ねていくうちに、ようやく村に入れてもらえるようになったという。

「同じ農家でも、田んぼをやってれば飯を食っていけるんだけど、うちは田んぼがなかったんだよね。俺、ちっけえ頃からコメを食ったことがなかったわけ。その当時、周りは皆コメの飯だったんだけど、中学出るまでうちはずっと麦飯食ってたんだよ。同級生の親は皆田んぼを持ってるから、自分ちで作ったコメがあるんだよね。あの頃はコメの飯を食ってる人を見ればほんとに羨ましいと思ってたなあ」

市太郎さんとすみさんは畑で野菜を育てていた。だが、育てた大根は一本一円程度、ピーマンも一袋にたっぷり詰めても一〇〇円にもならず、生活に希望は見出せそうになかった。所有していた山を切り拓いたのはそんな時期だ。飲食業も接客業もまったく経験はなかったが、一発逆転の勝負に出る。

「それでドライブインを始めることにしたんだけど、名前っこを何にするかって話になったわけ。家族皆で考えたんだけど、誰も思いつかなかったんだよね。そのうちに、お袋が『わかばってのはどうだ？』と言い出して、それで『わかばドライブイン』になったんだよ。ただ、誰も経験がなかったもんだから、盛岡から調理師を頼んできて、その人が食器を揃えてメニューを考えて、それでオープンしたんだよね。お店を始めてみたら――もう、すごかった。朝に店を開けると、次の朝までお客さん切れねえんだもん。トラックの運転手も家族連れも、何もかもやってきたわけ。この広い駐車場が一杯になってた。今思うと夢のようだけど、本当にお客さんがすごかったんだよね」

　ドライブインを創業した当時、茂さんは中学三年生だったが、「いつか自分が店を手伝う」という気持ちはなかったという。転機となるのは高校二年の秋。雇っていた調理師が突然姿を消したのだ。まだ若い調理師で、夫婦で住み込みで働いていたのだけれど、突然いなくなってしまったのだという。調理師がいないまま店を続けるのは難しかった。さほど勉強が好きではなかったこともあり、茂さんは高校を中退し、盛岡の調理師学校に通い始める。そうして十八歳の頃から「わかばドライブイン」の調理場に立っている。

「当時は今よりたくさんメニューがあったんだけど、ちょっと減らしたんだよね。最初に雇ってた調理師はちょっと手抜きだったみたいで、あんまり評判良くなかったんだよ。カレーライスとかだったら、普通はお客さんが来る前から煮込んでなきゃなんねえんだけど、その調理師は注文が入ってからカレーのルーを混ぜ合わせるわけ。それをちょっと煮てパッと出すから、美味しくないって言われてたんだよね。でも、他に食べるとこもねえから、それでもお客さんは入ってた。俺が働き始めた頃だと、うちの母親が朝の五時頃にはもう起きてて、店を開けてたわけ。その時間にはもうお客さん来てたもんね。とにかく店を開けてれば次々入って来るんだよ。俺もまだ若かったから、朝から働き始めて、夜遅くまでずっと働いてたね」

従業員を雇っていたが、それでも人手が足りず、洗い物はどんどん積み上がってゆく。一階だけでは入りきらず、二階の宴会場にまでお客さんを入れた。一般のお客さんだけでなく、マイクロバスの団体客もやってくる。青森県ドライブイン協会に加入していたこともあり、「×月×日に××人で行くんだけど、食事を出してもらえますか」と電話がかかってくるのだ。せっかく連絡をもらったのだからと、団体客も受け入れた。

「あの頃は売店もあったんだけど、その売り上げもすごかった。マイクロバスが入って来ると、従業員たちが丼に釣り銭入れて、土産物を売ってたんだよ。このあたりはせんべいが多いんだけど、次から次に売れてたね。トイレ休憩のために立ち寄ったマイクロバスのお客さんでも、何か食べたいってことで食事をしていってくれたりね。うちはまず、看板がすごかったんだな。ドライブインを始める前に、『ここらへんにねえような感じでやるっぺか』ということで、うちの父親が国道四号線沿いの建物を見て歩いたわけ。それでネオンをいっぱいつけて、夜になるととにかく明るく光らせて。それで、店を始めてしばらく経つと、隣に二十四時間営業で自動販売機のコーナーを始めたんだよ。そこにハンバーグやうどんやそばの自販機があって、当時はゲームが流行り始めた頃だから、インベーダーとかも置いたんだよね。電気代だけで月に十六、七万かかってたけど、そのぶん売り上げがあったから全然気にならなかったね。だんだんゲームが下火になってきたから、自販機コーナーは十年ぐらいしかやってなかったけど」

＊

創業当時によく出ていたメニューはカレーライスやカツ丼、麺類だ。それからもう一つ、バラ焼きも人気のメニューである。

バラ焼きという料理には説明が必要だろう。バラ焼きとは、玉ねぎとバラ肉を甘辛いタレで炒めたもので、青森県三沢市にある「赤のれん」という食堂が発祥とされている。三沢には米軍基地がある。米兵たちが好むのは赤身肉ということもあり、牛のホルモンやバラ肉が安く払い下げられていた。日本人にはさほど馴染みのなかった牛のバラ肉を美味しく食べられないかと考案されたのがバラ焼きである。戦後六十余年が経過し、二〇〇六年にB―1グランプリが始まると、隣の十和田市が「十和田バラ焼き博覧会」を立ち上げ、バラ焼きによる町おこしが始まる。二〇一四年にはB―1グランプリでゴールドグランプリに輝き、現在では十和田バラ焼きを提供する店は六十店舗にまで増えた。

「十和田バラ焼きってのが始まったのは何年か前なんだけど、それはうちとは全然関係ないんだよ」と茂さんは言う。「うちは開店した当時からあるんだけど、昔はこのあたりでバラ焼きってのはあんまり聞かなかったね。こっちは豚のバラ焼きで、味つけも全然違うんだよ。うちの甥っ子たちが牛肉買ってきて、『同じ味つけでバラ焼き作ってけろ』と言うもんだから、牛で作ったこともあるんだけど、『やっぱうちのタレは豚肉だ

な』と言ってたね。色々味をつけるんだけど、まずは味噌と砂糖、ごま油や酒で豚肉を漬け込んでおくわけ。それとは別にタレっこがあって、こっちはニンニクと生姜と醤油と玉ねぎが入ってるんだけど、このタレっこで炒める。最初はもっと別の味つけだったんだけど、調理師が作るのは全然うまくなくて、味噌なんかは入れてなかったんだよ。それで、うちの母親が試行錯誤を繰り返して今の味になってるんだよね」

「わかばドライブイン」は四十五年前に創業した建物のまま営業を続けている。床は緑の塗料を混ぜ込んだコンクリートだったが、色が落ちてきたこともあり、新しく塗り直した。開店当時は客席と調理場は透明なガラス戸で仕切られており、調理場からお客さんの様子を窺うことができたけれど、汚れが目立つようになったのでポスターや新聞記事を貼って隠している。建物が古くなるにつれ、お客さんも少なくなった。

「昔は家族連れも多かったんだけど、今は時代が変わってきて、そうやって店に来てくれてた人たちが亡くなってきてるんだよね。その当時の親が亡くなって、子供達は十和田を離れていくから、ここらへんに住んでる人自体が少なくなってきてる。俺の中学校の先生がいて、その人はよく奥様と一緒に飯食いにきてくれてたんだよね。いつだか同窓会があったときに、その先生も呼んだんだけど、その頃にはもう先生は運転免許を返上してたわけ。それで、『今はもう運転できなくなったから行けないけど、まだドライブインやってるか』って言うんだよ。『なんとかやってます』って答えたら、『いや、すごいなあ。もうやめてる店もたくさんあるから、もうやめてるかと思ってた』って言うわけ。でも、その先生も亡くなったんだよね。このあたりにも何軒かドライブインはあったけど、やめてるとこもたくさんある。うちは途中から従業員を雇わなくなって、家族だけでやってるから続けられてたけど、従業員を雇ってたら難しかったと思う。今はもう、昔の二十分の一も売り上げがないからね」

ただ、昔と変わらないこともある。初めて「わかばドライブイン」を訪れたとき、驚いたのは値段だ。ずらりと並んだメニューの中で、ラーメンとザル中華、天ぷらそばと天ぷらうどんは三五〇円と破格の安さだ。

「消費税が上がるたびにどうしようか考えたんだけど、これだけは値上げしねえようにと思ってるんだよね。今、ラーメンと半ライスで食べれば四五〇円なんだけど、それに漬物と付け合わせもつけてるんだよ。安価で食べられるものもねえとってことで、これだけは絶対手えつけないわけ。安く食べられるものもないと、皆コンビニとかに入るからね。昔は近くの工場で働いてる人がたくさん来てくれてたんだけど、今は不景気だから、弁当を持って出る人が増えたんだよ。それでも来てくれる若い人がいるから、その人たちがラーメン単品で頼んだときには付け合わせをサービスしてる。ラーメン一杯でも、また来てくれればそれでいいなってことで、儲けとかじゃなくやってるんだよね」

二〇一七年に母親であるすみさんが亡くなり、現在では兄弟二人で切り盛りしている。かつては早朝から深夜まで営業していたけれど、営業時間も短くなった。今は朝の六時に仕込みを始めて、八時頃に店を開ける。店が賑わうのはお昼時だ。作業服姿の男性がラーメンライスセットやバラ焼き定食を平らげている。お客さんが途切れたあたりで、茂さんは翌日の仕入れに出かける。そうして夕方六時に店を閉めている。

＊

僕がお邪魔したのは、開店から間もない時間帯だ。店の前をクルマが行き交い、向かいの工場からはラジオ体操の音楽が聴こえてくる。それとは対照的に、「わかばドライブイン」にはまだお客さんがやってくる気配がなく、静まり返っていた。店内にはいくつも色紙が飾られている。宛名はどれも「月光寺照行先生」だ。月光寺照行とは誰なの

馬肉鍋定食 1,100
肉鍋定食 1,000
エビフライ定食 900
イカ刺身定食 900
肉炒め定食 900
イカフライ定食 900
カツ定食 900
焼肉定食 900
トンバラ定食 900
とん汁定食 800
なべ焼うどん 600
冷し中華 600
ざるうどん 350
会計

かと訊ねてみると、茂さんは気恥ずかしそうに「これは私が作詞をするときのペンネームなんです」と教えてくれた。

「今は一緒にお店をやってる兄貴とは別に、もう一人兄貴がいて、それが長男だったんだよね。その兄貴が作詞家を目指してて、昔、『明星』かなんかに俳句を応募したら入選して、それでお金がもらえたわけ。それで『作詞家の道を目指してみるか』つうことになって、福島の『こけし人形』って同人誌に参加してたんだよね。作詞家を目指す人たちが全国から集まってきて競い合う、そういう会だったの。それで俺も兄貴の真似して、中学三年生の頃に同人誌さ入会したんだよ。しばらくすると俺は辞めちゃってたんだけど、二十一か二十二のときに兄貴が若くして亡くなって、それをきっかけにまた入会したわけ。兄貴の夢を継ぐとかって、格好良い話を自分で勝手に考えてね。それで、兄貴は『星香哲也』って名前で投稿してたんだけど、スランプに陥ったときにはセカンドネームとして『月光寺照行』を使ってて、その名前をもらって投稿し始めたんだよね」

長男の行雄さんだけでなく、次男にあたる敏明さんもまた同人誌に参加していた。敏明さんは『星香遊』の筆名で作曲をしていたという。早朝から深夜まで忙しくドライブインで働いていた頃からずっと、茂さんは同人誌に投稿を続けてきた。

「兄貴が亡くなったあとにもう一回入会してからは、投稿を休んだことはなかったね。

ずっと何十年続けて発表して、何が何でも休まなかった。作詞をするのが好きだったのもあるし、兄貴の叶えられなかった夢を叶えたいっていうのもあったんだろうね。調理しながら歌を考えて、仕事が終わると、記憶したやつをワープロさで打つ。その繰り返しで、寝らんねえでやってたもんな。そのうち注文があって作詞をするようになってからもずっとここで働いてたから、調理しながら歌詞を考える。注文がくれば、その日のうちに三番まで頭の中で作るわけ。仕事が終わったあとにワープロさ打って、次の日には完成させて送ってたね」

『こけし人形』に投稿を始めて四十年近く経つ。投稿した作品の数はゆうに百本を超える。「まあ、ただ数多くやってきたってだけだな」と茂さんははにかむが、二〇〇四年には作詞した曲がCDになっている。

「山形にみちのく歌謡文化連盟ってあるんだけど、そこで歌詞の募集があったんだよね。そこに『津軽挽歌』って曲を書いて送ったら、CDを出してもらえることになったわけ。その発表会に呼ばれたんだけど、『俺は人相も悪いし、行きたくない』って言ってたんだよ。でも、『作曲家の叶弦大《かのうげんだい》先生も来るから、とにかく来い』って誘われて、そこで叶弦大先生と知り合ったんだよね。それからいくつか依頼をもらえるようになって、次は『雪の海峡 津軽』ってのを作詞して、それはNHKの歌謡コンサートとかにも入ったんだよね。それから『港は雨上がり』、『しみるねー』ってのも書いたんだけど、全部叶弦大先生が曲を書いてくれて。全部あの先生のおかげでCDになったんだよね」

歌詞カードに目を通す。「しみるねー」という曲は、骨の髄までしみる冷たい風と、心にしみる人の情けを重ね合わせたものだ。今日の気温でさえ僕は「冬のようだ」と思ってしまっているけれど、今の寒さはまだまだ序の口で、凍えるような冬がこれから訪れるのだろう。

「冬になるとね、小上がりにコタツを出すんだよね。前にお客さんから『コタツのあるドライブインは珍しいね』と言われたこともあるけど、冬はやっぱし寒いから。俺がちゃっけえ頃は結構雪が降ったんだけど、最近は雪が少なくなってきた気がするなあ。雪が降るとね、かえって寒くねえんだ。なんでかわかんねえけど、そっちのほうが寒くねえんだ。だから最近のほうが寒くなってる。冬が好きな人はあんましいねえと思うけど、やっぱし俺は演歌書いてきてるから、雨とか風とか雪とか、そういうのが歌っこになるんだ。昔から失恋すると北さ行くってイメージはあるもんね。でも、今は汽車も走ってねえし、連絡船もなくなってるから、歌が書きにくくなってる」

でも、風情って言うと大げさだけど、そういうのはドライブインって場所にもあると思うんだけどね。茂さんは店内を見渡しながらそう語る。たしかに「わかばドライブイン」には風情を感じる。天井にはりめぐらされた石油ストーブの排気管。日に焼けたスポーツ新聞の切り抜き。ガラスケースに並んだカセットテープ。一ピース欠けたまま額装されたジグソーパズル。一つ一つに、このドライブインに流れてきた時間を感じる。月光寺照行なら、この風景をどんな歌にするだろう。

目的地はドライブイン　栃木・大川戸ドライブイン

こんなところにドライブインなんてあるのだろうか——そんな不安に駆られたのは、後にも先にも「大川戸ドライブイン」を目指したときだけだ。看板に導かれてクルマを走らせてゆくうちに、道路から歩道が消え、車線もなくなり、すれ違うのも困難な道幅になってしまった。やがて民家も途絶え、車窓にはただ田んぼだけが広がっている。すっかり収穫は終わっていて、ススキが風になびいている。道路標識もなく、ここが何号線であるのかもわからない。不安な気持ちのまま進んでゆくと、道の両側に建物が見えてきた。右手にあるのが「大川戸釣り堀」で、左手にあるのが「大川戸ドライブイン」だ。

平日ということもあり、クルマを降りると鳥の鳴き声だけが静かに響いていた。暖簾をくぐると、「わざわざ遠くまで」と店主が出迎えてくれた。差し出された名刺には「黒子美津子」と書かれている。黒子という苗字は初めてだったこともあり、珍しいお名前ですねと尋ねると、「そのまま、クロコと読むんです」と美津子さんは笑った。

「このあたりを治めてた宇都宮家というお武家さんがいるんだけど、うちの先祖はその宇都宮家に仕えてたんです。宇都宮家のおばあさんが若くして病気になっちゃって、うちの先祖は漢方医だったもんですから、お殿様と一緒に益子《ましこ》に療養にきたそうなんですね。結局おばあさんは亡くなっちゃって、益子に地蔵院というのを建てて、宇都宮家のお墓は代々そこにあるんですけど、うちの先祖は宇都宮城に帰らずに益子に残ったみたいなんですよ。それから十何代、ずっとこのあたりに住んでるみたいです」

ドライブインを創業したのは、美津子さんの母・黒子トシさん。きっかけになったのは、「新しい道路ができる」という話が持ち上がったことだった。益子町には雨巻山《あままきやま》という山がある。このあたりでは最も標高が高く、県境にそびえる山だ。そこにトンネルを開通させて、茨城へと通じる道を通す計画が持ち上がったのである。

「そういう計画があったもんだから、一九六八年に店を始めたときに『ドライブイン』という名前にしたんだと思います。でも、トンネルを掘る計画は結局なくなっちゃって。ドライブインって言ったら、普通は大きな道路のふちにあるでしょう。何でこんなところにあるのにドライブインなのって今でもたまに言われるんだけど、もう名前をつけちゃったから、今更変えるわけにいかないもんね。そうやって母が始めて、もう五十年近くやってるね」

「ドライブイン」と名づけたきっかけは新しい道路の計画が持ち上がったことにあるの

だが、トシさんがお店を始めたきっかけは別にある。それが、道路を挟んだ向かいにある「大川戸釣り堀」だ。

「今は釣り堀になってるけど、最初はそうじゃなかったんだよね。そこの旦那さんは農協の課長さんで、マスを養殖してるとこに研修に行ったわけ。それで、このあたりも水が綺麗だから、もしかしたらここでも養殖できるかなって思ったらしいんだよね。池を掘って作って育ててみたら、稚魚が一年でこんなに大きくなったんだわね。ああ、ここでも養殖ができるかもなと思ってたら、『マス釣りをさせてくれ』って人が来たらしいんだよね。でも、旦那さんは農協の仕事があるからってことで、奥さんが釣り堀を始めたの。奥さんも旦那さんも亡くなっちゃって、今は弟さんが継いでるんだけどね」

釣り堀を経営していた谷中富美子さんは、黒子さんの親戚だった。そうした縁があり、農協に勤める夫の谷中勝衛さんは、仕事帰りに黒子さんのお宅を訪ね、お茶を飲んで世間話をすることもしばしばあった。その谷中さんが釣り堀を始めると、多くのお客さんで賑わった。釣り上げたマスを焼いて提供してはいたけれど、それ以上の接客は難しかった。そこで富美子さんはトシさんに「隣で店をやらないか」と提案したのだ。

「それ以前からお付き合いがあったもんだから、『魚釣りにくる人が食事する店でもやらないかい？』って言われたんだね。母はそれまで、プラスチックを作る工場をやってたんだよ。そこで醤油の蓋とか、サインペンの蓋なんかを作っててね。でも、そこで誘

われたもんだから、おそばとうどんを出す店を始めることにしたんだよね。それまで飲食店で働いたこともなかったから、許可を取らなきゃいけないってことも知らなかったみたいで、お店を始めたあとで保健所の人がやってきて、『許可は取ってる?』って言われたらしくて。それで慌てて営業許可を取って、手打ちそばと手打ちうどんの店を始めたんです。最初は十六坪の小さな店で、上もトタン、下もトタンだったから寒くてねえ。隙間風が入るから、夏でもクーラー入れなくても済むような店だったね」

トシさんは飲食店で働いた経験がなかったけれど、彼女が生まれたのは材木屋で、兄弟は実に十三人もいた。商売をやっている店だから、来客が多く、手打ちのそばをよく振舞っていたのだという。

「別に細くて綺麗なそばじゃなくて、太いそばだったんだけど、母は料理が好きだったんだね。だからきっと、昔から『いつか店をやりたい』と思ってたんだと思う。あと、現金商売をやりたいって気持ちもあったんだろうね。前に工場をやってたとき、取引先が倒産しちゃって、手形が割れて借金が残っちゃったんだよ。そういうこともあって、現金商売の飲食店をやりたかったんだろうね」

創業した当時、トシさんは三十九歳。四十を目前にして夢を叶えたというわけだ。おそばやさんとして始まった「大川戸ドライブイン」は大いに賑わった。ただ、最初は釣り堀を利用するお客さんの食事処だったが、創業から数年後には「大川戸ドライブイン」を目指してやってくるお客さんが増え始める。転機となったのは、知り合いのふとした言葉だった。

「益子に大塚歯科医院という歯医者さんがあるんですけど、そこの先生が鹿児島に行ったとき、指宿《いぶすき》で流しそうめんの店に行ったそうなんです。流しそうめんと言っても、竹なんかで上から下に流すんじゃなくて、ぐるぐるまわる機械で食べたんだね。それがものすごく美味しかったらしくて、その先生が『このあたりは水が良いから、流しそうめんをやってみたら?』と言ってくれて。それで父が『機械を買いたい』と指宿に手紙を出したらしいんだけど、『特許があるから売れません』と。じゃあ自分で作ってみようってことで、一から作り始めて、うちも流しそうめんのマシンを開発したんです」

流しそうめんを始めたのは、一九七一年頃のこと。はたして流しそうめんでお客さんがやってくるのか確証が持てず、おそばやさんを残したまま隣に倉庫のような建物を設け、そこに流しそうめんのマシンを置いてみた。お客さんはすぐに食いついた。三台だけでは追いつかなくなり、すぐにまた別の倉庫を建ててマシンを増設し、それでも足りずにまた増築して——それを繰り返していくうちに、マシンの数は十四台にまで増え、流しそうめん一本で勝負することに決めた。

「たとえば、おそばを一〇〇人前用意するのは大変なんですよ。でも、そうめんだと、一〇〇人前ぐらいどうってことないの。もちろんそうめんを茹でなきゃいけないけど、一人や二人でやってくるお客さんは少なくて、家族連れのお客さんが多いんですよ。うちの一人前はもりそばぐらいの量だから、男の人だと二人前くらいはぺろっと食べちゃう。おそばだと一人ずつ作んなきゃいけないけど、そうめんの場合、ゆがいたあとはまわしとけばいいんだもんね」

ただ、流しそうめんマシンを完成させるまでは苦労の連続だった。最初に作ったマシンで店を始めてみたものの、毎日そうめんをまわしているうちに水が漏れるようになり、台の下に三個も四個もバケツを置いたこともある。それに、水を流しているだけでは麺がうまくまわらず、途中で堰《せ》き止められてしまう。あるいは、お客さんが食べ終わったあと、次のお客さんを入れるために一旦水を抜くのにも結構な時間がかかってしまっていた。改良に改良を重ねて、課題を一つずつクリアしていった。

「水の流れを見てもらえればわかるけど、表をまわるようになってんだよね」。美津子さんはマシンに水を流しながら説明してくれた。マシンには四口の水栓があり、そこから水が吹き出す。その角度はやや外向きに設計されており、そうして水流を作るおかげで麺が内側に溜まらず、常に流れ続ける。また、水栓はかなり小さいのだが、この小ささも重要なポイントだ。穴が小さくなければ水の流れに勢いが出ず、麺がまわってくれないのだという。こうした細かいポイントを修正して、今のマシンが完成したのは今から二十年前のことだ。せっかくだから特許を取ったほうがいいんじゃないかと常連客に

400-

言われたこともあるが、「うちみたいに冷たい地下水がある土地でやんないと麺が伸びちゃって、マシンだけあっても美味しくないから」と断った。

マシンだけでなく、そうめんにもこだわりがある。

「今使ってるのは小豆島《しょうどしま》のそうめんなんだけど、これまでいろんな麺を試してきたんだよね。でも、普通に売ってるそうめんだとすぐ伸びちゃうんですよ。こういうお店をやってるもんだから、『うちのそうめんを使いませんか』と売りにくるんだけど、どれを使ってみても既製品は駄目なんだね。それで今は小豆島の製麺所に、うち専用に作ってもらってます。少しずつは作れないから、二、三年おきに作ってもらってる。ただ、まだこっちに在庫があるうちに注文しないと、うちはそうめんを寝かせておくんだよね。自宅の庭に石蔵があって、そこで三年寝かせる。そうめんってのは、細く伸ばすために油を引くから、その油を抜くために三年寝かせるんです。そうしないと美味しくないんだよ。うどんの場合は油を使わないから、新しければ新しいほど美味しいけど、そうめんは古ければ古いほど美味しいんだよね」

お客さんの多くは流しそうめんだけでなく、ツマミも注文する。天ぷらの盛り合わせや、隣で養殖しているニジマスの塩焼き。お店で漬けたおしんこ盛り合わせや、畑で取れた蒟蒻芋《こんにゃくいも》で作る柚子みそおでん。このあたりでは沢蟹《さわがに》もたくさん獲れるということで、沢蟹の唐揚げなんてのもある。ただ、近くで獲れる沢蟹は色が黒っぽいこともあり、鹿児島からきれいな紅色をした沢蟹を空輸しているのだという。

「今でもドライブインと名乗ってますけど、うちはドライブの途中にやってくるお客さんじゃなくて、わざわざ遊びにきてくれるんです。やっぱり、この流しそうめんが珍しいんだろうね。一番多いのは連休の一週間とお盆の一週間だね。たとえば初盆のときなんかだと、東京からお客さんが来て泊まったりするでしょう。そういう人を『珍しい店があるんだ』って連れて来てくれる。昔はね、他のお客さんが食べてると、『そろそろ終わりますか』って後ろで立ってるお客さんがいたんだよね。そうすると食べてる気がしないってことで、今は受付をして順番に呼ぶようになったけどね、うちは予約を取らないから、来た順に入ってもらうんです。混む時期になると、十一時の開店前にはもう行列ができてるから、十時五十分には開けるわけ。そうすると十四台がすぐ一杯になっちゃって、その一瞬が大変なんだわね。一斉に注文が入るから。だから、おしんこの盛り合わせなんかは先に盛りつけておいて、冷蔵庫に冷やしとくの。今は多い時期でも一日に七〇〇人くらいだけど、昔は一日に一〇〇〇人ぐらい来てたからね。でも、一〇〇〇人におそばを出そうと思ったら大変だけど、そうめんだったらまだ楽なんだよ。おそばだと一人ずつ出さなきゃなんないけど、そうめんだったらまとめて出せばいいんだからね」

最初は十六坪だった「大川戸ドライブイン」は、多くのお客さんで賑わうようになり、宴会場も増設した。両親が経営していた頃は送迎バスも用意して、深夜まで盛り上がっていたこともある。美津子さんは若い頃から店を手伝ってきたけれど、創業したばかりの頃は特に「いつか自分が店を継ぐ」と意識していたわけではなかったという。

「若い頃は体が弱くて、高校に入学して半年でものすごい貧血になったんだよね。それで高校を辞めて入院して——それが終わってからだから、十七歳の頃から手伝うようになったんだね。うちは三人姉妹で、私が長女なの。それで、お婿さんをもらって、旦那は板前をやってたんだよね。二番目はお嫁に行って、三番目もお嫁に行ってたんだけど、子供が大きくなってからはこの店を一緒に手伝うようになって。だから、私がこの店を手伝い始めて、もうすぐ五十年近くになるね。うるさいお母さんで通ってますよ（笑）」

「大川戸ドライブイン」の社長を務めてきたのは、父の黒子二郎さんだ。代替わりをしたのは二〇〇〇年、二郎さんが癌を患ったときだった。

「父は大正生まれだけど、昔の人っていうのはね、何もなければ代替わりなんかせずにいつまでもやりたいんだよ。でも、癌になったときに『俺ももう年だから、そろそろ辞めようと思う』と言ったんだよね。そうしたら甥っ子に『遅い！』と言われて、本人はがっくりきてたけど（笑）。こっちとしては別に、代替わりなんかしなくたっていいと思ってたんだよね。だって、やっててくれたほうが楽だもんね。それで、父が辞めたあとは私の旦那が社長をやってたんだけど、旦那も五年前に亡くなって。そのタイミングで店を畳もうかとも思ったんだけど、そうすると常連のお客さんが『母ちゃん、辞めんなよ』なんて言うもんでさ。『こんなにお客さんいるのに、もったいねえんじゃねえの』って。じゃあもうちょっとやるかってことで、まだ店を続けてるんです。私は今六十五歳だから、あと五年、七十になったら辞めようって話はしてるんだけどね」

取材に訪れた日も、常連のお客さんが流しそうめんを楽しんでいた。中国からやってきた知り合いに、面白いものを食べさせようと茨城からやってきたのだという。お店は今も多くのお客さんで賑わっている。二〇一〇年と二〇一七年、『出没！アド街ック天国』が益子を取り上げたとき、「大川戸ドライブイン」は二回とも紹介されている。

「依頼があったときは、『七年前にも出してもらったから、もういいよ』って言ったんだけど、『お母さん、撮影決まったから！』と電話があって――いや、テレビに出ると反響がすごいんですよ。ちょうど五月の連休前の放送だったもんだから、今年はお客さんがものすごかった。うちを取り上げてもらえるのはありがたいけど、やっぱり益子は焼き物の町だからね。益子焼が売れないと、町が活気づかないんだよね」

取材に訪れたのは、益子の陶器市が終わった翌日だった。節目となる第一〇〇回目の陶器市だったということもあり、二十二万人を超える人が益子を訪れた。最近では、益子焼を求めてやってきた外国人観光客が「大川戸ドライブイン」にやってくることもあるという。流しそうめんは益子の名物になった。あと五年と言わず、まだまだ続けて欲しいと思ってしまうのは、観光客のわがままだろうか。

話を聞き終えると、美津子さんは「せっかくだから」と流しそうめんを食べさせてくれた。このお店で流しそうめんを食べるのは六年ぶりだ。

＊

初めて「大川戸ドライブイン」を訪れたのは、学生時代の友人と一緒にドライブに出かけたときだ。到着すると、まずは釣り堀でマス釣りを楽しんだ。釣り堀は入れ食い状態で、次から次へとニジマスが釣れた。ぴちぴちと跳ねる魚から針を外すのに苦戦したことを覚えている。釣り上げたニジマスを塩焼きにしてもらって平らげたあと、「大川戸ドライブイン」に移動して流しそうめんをいただいたのだ。

あれから六年が経った。友人には子供が生まれたこともあり、しばらく会っていない。久しぶりに彼のことを思い出し、流しそうめんの写真を添えてメールを送る。友人の子供がもう少し大きくなれば、秋の行楽として家族で出かけるにはうってつけの場所だろう。そんなことを考える。では、僕は誰を誘って出かけようかと考えてみても、浮かんでくる相手はいなかった。黙々と食べていたせいか、二人前の流しそうめんはあっという間に胃袋に消えた。

一本列島の夢　児島・ラ・レインボー

駅前には茫洋とした風景が広がっていた。ここ児島《こじま》駅は岡山県で最南端の駅であり、この駅を出発して南に向かえば、電車はほどなくして瀬戸大橋を渡る。駅前には利用客が一日四〇〇〇人程度の駅とは思えないほど広々とした駐車場があり、ゆったりとしたタクシープールとバスのりばがある。広大な風景の向こうに小高い山が見えた。そこには一本の塔がそびえていた。その塔に関心を持ったのは今から七年前のことだ。

＊

児島駅の南にある山は、鷲羽山《わしゅうざん》と呼ばれる。鷲が羽を広げた姿に似ていることから「鷲羽山」と名づけられた標高一三三メートルの山は、古くから景勝地として知られ、瀬戸内海の多島美を一望できる。

鷲羽山へと続く道をクルマで駆け抜けてゆく。しばらく坂をのぼり、短いトンネルをくぐると、丁字路に行き当たる。眼前に海が広がり、瀬戸大橋が巨大な姿を現す。丁字路を右に曲がれば、地元では有名な遊園地・鷲羽山ハイランドだ。休日ともなれば多くのお客さんで賑わう鷲羽山ハイランドは、一九八六年にリオのカーニバルショーを導入した。現在では「ブラジリアンパーク」を名乗る遊園地とあって、陽気な音楽が響いている。

児島駅前から見えた鉄塔は、道路を挟んだ向かい側に建っていた。そこには廃墟と化した建物があった。至るところに落書きがあり、窓ガラスも割れてしまったその建物には「ラ・レインボー」という文字があった。ここはかつてドライブインだった場所で、廃墟マニアのあいだでは知られた存在だ。

「ラ・レインボー」が創業されたのは一九九〇年七月十三日のこと。当日の山陽新聞には全面広告が打たれ、「岡山に新名所　瀬戸内ラ・レインボー　本日AM10：00OPEN」と大々的に宣伝している。そこには社長の大西博さんによる「ごあいさつ」と題した文章が添えられていた。

　爽快な夏を迎え、皆様ますますご清栄のこととお慶び申し上げます。さて、当社では瀬戸内新時代の核となるレジャーゾーンの建設を進めておりましたが、本日、ここ児島の地に〝ラ・レインボー〟としてオープンさせていただくことになりました。世界最大規模を誇る高さ138メートルの回転展望台からは、眼下に瀬戸大橋や美しい島々、青い海を一望することができ、夢のようなひとときをお過ごしいただくことができます。また、各レストランでは、吟味した素材を最高の料理に仕上げ、皆様にお楽しみいただきます。ご家族ご友人お揃いで、お気軽に〝ラ・レインボー〟をご利用いただきますよう、お願い申し上げます。

「ラ・レインボー」は土産物売り場やレストランからなる五階建てのドライブインで、目玉は回転式展望台「ラ・レインボータワー」だった。児島駅前から見えていたのは、このラ・レインボータワーだ。タワーは標高六八メートルの場所に建っており、最頂部は二〇六メートルにも達する。一度に一五〇人まで乗ることができる展望キャビンは、三六〇度回転しながら八分かけて昇降する。五〇億円もの金額を投じて「ラ・レインボー」が建設されたのは、一九八八年に開通した瀬戸大橋が大きく影響している。

＊

一九八八年四月十日、岡山は沸き立っていた。県内各地で祝賀会が開催され、百貨店では祝い酒が振舞われていた。実に九年半の歳月を経て、ついに瀬戸大橋が開通するのだ。

雲ひとつない青空の下、瀬戸大橋の開通式が開催された。橋の中間地点にあたる与島パーキングエリアで開催された開通式には、竹下登首相や関係閣僚、それに皇太子ご夫妻も出席されており、こう挨拶された。

「ここに橋をつくることには、古くから多くの人々の夢が込められていたことと思います。今日、瀬戸内海にかかる美しいこの橋を眺めて、橋の構想や調査、実際の工事に携わった人々の思いは、いかばかりかと察せられます」

瀬戸大橋には、まさに「古くから多くの人々の夢が込められていた」。本州と四国を橋で結ぶ。そんな構想が提唱されたのは一八八九（明治二十二）年のことであり、橋の開通まで百年の歳月が流れている。本四架橋は戦前にも計画が進められたことはあるのだが、軍艦の航行に支障をきたすとの理由で軍部に反対され、実現には至らなかった。

転機となったのは二つの悲劇だ。

一九五四年九月二十六日。この日の未明、台風一五号が九州地方に上陸した。台風は勢力を強めながら北上し、午後には津軽海峡に接近していた。函館は激しい暴風雨に見舞われたが、夕方になると晴れ間がのぞいた。台風の目に入ったと判断した青函《せいかん》連絡船「洞爺丸《とうやまる》」は青森に向けて出航したのだが、すぐに天候は悪化し、船は沈没。一〇〇〇人を超す乗客が犠牲となり、日本における史上最悪の海難事故となった。

洞爺丸事故の記憶も新しい一九五五年五月十一日、もう一つの悲劇が起こる。濃霧に包まれた瀬戸内海を航行していた宇高《うこう》連絡船「紫雲丸《しうんまる》」が大型貨車運航船「第三宇高丸」と衝突し、修学旅行のため乗り合わせていた小学生を含む一六八人が亡くなった。

この二つの事故を受け、本州と北海道、本州と四国を地続きにする機運が一気に高まる。

数十年に及ぶ調査と工事を経て、一九八八年三月十三日に青函トンネルが、同年四月十日に瀬戸大橋が開通した。北海道・本州・四国・九州が陸路で結ばれたことから、「一本列島」という造語も生まれた。僕は当時五歳だったけれど、開通まもない青函トンネルと瀬戸大橋を通ったことがある。どうすればこんなに大きなトンネルと橋を作ることができるのか想像もつかなかったけれど、「一本列島」という言葉に未来を感じたことをおぼえている。

瀬戸大橋の開通に並々ならぬ期待を寄せていたのは岡山県観光協会で、国鉄とタイアップし大規模なキャンペーンを展開した。

一九七二年の春、山陽新幹線が岡山まで開通した。それまでは東京―大阪間だけの運転だった新幹線が岡山まで繋がったことで、岡山を訪れる観光客は飛躍的に増えた。だが、三年後には新幹線が博多まで延伸され、追い討ちをかけるようにオイルショックが起こると、岡山の観光産業は再び低迷期を迎えてしまう。一九八〇年代には山陽自動車道が開通し、岡山空港も開港しており、今度こそ「観光おかやま」の地位を確立しようと奔走していた。

瀬戸大橋を一望できる児島には、橋が建設中の段階から観光客が押し寄せていた。瀬戸大橋ブームに対する期待はますます膨らんでゆく。当初はドライブインとして営業していた鷲羽山ハイランドは、瀬戸大橋の完成を見込んで遊園地を開園している。鷲羽山には次々とホテルが建設され、瀬戸大橋線の開通に合わせて児島駅が開業し、駅前広場では瀬戸大橋架橋記念博覧会'88おかやまが半年にわたり開催された（駅前の広場が茫洋と感じられるのはその名残りだろう）。こうして町全体が瀬戸大橋ブームに沸き立つ中で、「ラ・レインボー」も開業したというわけだ。

開業当時の「ラ・レインボー」はどんな様子だったのだろう。総工費五〇億円の回転式展望台のあるドライブインだなんて、ドライブの目的地にうってつけだ。きっと県内外から大勢の見物客がやってきたに違いない。当時の様子を知る人を探し当てるのは、さほど難しいことでもないはずだ。七年前の僕はそう楽観的に考えていた。でも、岡山出身の知り合いに訊ねてみても、「ラ・レインボー」に行ったことのある人は誰もいなかった。実家のある広島に里帰りするたびに岡山に立ち寄り、「ラ・レインボー」を知る人を探したが、誰にも行き当たらなかった。これは一体どうしたことだろう。ひょっとしたら「ラ・レインボー」は営業なんてしてなくて、最初から廃墟だったのではないか？——そんなことさえ考えた。

手がかりを探るべく、ある雑誌を手に取った。一九七七年創業のタウン誌『タウン情報おかやま』だ。ぱらぱらめくっていると、懐かしい匂いがする。ページの端には小さな字で読者投稿が掲載されている。投稿しているのは十代や二十代の女性が多く、「奉還町の30円のコロッケ、おいしいヨ！」なんて情報から、「先日彼と夜のデートを楽しんでたら、変なおじさんが近寄ってきていて、◯◯を見られてしまった」という報告や、「最近、自分は何のためにいきてるんだろうって思う…」なんて相談まで、どのページにも読者のつぶやきが載っている。SNSどころかインターネットも普及していなかった時代には、雑誌が交流の場になっていたのだ。

記事の一つ一つも時代を感じさせる。たとえば、「学生の、学生による、学生のためのページ キャンパスグラフティvol・8」（一九九〇年十二月号）では、「ワンランク上をゆくクリスマスの過ごし方」と題した特集が組まれている。そこで五ページにわたって紹介されているのはホテルのスイートルームだ。また、ドライブデートにおすすめの場所を紹介する記事も目立つ。一九九三年には、各地のタウン誌が協力して『週末遊計画大図鑑――中国・四国・近畿西岸・大分・地元タウン誌が足で集めた、目的別日帰り&1泊スーパーレジャーガイド！』（タウン情報中四国近畿ネットワーク）が刊行された。そこで紹介されているのはリゾート施設である。

＊

一九八七年、総合保養地域整備法が可決された。通称「リゾート法」と呼ばれる法律は、「国民が余暇等を利用して滞在しつつ行うスポーツ、レクリエーション、教養文化活動、休養、集会等の多様な活動に資するための総合的な機能の整備を民間事業者の能力の活用に重点を置きつつ促進する」ために制定された。

その背景には様々な思惑があった。

一九八五年のプラザ合意によって円高が進むと、製造業の輸出は伸び悩んだ。産業構造が転換する中で、右肩上がりと見做されていたのがレジャー産業であり、経済産業省は「二〇〇〇年には余暇市場は一〇〇兆円に達する」という大胆な予測を立てていた。一九八三年に開業した東京ディズニーランドが成功を収めたこともあり、日本各地にテーマパークが建設され始めた。

『週末遊計画大図鑑』にも、数々のテーマパークが掲載されている。そこには一つの傾向が見てとれる。それは、ヨーロッパをモチーフとしたテーマパークが多いということだ。スペインのリゾート地コスタ・デル・ソルをモチーフとした広島の呉《くれ》ポートピアランド。中世ヨーロッパ調の建物が並ぶ大分ハーモニーランド。オランダの街並みを再現した長崎のハウステンボス。地中海の港町をモチーフにした、和歌山ポルトヨーロッパ。コロンブスが乗ったサンタ・マリア号を復元し、フラメンコを眺めながらクルージングが楽しめる天保山《てんぽうざん》ハーバービレッジ。『週末遊計画大図鑑』には掲載されていないけれど、三重の志摩スペイン村や倉敷のチボリ公園もヨーロッパをモチーフにしている。これは、フランスがリゾート先進国だったことが影響しているのだろう。

フランスで休暇制度が導入されたのは一九三六年にまでさかのぼる。それ以前からフランスの富裕層は夏のバカンスを楽しんでいたが、一九三六年に政権を握った人民戦線は完全週休二日制と二週間のバカンスを制度化し、労働者も南仏やスペインの港町でバカンスを楽しむようになる。日本で週休二日制が普及し始めたのは一九八〇年代に入ってからのことだ。それまではモーレツに働くことが美徳とされてきたけれど、余暇の時間が生まれ始めたときに、日本でもリゾート開発が進められた。それを象徴する町の一つが岡山県の牛窓《うしまど》だ。

牛窓は江戸時代の町並みが残る、小さな港町だった。町がリゾート化するきっかけとなったのは一九七八年、ギリシャ政府観光局の代表が町のオリーブ園を訪れ、「ここは日本のギリシャだ」と語ったことにある。その言葉に、町はリゾートによる町おこしを考えつく。そこからの動きは早かった。モダンな洋風ペンションを誘致し、ギリシャのミティリニ市と国際姉妹都市になり、西日本最大級のヨットハーバーを建設する。そうして牛窓は「日本のエーゲ海」として知られるリゾート地となり、一九九〇年七月七日――「ラ・レインボー」がオープンする六日前だ――にはリゾートホテル「リマーニ」が開業している。総工費三五億円を投じたホテルは、地中海をイメージして白を基調とするギリシャ風建物で、海からヨットでチェックインすることができた。『週末遊計画大図鑑』にも、『タウン情報おかやま』にも、何度となく「リマーニ」は登場している。だが、ほぼ同じ時期に開業したはずの「ラ・レインボー」はほとんど登場することはなかった。当時の雰囲気をかろうじて伝えてくれるのは、やはり読者投稿欄だ。一つ目の投稿は、一九九〇年九月号に掲載されている。

7月13日にラ・レインボーへ、親子3人で行ってきました。21：00頃でしたが、オープン日でしたので、けっこう人がいました。タワーの中は思ったより狭く、クーラーがよく効いてた。エレベーターみたいに気持ち悪くなかったけど、360度の夜景はとってもファンタジックでした。が、カップルが多いのなんの！いちゃつくし、キスはしょーるし、銀ちゃん（息子）は、コンパニオンのねえちゃんのスカートの中に手を入れるし…。それを見てパパは喜んでたけど…。今度は昼間に行ってみたいなッ‼
（銀ちゃんのママ／25歳／A型／児島のウォーターフロント）

もう一つの読者投稿は一九九〇年十一月号。

★9月10日（月）のPM5：00すぎ頃、〝ラ・レインボータワー〟の駐車場で、車のバッテリーがあがって困っていた私たちを助けてくれた〝三重ナンバー〟のクラウンの3人組の方、どうもありがとうございました。急いでいたので、ゆっくりお礼もできなくてごめんなさい。（プリティMIURA／20＋α歳／A型／いなか）

二つの投稿から推測するに、若者がドライブデートに利用していたのだろうか。それにしては、若者をターゲットにした『タウン情報おかやま』で記事になった回数が少な過ぎる。瀬戸大橋を渡った対岸には瀬戸大橋タワーとゴールドタワーがあり、その紹介記事と広告は何度となく掲載されているというのに——そこまで考えたところで、一つの仮説が思い浮かんだ。「瀬戸大橋に出かけよう」とドライブに出かけたとすれば、実際に瀬戸大橋を渡ってみるはずだ。岡山側から見物にやってきた人たちが、瀬戸大橋を渡ることなく、「ラ・レインボー」から橋を眺めて済ませる可能性はかなり低いだろう。岡山側からやってきた観光客は、瀬戸大橋を渡り、海の向こうにある瀬戸大橋タワーやゴールドタワーを訪れる。だから『タウン情報おかやま』に「ラ・レインボー」がほとんど登場しないのではないか?

そう考えた僕は、すぐに瀬戸大橋を渡り、香川県立中央図書館に向かった。そこには『タウン情報かがわ』のバックナンバーが保管されていた。閲覧可能なものにすべて目を通したが、「ラ・レインボー」はただの一度も登場しなかった。どれだけ岡山に足を運んでも、町の歴史に詳しくなるばかりで、一向に「ラ・レインボー」にはたどり着けなかった。

＊

瀬戸大橋の開通にともなって「ラ・レインボー」は開業したはずだが、瀬戸大橋ブームは一年しか続かなかった。普通車で往復するには九〇〇〇円と料金が割高だったこともあり、瀬戸大橋の交通量は目標値を下回った。それに追い討ちをかけるように、一九九一年にバブルが崩壊。瀬戸大橋ブームは一気に下火になり、バブル景気を背景に推進されてきたリゾート開発にも批判の目が向けられるようになる。多くのリゾート開発は、山間部であればスキー場・ゴルフ場・リゾートホテル、沿岸部であればマリーナ・ゴルフ場・リゾートホテルの三点セットであることが多く、似たり寄ったりのリゾート開発で自然が破壊されることに批判が高まった。

「ラ・レインボー」に関して言えば、建設が計画された段階ですでに「景観を破壊するのでは」との指摘がなされていた。当初の予定では一四八メートルのタワーになるはずだったのだが、一九八八年に制定された岡山県景観条例に抵触すると指摘され、低く設計し直すことでようやく認可が下りている。

景観や環境を破壊すると批判されたのはリゾートだけでなく、瀬戸大橋建設に対しても反対運動が起きている。瀬戸内海に浮かぶ小さな島々には漁師が多く暮らしており、建設工事や排気ガス、橋の灯りなどが生活に影響するのではという不安が大きかった。

瀬戸大橋のたもとには下津井《しもつい》という集落がある。タコが名物の港町であり、古くから風待ち潮待ちの港として栄えてきた。この町に暮らすこどもたちによる文集『しもついっ子』を読むと、観光客が増えたことで、騒音やポイ捨てに戸惑うエピソードがいくつも登場する。

瀬戸大橋が開通した一九八八年の文集には、下津井西小学校五年生の松本裕之君による「ぼくたちの下津井」と題した作文が掲載されている。潮の匂いが風に乗ってやってきて、船の音が静かに響き、すれ違うのは知っている人たちばかり。彼はそんな下津井のことが大好きだ。

こんな下津井にも瀬戸大橋の工事が始まってから、かんこうバスや旅行者がやってきて静かな下津井からにぎやかな下津井に変わってきた。瀬戸大橋が四月十日に開通してからは、汽車の音がやかましく田の浦（下津井漁港の目の前にある集落――引用者註）の人たちは困っている。そんなニュースがたびたびでている。田の浦の人たちも汽車が通れば音がでることはわかっていたと思うが、これほど大きいとは思ってなかったのでこれからの下津井のなやみだと思う。

ぼくは、瀬戸大橋が開通したのだからもうかんこうバスは、やってこないと思っていた。しかし前ほどではないが、かんこう船に乗ってから瀬戸大橋を見る人がいるのか、今でもバスがやってくる。バスはぼくが、自転車でおばあちゃん方へいく時でもたくさんの人が、おりてきて、ぼくが通る道をじゃまする時がある。そんな時は「いやじゃなあ、瀬戸大橋がなければいいのに。」と思うけど、ぼくは、いつも瀬戸大橋を見ているからそう思うのじゃなあ。

『しもついっ子』の中には、瀬戸大橋開通で変わってしまう町を悲しむ作文だけでなく、橋を誇らしく感じたという作文もある。鷲羽山ハイランドに出かけたというエピソードもいくつか見かけた。だが、ここでも「ラ・レインボー」の名前を確認することはできなかった。「ラ・レインボー」が建っている場所も、住所でいうと下津井だ。自分の生まれ育った町に「世界最大級の回転式展望台」ができるだなんて、こども心にワクワクしそうなものなのに、それに触れた作文は一つもなかった。

それでも諦めることができず、下津井にある小料理屋を訪ねた。事情を説明し、「もしご近所の方で、『ラ・レインボー』に行ったことのある方がいれば、お話を伺えませんか」とお願いしておき、小料理屋を三度訪れた。店主の方は懇意にしてくれたけれど、近所に「ラ・レインボー」を訪れたことがある人はいなかった。

いよいよ打つ手がなくなってしまった。「ラ・レインボー」について書き記すことなんて、二十年前に閉店してしまったドライブインについて取材することなんて無理だったのだ。絶望的な気持ちでタクシーを呼び、児島駅に向かってもらう。あまり観光客然とした装いに見えなかったのか、どうして下津井にやってきたのかと運転手さんに訊ねられた。「ラ・レインボー」のことを調べている旨を伝えると、少し考えて、運転手さんが口を開く。

「うちの運転手で清武という者がおるんですが、あの人はたしか、『ラ・レインボー』で働きよったはずですよ」

僕はすがるような思いで運転手さんに名刺を差し出し、清武さんに渡してもらうようにお願いした。そして後日、タクシー会社宛てに長い手紙を書き、返事を待った。一週間経っても十日経っても連絡はこなかった。思い切って電話をかけてみると、「手紙は届いてますけど、清武は最近出勤していないものですから、封を開けていないんです」とのことだった。

七年かかってようやく摑みかけた糸が、切れようとしている。いても立ってもいられず、清武さんに会える確約がないまま児島を再訪することにした。

＊

曙タクシーの本社ビルは、児島駅からほど近い場所に建っていた。出迎えてくれた受付の女性はお茶を差し出しながら、「清武はつい二日ほど前に辞表を出しにきて、辞めてしまったんです」と言った。肩を落とす僕に、「でも、私はレインボータワーに乗ったことがあるんですよ」と教えてくれた。

「私はこのあたりで生まれ育ったんですけど、レインボータワーが完成したとき、地元の人には無料券が配られたんですよ。それは下津井あたりの人でもいただいていたと思うんですけど、あのあたりの人たちからすると、レインボータワーは近過ぎて、わざわざ行こうという気持ちになった人はほとんどいなかったんじゃないかと思いますよ。私は妹と一緒に行ったんですけど、それも暇だったから『乗ってみようか』という話になっただけですね」

彼女が「ラ・レインボー」を訪れたのはオープンしたばかりの頃だ。だが、その当時でもあまり賑わっていなかったという。

「地元の人間からすると、海の景色というのは見慣れとるんです。私がこどもの頃から鷲羽山ハイランドはあって、そこからでも海は見れるんですよ。当時はハイランドにも展望タワーがあって、そこにはレストランもあればお土産も売ってましたから、そこで全部済ませられる。なんぼ展望台があるというても、わざわざ『ラ・レインボー』に行く用事がない。瀬戸大橋を眺めるにしても、わざわざお金を出してタワーに乗る必要がないんです。鷲羽山には昔から展望台があって、そこへ行けば無料で、しかもガラス越しじゃなしにそのまま海が見られる。レインボータワーは回転式展望台ですけど、回転式ということは、じっとしとったら海とは反対側の景色になってしまうでしょう。海と橋を眺めようと思うたら、自分で動かんにゃならん。そういうこともあって、あんまり流行らんかったんじゃないかと思いますよ」

地元の人からすれば、わざわざタワーに上るメリットがなかったというのはわかる。

でも、「ラ・レインボー」はタワーだけでなく、レストランや土産物売り場をそなえた五階建てのドライブインだったはずだ。小さな町に新しいレストランができたとすれば、せっかくだから一度出かけてみるかという気持ちにならないのだろうか?

「児島というのは、なかなか不思議な土地なんです」。そう話してくれたのは曙タクシーの社長・池本純夫さんだ。児島は小さな町だが、繊維産業で栄えた町だ。日本で初めてジーンズの生産が行われた地であり、児島は軍服や学生服の一大生産地として大いに賑わった。繊維産業で稼いだ人が多く、羽振りの良い人も多かったという。

「我々はこういう商売してますけど、瀬戸大橋線が開通する前のほうが儲かっとったんです。瀬戸大橋線がない頃は、岡山まで行こうと思うたらクルマで行くしかなかったんですよ。児島の人は『タクシーは長距離しか乗れんもので、病院通いなんかは自分で歩いていかんにゃいけんのじゃないか』と思っている人が多かったのか、それまでは長距離が多かったですよ。でも、瀬戸大橋ができて流れが変わって、長距離は減りました。それで今度は観光に力を入れるようになったんです」

児島から岡山までは三〇キロもある。その距離をタクシーで移動し、岡山の街並みにも慣れ親しんだ人からすれば、近くにドライブインができたとしてもさほど魅力的には感じられなかったのかもしれない。でも、観光に力を入れ始めたのであれば、観光客に「ラ・レインボー」を勧めることもありそうだが——。

「新しくお店を始めるとなれば、ほとんどのお店が挨拶にくるんです。小さい飲食店でも挨拶にきますよ。駅の中にセブンイレブンが出来たときも『曙タクシーさん、頼みますよ』と挨拶にくる。駅の中に出来るのに、うちに挨拶は要らんじゃろうと思うような場合でも挨拶にきて、『これ、お客さんに渡してください』と割引券を配ったりする。そういうのがあれば、観光でやってきたお客さんにその割引券を渡して宣伝できるんですけど、『ラ・レインボー』に関してはそういうことが全然なかったから、こっちも宣伝しようがなかったんです。だから、鷲羽山ハイランドまでお客さんを乗せたことはたくさんありますけど、『ラ・レインボー』まで乗せて行ったことは記憶にないですね」

鷲羽山ハイランドと「ラ・レインボー」。どちらもドライブインとして創業した二つの場所で明暗が分かれたのには、もう一つ理由がある。それは、鷲羽山ハイランドの経営者は地元の人だったのに対して、「ラ・レインボー」を創業した大西博社長は愛媛県出身だったということだ。

「これも児島という町の不思議なところで、地元の人が始めたお店は流行るけど、外からやってきた人が始めたお店はなかなか難しいんです。『ラ・レインボー』はオープンした何年後かにホテルにリニューアルしましたけど、それも流行らなかった。すぐ近くにせとうち児島ホテルというのがあって、あれは牛窓にあるリマーニと同じ系列じゃけど、岡山に本社がある天満屋《てんまや》が経営しよるでしょう。せとうち児島ホテルがオープンするときには天満屋さんがわざわざ挨拶にきよって、リゾートホテルとして人気になりましたけど、『ラ・レインボー』はホテルを始めてからもほとんどお客さんを乗せて行ったことがないんです。だから私も詳しいことは知らないんですけど、話を聞きたいという人から連絡があったということは伝えてありますから、あとは本人に直接聞いてみてください」

＊

待ち合わせ場所は「ラ・レインボー」にした。駐車場で待っていると、クルマを運転して清武満正さんがやってきた。一九五一年生まれの清武さんは今年で六十七歳になるけれど、ジーンズを履きこなしており、どこか若々しく感じられる。

「ラ・レインボー」で働き始める前に、清武さんは鷲羽山ハイランドで働いていた。そこでメカニックのチーフとして遊具の管理をしていた経験を買われ、タワーの管理をするためにラ・レインボー株式会社に入社することになる。

「私が入社したのはドライブインがオープンする前でしたけど、タワーを作ることはもう決まっとったんです。一五〇人も乗せて三六〇度回転するタワーだから、なかなか難しいタワーですよ。だから、メカニックの経験はあったけど、オープンするまでのあいだにもう一度勉強しました。私が施設管理の課長クラスということにしてもらっていて――この規模の会社の課長とゆうても知れとるけど――あれこれ仕事をしよりました。

大型の免許を持っとったんで、従業員の女の子らをマイクロバスに乗せて研修に出かけたり、甲種防火管理者の資格を取ったり、早く言えば何でも屋です」

「ラ・レインボー」が開店した当時のことを、清武さんは「ちょっとね、すごかったよ」と振り返る。カップルや家族連れも多かったけれど、何より多かったのは観光バスだという。

「やっぱりドライブインとしてオープンしたもんで、旅行会社から予約が入ってきよったんです。大きな食堂があって、それとは別に団体専用のレストランもあって、土産物売り場もありましたからね。個人のお客さんも多くて、県外ナンバーのクルマもよく見ましたよ。ただ、その賑わいもそんなに長くは続かなんだ。最後のほうになると、売店のおばちゃんたちも退屈そうにしよったね」

一階は名産品を並べた瀬戸内フードマーケット。二階は土産物を取り揃えたタワーモール街。三階は団体専用レストランと、手打ちうどんを出す「俵屋」。四階には五〇の和座席と二五〇のテーブル席からなるレストランと、本格的なステージを備えた多目的ホールのあるラ・レインボーホール。五階は瀬戸内の多島美を一望できるレストラン「ラ・レインボー」と、カフェテリア「ハッピーデー」が入っていた。こうして書き出してみればわかるが、レストランばかりだ。開店から二年と経たないうちに、大西博社長は次の手を打つ。ただのドライブインではなく、ホテルに改装することに決めたのである。

「今思えば、あそこで大西社長は思い切ったんよね。まだ新しいうちに改装することにしたもんで、工事をしにきた業者の人らも怖がりよった。古い建物なら壊しやすいけど、まだ新しいもんで、壊そうとするとバリンと大きい音がする。そうやってホテルにしたまではよかったけど、結局のところお客さんはあんまり入らんかった。最初からホテルを建てとれば、もうちょっとお金をかけられたかもしれんけど、資金繰りが厳しかったんじゃろう。そんなに豪華なリゾートホテルというわけじゃなくて、普通のホテルだったから、営業面として弱かったね」

営業面としての弱さ。それは曙タクシーの池本社長が指摘していたことでもある。大西博社長は、知らない町で商売を始めるにあたり、地元の人に挨拶をしてまわるようなタイプではなかったという。余計なお金を遣うことを嫌がるところもあり、広告費を出すのも渋った。雑誌で取り上げられる機会が極端に少なかったのは、そういったことも理由の一つなのだろう。

「ラ・レインボー」がホテルとしてリニューアル・オープンしたのは一九九二年六月十三日だ。そんなに早くホテルに鞍替えしたのは、ドライブインとして経営するのが難しくなったことが理由に違いないと僕は思っていた。だが、清武さんによるとそうではなく、社長がホテル経営に興味を持ったことが大きな理由だという。

＊

大西博社長は四国一円に酒や雑貨を販売する豪商・大西正市さんの六男として生まれた。長兄の大西一さんは日本ゴルフ振興株式会社を設立し、日本全国でゴルフ場を開発して業界最大手にのし上がった。一九九一年、七五〇億円を投じて香川県にオープンしたテーマパーク「レオマワールド」も日本ゴルフ振興が開園させたものであり、レオマとは「レジャーはオオニシにまかせろ」の略称である。大西博さんは兄が経営する日本ゴルフ振興を手伝っていたのだが、一九七〇年、三十歳の若さで起業。当初はゴルフ場経営が中心だったが、バブル景気に乗じてリゾート開発に乗り出し、一九九〇年に「ラ・レインボー」を創業すると、その翌年には瀬戸内海に浮かぶ小与島にリゾートホテル・アクア小与島をオープンさせている。瀬戸内海にリゾートの夢を描いた大西博社長は、瀬戸大橋を一望できる「ラ・レインボー」にホテルとしての可能性を見出したのだろう。ゴルフ場とリゾートホテル。まさにバブルを象徴する経営だ。

「社長は思い込みの激しい人で、『神のお告げがあった』と言うたらすぐに実行に移す。言うてみれば有言実行の人でしたね。シャガールの絵が好きで、『ラ・レインボー』の喫茶店にもシャガールの絵を何枚も並べとりました。一枚や二枚じゃなくて、十枚以上あったと思いますよ。クルマも二〇〇〇万円ぐらいのベンツを運転されよって、私は運転手のような仕事もやってたんですけど、外車はあんまり乗り慣れてないもんだから苦手じゃった。そしたら社長が『どいてみい』と言うて、高速道路を一六〇キロぐらいで走るんじゃけん。ちょっとおそろしかったよ」

その人柄を伝える記事がある。『財界にっぽん』（一九七二年七月号）のインタビュー・ルームという欄に、「岡山県財界のヤングパワー」として大西博社長が登場している。そこで彼は、岡山市の中心部からほど近い場所に三六ホールのゴルフ場を作り、五〇〇〇戸の分譲地を造成し、ホテルやプールなどの施設も備えた一大レジャーランドを作る構想を語っている。「京阪神から一時間のエリヤに入った岡山が、大都市の仲間入りをするのには従来の城下町意識ではダメ」と語っているのは、いかにも若くて勢いのある経営者だという感じがする。さらに印象的なのはこうした発言だ。

大西　兄のもとで仕事を手伝っていましたが、月給をもらうのは男じゃないと思いましてね（笑）。月給を払う方になりたくてね（笑）。世の中には努力する人は多くいるが、世の中に出る星というものはなにか宿命というものがあるように思います。私の指は一千万人に一人いるか、いないかという鳳凰の指と中国の一番の易者に折紙をつけられました（笑）。それでいうんではないが（笑）、私の生まれた川之江市は人口四万人、甲子園球場で巨人―阪神戦があると五、六万人が集まるんです。これから岡山、そして大阪、東京、世界の大西になるつもりです。

だが、バブル崩壊ですべてが狂った。瀬戸大橋ブームがあっという間にしぼんだことも追い打ちをかけた。ホテルとなった「ラ・レインボー」を訪れる客は少なく、一九九七年に閉鎖されることになる。アクア小与島も閉鎖を余儀なくされ、「ラ・レインボー」と同じように廃墟として現在も残っている。本家のゴルフ場経営でも苦戦を強いられ、資金繰りは悪化する。「ラ・レインボー」の閉鎖からわずか一年ほどで、大西博社長は亡くなった。二〇〇六年、日本ゴルフ開発は経営破綻。負債総額は四三〇億円にものぼる。長兄が経営していたレオマワールドも客足が遠のき、二〇〇〇年に休園。経営母体である日本ゴルフ振興は、三〇〇〇億以上の負債を抱えて二〇〇三年に倒産した。「やっぱり、バブルの一言に尽きるじゃろうな」と清武さんは振り返る。「あの頃は皆、お金をパッパ使いよった。僕なんかも、手取りで三五万はもらいよったから、この田舎にしては給料が良かったほうだと思いますよ。まさかこんなに早く『ラ・レインボー』が閉まるとは思ってなかった。今振り返ってみれば、オープンするのが十年遅かった。瀬戸大橋が開通したあとよりも、建てよる途中の頃のほうが観光客は多かったんですよ。十年早くオープンしておれば、もう少し収入を得れとったと思います」

倒産後の「ラ・レインボー」は、地元の若者たちの溜まり場となり、窓ガラスが割られ、壁は落書きで埋め尽くされてしまっている。今はこんなことになってしまってますけど、ゆったりした良い場所だったんですよ。建物を見上げながら清武さんはそう語る。

「団体のお客さんが来なくなっても、若いカップルなんかは遊びにきよったんです。五階にはレストランがあって、今は鷲羽山下電《しもでん》ホテルで料理長をされとる鎌倉強志さんがシェフでした。メインは幕の内。下津井で獲れた魚を使って、結構いいものを出しよりましたよ。でも、高級なものだけじゃなくて、安いのもあったから、若いカップルだと困るというようなことはなかったですけどね。そこのレストランで食事しよると、タワーが上がっていくのが見えるんです。タワーに乗っとる人からはレストランが見えるし、レストランからはタワーが見える。そこが何とも言えん、良いアングルだったね」

清武さんは懐かしそうに「ラ・レインボー」を眺めていた。あそこに喫茶店があった。そこがラウンジだった。一つ一つ説明してくれるなかに、気になる名前があった。それは、五階に入っていたというレストラン「グーニーズ」だ。これは鎌倉料理長がシェフを務めていたレストランとは別のものだと清武さんは言う。その名前には聞き覚えがあった。鷲羽山ハイランドの入り口には、今でも「グーニーズ」というレストランがあるのだ。

「そう、鷲羽山ハイランドの『グーニーズ』のほうが先にあったんです」と清武さん。「鷲羽山ハイランドを経営しよるのは鷲羽観光開発という会社ですけど、これの大元は下津井電鉄なんです。大西社長は下津井電鉄の永山社長と昵懇《じっこん》だったから、その姉妹店を出させてくれという話があって、五階の一番角に二号店を出したんです」

＊

清武さんと別れたあと、「グーニーズ」に向かった。

鷲羽山ハイランドの園内にはいくつかレストランがあり、そこでは「ブラジリアンパーク」というコンセプトにふさわしい食事が提供されている。だが、三十年前の鷲羽山ハイランドは園内にレストランがなく、入り口にある「グーニーズ」が唯一のレストランだった。遊園地は出入り自由であり、遊びにきたお客さんたちは一度外に出て、「グーニーズ」で食事をしていた。反対に言うと遊園地に入らないお客さんも利用できるので、ドライブインのような存在でもあった。

お店の入り口には鐘があり、どこかチャペルを思わせる。内装は白を基調としており、壁だけでなくテーブルとソファまで真っ白だ。天井は高く、大きな窓からは瀬戸大橋が見渡せる。ゆったりソファに座り、白っぽさのある空間を眺めていると、ニートという言葉が浮かんでくる。

ニートと言えば、今ではNEET（Not in Education, Employment or Training）を指すことがほとんどだ。だが、NEETという新語がイギリスで生み出されたのは一九九九年のことだ。瀬戸大橋の建設が進められていた一九八〇年代には、ニートと言えば「NEAT」を指していた。当時の雑誌を読んでいると、「家族が喜ぶニートな小旅行」や「アイテム別ニートな着こなし」といった言いまわしが登場する。NEATとは、「こざっぱりした」という形容詞である。きちんとしていて身だしなみのよい状態を表し、「素晴らしい」という意味で使われる場合もある。「グーニーズ」は、まさにこざっぱりとしたレストランであり、どこか懐かしさを感じさせた。「グーニーズ」を訪れるのは初めてだが、自分が小さかった頃に、こうした白っぽさのあるレストランに出かけた記憶がある。あるいは、僕がまだ小学生だった頃に親戚の結婚式があった。披露宴が行われたのは瀬戸内海に面したリゾートホテルであり、そこも白っぽさを感じさせた。その空間にはニートな輝きがあった。今では落書きのせいですっかりカラフルになっているから気づかなかったけれど、思えば「ラ・レインボー」も白を基調とした建物だ。回転式展望台が停止してしまった今、鉄塔だけが白っぽさを残したまま、そこにそびえ立っている。

採掘のあとに　筑豊・ドライブインかわら

月が出た出た　月が出た
三井炭鉱の上に出た
あんまり煙突が高いので
さぞやお月さん煙たかろ
サノヨイヨイ

福岡県の筑豊《ちくほう》と呼ばれる地域に、石炭記念公園がある。そこにはかつて三井鉱山が経営する炭坑があり、「炭坑節発祥の地」と揮毫《きごう》された石碑が建っている。公園からは町が一望できた。町の中央には香春《かはら》岳がそびえているのだが、その手前に小さな山がある。ボタ山だ。石炭を採掘するときに出る捨て石を「ボタ」と呼び、それが積み上げられて山となったものである。その山が、炭鉱で栄えた時代の名残をかろうじて感じさせてくれる。

＊

筑豊とは筑前国《ちくぜんのくに》と豊前国《ぶぜんのくに》を組み合わせた造語だ。二つの地域に深いつながりがあったわけではないけれど、炭鉱で賑わい始めた頃に「筑豊」という名称が使われ始めた。この筑豊を横断し博多へと続く道路が国道二〇一号線であり、北九州から南下し筑豊を縦断する道路が国道三二二号線だ。この二つの道路が交差する田川郡香春町に「ドライブインかわら」が建っている。

「炭鉱はね、私どもが店を始めた頃には下火になってましたね」。ドライブインを経営する西村洋さんはそう語る。筑豊の石炭は江戸時代から製塩などに利用されていたけれど、本格的に採掘が始まったのは明治時代に入ってからのこと。日本に産業革命の波が押し寄せると、蒸気機関の燃料や工場燃料として石炭が用いられるようになる。北九州に八幡製鐵所《せいてつ》があることからも石炭の需要は多く、筑豊は日本一の石炭産出量を誇った。だが、一九五〇年代に入るとエネルギー革命が起こり、石炭は石油に取って代わられてゆく。朝鮮戦争の特需を最後に石炭の産出量は一気に落ち込み、一九六〇年代には香春町の炭鉱も軒並み閉山を余儀なくされている。石油という新しいエネルギーを利用するものの一つが自動車であり、ほとんどの炭鉱が閉山したあとの一九六七年に「ドライブインかわら」が創業されたのは象徴的だ。

「最初に店を始めたのは兄夫婦なんです。兄貴はしばらく大阪におりましてね、油関係の仕事をしてたんです。それがこっちに帰ってくることになりまして、ガソリンスタンドとドライブインを始めたんですよね。兄貴は昭和九年生まれですから、三十代のときです。詳しいことは聞いてませんけど、ガソリンスタンドの横に出すからということでドライブインにしたんだと思います。その頃は今みたいにお店がいくつもなくて、畑や田んぼばかりだったので、今とは全然雰囲気が違いました。ほとんどの炭鉱は閉まってましたから、うちに炭鉱で働いている人がやってくるということはなかったですけどね」

筑豊には「たんこん者は流れ者」という言葉がある。炭坑夫として働くのは地元よりも、別の町から流れてきた人たちが多かった。一九六〇年代に入り彼らが姿を消すと、クルマの普及とともに新たな〝流れ者〟が町を訪れる。そうした時代の変化を敏感に感じ取り、洋さんの兄・西村忠一郎さんはドライブインという新しい商売を始めたのだろう。

「お店を始めた頃に多かったのは、やっぱり建築関係のお客さんですよね。土木作業員のお客さんは多かったですし、長距離のトラック運転手の方も結構きてましたよ。今より駐車場も広かったもんですから、トラックも停められたんです。あとは観光バスも多かった。昔は皆、どこかへ行くゆうたら観光バスやったもんで、トイレ休憩と食事に寄ってくれることが多かったです。今はもう、観光バスはものすごく少なくなりましたけどね」

炭鉱が閉山しても、香春町の賑わいが翳《かげ》りを見せることはなかった。町を支えるもう一つの産業、セメント工場があったからだ。

香春町にセメント工場が誘致されたのは戦前のこと。一九三一年に満州事変が勃発すると、大陸におけるセメントの需要が増加し、浅野財閥が経営する浅野セメントは北九州に新工場を建設することになった。香春町のシンボルであり、信仰の対象にもなってきた香春岳には石灰岩が多く含まれており、セメント工場にはうってつけの場所だった。浅野セメント香春工場は一九三五年に操業を開始し、従業員のための社宅や朝鮮人労働者のための住宅も建設されてゆく。最盛期には四〇〇世帯が暮らしていたという。

「昔はね、正午頃になると石灰岩を爆発して削ってたんです。その音が町中に響いてましたよ。山の上のほうで爆発させて、長いスロープを通って工場まで流れていく。今でも道路の上にベルトコンベアーが架かってますけど、そこを通って運ばれていくんです。だから、このあたりは屋根が真っ白やったんですよね。爆発した石灰が飛んできて屋根に積もって、雨が降ると固まってしまうんです。最近はそんなことなくなりましたけど、屋根は全部真っ白やったですね。この近くにも社宅があって、人口もものすごい多かったですよ」

石灰岩の採掘により、香春岳の一ノ岳山頂は真っ平らになった。四九一メートルあった標高も、今では約三〇〇メートルにまで低くなった。今でもセメント工場は稼働しているが、香春岳ではほとんど採掘が行われなくなり、正午の〝時報〟が響くこともなくなった。今はただ、石灰岩を運ぶベルトコンベアーだけが残っている。

＊

「ドライブインかわら」を創業した西村忠一郎さん夫婦は、特に飲食店で働いた経験があるわけではなかった。ただ、食に対する情熱は人一倍強く、一風変わった料理も出していた。

「兄夫婦はとにかく食べることが好きで、どこまでも行っていろんな料理を食べてましたね。お店を始める前にもあちこち行ってましたよ。年を取ってからも、外国にまで出かけていろんなものを食べてたみたいです。それで、このあたりだと全然知られてない頃にジンギスカンを始めたんです。珍しかったもんだから、結構注文するお客さんは多かったですね。今でも『若い頃にデートでジンギスカンを食べにきた』と言ってくれるお客さんもいますよ」

ドライブインはすぐに繁盛したが、忠一郎さんは満足しなかった。創業から一年が経った一九六八年の秋、ドライブインの別棟に立ち食いうどんの店をオープンさせる。わずか一坪ほどの店は、茅葺き屋根という特徴的な外観だったこともあり反響を呼んだ。

「福岡といえばラーメンだと思ってる方もいるみたいですけど、福岡はうどん県なんです。うどん発祥の地も福岡で、博多のお寺には『饂飩蕎麦《うどんそば》発祥之地』という碑があるんです。福岡のうどんの特徴は、とにかくやわらかいんです。だからこのあたりには讃岐うどんの店は少ないですよ。昔からやわらかいうどんを食べつけとるから、うちのうどんでも『もうちょっとあっためてくれ』というお客さんが結構おりますからね」

出汁にもこだわりがあり、昆布に鰹《かつお》、鯖《さば》をブレンドして出汁を取っている。素材にもこだわっているが、「高級なものを使えばいいということでもないんです」と洋さんは語る。高級過ぎてもうどんに合わないのだという。かけうどんとかけそばは三六〇円。トッピングに丸天とエビ天、ごぼう天があるものの、そばとうどんの二択だ。注文する場合は券売機で食券を購入する。あとはカウンターで食券を差し出すだけでいいのだが、常連客の中には一風変わった注文をする人もいる。「かけうどん、そば出汁で」とオーダーする人もいるのだ。聞けば、そばの出汁とうどんの出汁は微妙に味を変えているのだという。

うどん出汁に比べると、そば出汁はやや濃いめの味つけだが、それでも関西風の透き通ったつゆだ。関東からやってきたお客さんの中には、黄金色のつゆに慣れず、「醤油ください」なんてお願いされることもある。

初日はわずか二〇杯しか出なかった立ち食いうどんは、次第に人気を博すようになり、多い日には一日二〇〇〇杯を記録したこともある。立ち食いうどん屋が流行り始めると、忠一郎さんはたこ焼きコーナーも始めた。うどんとたこ焼き。並べてみると関西風の組み合わせだが、その味付けはちょっと変わっている。特製ソースにはケチャップが入っていて、ひとくち頬張るとほどよい酸味とまろやかな甘みが広がる。ソースの上に魚粉がたっぷり振りかけられているところは北九州風だ。

「たこ焼きにかける特製ソースは創業当時からずっと同じ味です。たこ焼きコーナーを始めるときにも、兄貴は結構大阪に通ってましたね。あちこち食べてまわって、どういう味がいいか考えたんだと思います。ただ、うちのソースが苦手な人は苦手みたいで、そういう人は『ソースなしで』と注文するんです。たこ焼きの生地には山芋が練りこんであって、味付けもしてあるので、ソースが苦手な方は醬油をかけて食べてます。あと、うどんの出汁につけて明石焼風に食べる方もいますよ」

半信半疑でソースなしのたこ焼きを追加で注文し、醬油を垂らしてみる。たこ焼きに醬油なんてと侮っていたけれど、これが思いのほかうまかった。麵の茹で加減といい、出汁の種類といい、「ドライブインかわら」のお客さんたちはグルメだ。

＊

ところで、ドライブインの定義とは何だろう。

ロードサイドでよく見かけるドライブインは、ラーメンやカレーライス、それに定食などを出す食堂だ。大抵の場合は小上がりが設けられており、足を伸ばして休憩できる。

「ドライブインかわら」も最初はそうした食堂だったが、立ち食いうどんが軌道に乗ると食堂は閉店してしまった。現在では立ち食いうどんとたこ焼きの他に、ちゃんぽん、焼きそば、唐揚げのテナントが並んでいる。もしロードサイドの食堂だけをドライブインと呼ぶのであれば、ここはその定義から外れるだろう。でも、どんな店であっても、クルマで乗りつけることさえできればドライブインだと言える。「ドライブインかわら」は、そうした懐の広さを感じさせてくれる。

創業から五十年経った今、経営者は西村洋さんに変わった。兄の忠一郎さんが亡くなり、跡を継いだのである。

「この五十年で一番変わったのは、川の向こうに道路ができたことですね」。洋さんはそう振り返る。「昔は博多からくるクルマも、小倉からくるクルマも、全部うちの前を通ってたんですよ。でも、新しい道路が出来て交通量は三分の一に減りました。セメント工場もかなり縮小して、社宅も随分減りましたよ。昔は映画館もあって賑やかでしたけど、人口が減りましたから、町の雰囲気も悪くなりました」

ドライブインを巡っていると、こうした話はよく耳にする。だからこそ、初めて「ドライブインかわら」を訪れたときは驚いた。大きな看板が出ているわけではなく、普通に走っていれば見逃してしまいそうな店なのに、お昼時にもなれば駐車場はほとんど満車になっていたからだ。

かわら
うどん

券売機
食券をお求め下さい

「今は六時半から営業してますけど、昔は五時頃から開けとったんですよ。最初のうちはお客さんが全然こないで、新聞見とるだけやったですけど、今は朝が一番混むんです。このあたりは早くから開いとる店が少ないもんですから、営業時間前に十台ぐらいクルマが停まっとることもありますね。土日なんかは家族連れが多くて、遠くに出かける前にうどんを食べていくんです。夜は八時まで開けてます。夕方になると立ち食いうどんのお客さんは少なくなるんで、ほんとは閉めたいぐらいなんですけど、『ドライブインかわらは八時まで開いとる』と浸透しとるもんですから、今でも八時まで開けてるんです」

最盛期よりはお客さんが減ったものの、今でもうどんは平均七、八〇〇杯出る。停まっているクルマはほとんど筑豊ナンバーだ。

「今はもう、半分ぐらいは常連のお客さんです」。そう語るのは洋さんの次女・香奈さんだ。今では彼女が店を仕切っている。「お客さんにはそれぞれ好みがあって、いつも決まったものを食べる方もいるんです。うどんをそば出汁で食べたり、麵がやわめだったり。毎日来てくださる方も多くて、お客さんが券売機で食券を買う前に茹で始めたりすることもありますね。お客さんのほうでも従業員のことをおぼえてくれてるから、たまにシフトが違うと『今日は××さんは休みなん？』と言われたり、『最近あの人見らんけどどうしたん？』と言われたりすることもあるんです」

ドライブイン
かわら

ドライブインは観光バスやトラック運転手など、街道を行き交う人たちで賑わった場所だ。交通量が減れば、それにともなって客足が途絶える店がほとんどだろう。だが、「ドライブインかわら」は地元のお客さんで賑わっている。小さい頃に親に連れられてやってきたお客さんが、今度は自分のこどもを連れてやってくることもある。「ドライブインかわら」は親・子・孫の三代に渡って愛される店なのだ。

＊

ドライブインが創業される前――さらに遡ってみれば炭鉱やセメント工場で賑わうより前――の時代には、香春はどんな町だったのだろう。

香春岳の中腹には香春城があり、香春町はもともと城下町だった。現在「ドライブインかわら」がある場所は職人町で、暖簾に屋号を大書した店が軒を連ねていた。盆や正月ともなれば、別の村から買い物客が押し寄せるほど賑わっていた。『香春町史』を繙くと、香春町の商業として最初に取り上げられているのは油屋だ。

櫨実《はぜのみ》とそれを蒸して絞った生蠟《きろう》は、小倉藩時代より北九州の特産物の一つであった。（略）生蠟商人は油屋、古鍋屋、松本屋、大坂屋、日田屋、石田屋（二軒）の七軒に上っている。この他に生蠟や櫨実を取り扱っていたのが今日判っているだけでも美濃屋、丸屋、甘木屋、蠟燭屋等があり、商家の一割近くを占めていた。しかし、これらの商家は生蠟だけを扱っていたのではない。油屋は、西村姓で魚町に三軒ほどあったが油や醬油醸造業、呉服太物商、絞蠟業等、扱う商品は多岐にわたっていた。油屋は大地主選出群会議員（明治二十九年）等を歴任した西村忠治の時代に廃業し鉱業経営に進出、当時「奇利を博した」と『豊前二市四郡人名辞書』に紹介されている。明治末期には「町の一角に閑居して悠々巨萬の富を擁し」（前掲書）、その後は地主として生計を立てた。

ここで紹介されている油屋の西村忠治さんというのが、西村忠一郎さんや洋さんのご先祖様だ。地主としてあちこちに土地を所有していたけれど、農地解放により手放さざるを得なくなり、残ったのが「ドライブインかわら」のある場所だった。ここで興味深いのは、商人だった西村忠治さんが鉱業経営に進出していることだ。

香春町の歴史は鉱業とともにある。

「かわら」という地名は、古くは八世紀に編纂された風土記に見ることができる。そこには採銅所が設けられ、産出された銅は東大寺の大仏に使われた記録が残っている。近代に入ると鉱山開発が進められ、石炭や石灰、銅、鉄鉱石、亜鉛、タングステン、金に至るまで幅広い鉱石が採掘された。そこで鉱山経営に乗り出したのは商人たちだ。油屋だった西村忠治さんのほか、小倉藩の御用商人だった中原嘉左右という人物もまた鉱山経営に進出している。三井や三菱、住友、古河といった財閥ももとは商人であり、鉱業で巨万の富を得ている。産業革命が起きた明治時代、潮目を読んだ商人たちは鉱山経営に乗り出した。それから数十年が経ち、採掘の時代が終わりを迎え始めた頃に、西村忠一郎さんがドライブインを始めたというわけだ。

今年（二〇一七年）の七月、「ドライブインかわら」は創業五十年を迎えた。店内には五十周年を記念したポスターが貼られており、「これからは次の創業百周年に向かって精進して参ります」と書かれている。五十年後、ここにはどんな風景が広がっているだろう。時代が変わり、ドライブインではなくなっている可能性もあるけれど、香春町の歴史を辿っていると、それは悲観することでもないのだと思えてくる。

＊

「ドライブインかわら」を訪れたのは十五夜の翌日だった。香春町の夜空に、今日も月が出る。心なしか、今日の月のほうが大きく見えた。

V

店を続けること

霧に包まれた道

津山・ドライブインつぼい

国道一八一号線は霧に包まれていた。早朝であるなら不思議はないが、十時を過ぎているというのに一体どうしたことだろう。山に囲まれた道を進んでゆくと、コカ・コーラの看板が見えてきた。ドライブインの前にはすっかり錆びついたコカ・コーラの看板が掲げられていることが多い。三角屋根が印象的なこの建物は、岡山県津山市にある「ドライブインつぼい」である。

「こちらのほうはね、地元の名称で〝河内のあほう霧〟という言葉もあるくらい、とにかく霧が濃いんです。冬だけじゃなくて、オールシーズン濃くて、お昼になるような時間になってもまだ晴れんときもあるぐらいで。少し行ったところに美作追分《みまさかおいわけ》という駅があるんですけど、そこにはキリタローというキャラクターもおって、そうやって地元の人たちが霧を中心に盛り上げようとしとるぐらいです」

お店を経営する庄司建次さんは、コーヒーを淹《い》れながらそう教えてくれた。霧の中を、ときどきトラックが行き交う。「ドライブインつぼい」の前を走る国道一八一号線は、地図では出雲街道と表記されているが、これは戦後になって作られた新道なのだという。一九五二年、建次さんが生まれたときにはまだ旧道の出雲街道しか存在しなかった。

「うちの家は、今の国道一八一号線が通っている場所に建っていたんです。でも、新道を造るということで立ち退きになったので、少し上がったところに移って。それまでの道路はかなり狭くて、クルマが行き違えんぐらい狭かったんですよ。クルマをまわそうと思うても、Uターンできんぐらいでね。別に新しい道路ができたから交通量が増えたということでもなかったですけど、万博をきっかけに物流が増えることを見越して道路を造ったんだろうとは思います」

「ドライブインつぼい」の創業は新しい国道一八一号線が完成したあとのことだ。ただ、新道の完成で交通量が増えたわけでもないのに、どうしてドライブインを始めようと思ったのか――その理由は、創業された年が一九六六年であることが物語っている。

＊

日本の道路交通網が整備されたのはいつのことだろう。戦前から道路計画は存在していたものの、本格的に推し進められるのは戦後になってからのことだ。

「日本の道路は信じがたいほど悪い。工業国にして、これほど完全に道路網を無視してきた国は日本のほかにない」――一九五六年にワトキンス調査団が発表した報告書はこうした書き出しで始まる。江戸時代から続く街道は張り巡らされていたけれど、クルマで走るのにふさわしい道路ではなかった。

ワトキンス・レポートを受け、翌年四月に国土開発縦貫自動車道建設法が制定されており、十月には名神高速道路の施工命令が下った。名神高速道路は一九六三年に開通した、日本初の都市間高速道路となった。これを皮切りに次々と〝縦貫道〟が整備されてゆく。一九六六年には――「ドライブインつぼい」が創業された年には――国土開発縦貫自動車道建設法が改正され、中国縦貫自動車道のルートが確定し、中継地点に津山が含まれることが決定した。

「中国自動車道はね、国道一八一号線のすぐ北側を通ってるんです。ここから少し上に行ったところに美作追分パーキングエリアというのがあるんですけど、中国道が開通すると決まったとき、うちの父親はパーキングエリアで店をやりたかったんじゃないかと思うんです。ただ、父親は役場に勤めよったもんですから、その関係もあってパーキングで店をやるのは難しいという話になったみたいで、じゃあ国道一八一号線沿いで店をやろうと。それでうちの母親が『ドライブインつぼい』を始めたんです」

中国自動車道の工事はちゃくちゃくと進められ、一九七〇年に中国吹田《すいた》―中国豊中《とよなか》が開通した。次に中国豊中―宝塚、小月《おづき》―下関と少しずつ開通してゆく。院庄《いんのしょう》ＩＣが完成し、大阪と津山が高速道路網で繋がったのは一九七五年の冬のこと。開通の日はさぞ盛大に祝われたのだろう――そう思っていたけれど、「そういう印象はないなあ」と建次さんは語る。

「なんぼ高速道路が開通したゆうても、ここらでクルマを持っとるものは何人もおらんかったんじゃけん」。そう話してくれたのは、「ドライブインつぼい」の常連さんで、近所に住む庄司正己さん。「今の時代じゃったら、わしらみたいに百姓をしよるもんは、乗用車と軽トラで一軒に二台持っとるけど、当時はそがあな時代じゃなかろう。そうすると、道路が出来たとしても、地元のもんにとっては意味がないんよ。これが瀬戸大橋が開通した頃になれば、一家に一台持っとるから、『橋が完成したらしいけん、ちょっと行ってみようや』という話にもなるけど、中国道が出来た頃はクルマがないんじゃけ。それに、ここらのもんが吹田に用事があることもなかろう」

庄司正己さんの話には、中国道の性格が強く滲んでいる。すでに記したように、日本の高速道路は国土開発縦貫自動車道建設法によって整備が進められた。ただの高速道路ではなく、「国土開発」と冠しているのには理由がある。

戦後、日本の高速道路計画の基礎を作ったのは田中清一という人だ。当時はひとりの民間人に過ぎなかった田中清一だが、「国土開発縦貫自動車道構想」を練り上げ、一九四七年に日本政府およびGHQに提案している（当初「縦貫道」という名前が採用されていたのはこの構想に由来する）。「田中プラン」と呼ばれる計画の中で、田中清一はこう提言した。

日本人全部が、この狭い国土で平和な文化の高い生活を営み、食料を自給自足し、同時に各種の眠れる資源を開発するためには、人口と産業を、農業に適さない山地高地へ分散させる事が必要であり、そのために高原地帯を貫く高速道路を建設すべきである。

田中清一は、戦争に敗れた日本を復興する方法を考えた。それまでの都市は海岸沿いに多く存在していたけれど、食糧不足を解消し、さらには新たな産業を生み出すためには、山地高地の再開発が必要であり、そのためには高原地帯に縦貫道を建設するべきだ――こうした理想のもとに高速道路の開発は進められた。中国山地を貫く中国自動車道は、田中清一が思い描いたプラン通りに建設された道路だと言える。つまり、その地域に暮らす人びとが利用するためというよりも、高速道路網によって産業を発展させるためのものだったのである。

＊

「ドライブインつぽい」が創業された一九六六年の時点では、近くに飲食店はほとんど存在しなかった。いわゆる町の食堂は一軒だけあったけれど、ドライブインと名乗ったのは庄司さんのお店が初めてだ。

「この名前にしたきっかけは、国道五三号線沿いに『星の子ドライブイン』というのがあったんです。うちの父親が岡山まで出張へ行くときにそれを見て、『あんな店をやったら流行るんじゃないか』と思ったんでしょうね」

実際にお店を始めたのは父・庄司守さんではなく、母の庄司光子さんだった。それまでは農家の妻として働いていたが、飲食店の経験はなかった。

「母が店を始めたのは、僕が中学二年のときなんです。当時出していたのは——おぼえとるのは焼きそばや焼うどん、それにうどんを三種類ぐらい出しよったのと、あとはいわゆる丼ものですね。うなぎ丼はなかったけど、親子丼や卵丼、そういったものですね。あと、テーブルごとに小さなガスコンロがあって、そこで焼肉ができたんです。店の真ん中に壁で仕切りがあって、こっちが焼肉屋のようになっとって、もう片方は喫茶店にしとった。あの頃はアルバイトを一人雇って、お袋と二人でやりよったんですけど、ものすごい忙しかったみたいですよ」

創業した頃はさほど交通量が多くなかった国道一八一号線も、一九七〇年代に入る頃から大型トラックが行き交うようになる。鳥取の境港で水揚げされた魚を積んだ保冷車もひっきりなしに走っていた。食事に立ち寄った運転手が「これ、あげるわ！」とトロ箱一杯に積まれたイワシをプレゼントしてくれたこともある。

「トラックの運転手の人はお昼に焼肉を食べて、ビールを一杯飲んで、駐車場で眠っていくんです。それで、夜になったらまた走っていく。あと、休日なんかには観光バスもきよりました。店の裏に栗山があって、そこで栗拾いが出来たんです。当時は旅行代理店が仲介するということもなかったし、事前に予約が入るようなこともなくて、いきなり観光バスが入りよったんです。やっぱり、駐車場が広いというのが一番よかったんでしょうね」

営業時間は特に決めていなかったが、いつも九時から十時のあいだに店を開けていた。お店を開ければお客さんがやってきて、夜の九時頃、お客さんが途切れたところで閉店する。定休日はなく、光子さんは毎日忙しく働いていた。

「この鉄板はもう錆びとりますけど、これでずっと焼きよったんです」。光子さんは当時を振り返ってそう話してくれた。昭和四年生まれの光子さんはまだお元気で、杖をつくこともなく歩いている。「店を始めるとき、近所の土建屋さんと一緒に鉄板やなんかを見に行ったのをおぼえとるんです。あの人は顔が広いもんで、その人に教えてもろうた店で鉄板をこしらえてもらって。いや、別に焼きそばや焼きうどんをメインにしようと思うたわけじゃないんですけど、自然とそういうふうになったんです」

自然とそういうふうになった経緯については少し補足が必要だろう。

お店を訪れるのはトラック運転手や観光客が多かったが、地元のお客さんがやってくることもあった。近所で暮らす人の多くは農家だ。農作業を終えて、一杯飲みにやってくる。トラックの運転手は焼肉を食べる人が多かったが、地元の農家は焼きそばをツマミに飲んでいた。鉄板を囲むようにカウンターがあり、地元のお客さんはそこに、トラックの運転手は小上がりやテーブルにと棲み分けが生まれた。地元の農家とトラックの運転手では佇まいも違っており、農作業で汚れた格好でも気兼ねせず過ごせるように、カウンターとテーブル席のあいだを衝立で仕切った。

「お姉さんの料理は美味しいけん、よく来よりましたよ」。そう話してくれたのは常連の庄司忠さんだ。「仕事が終わって、夏場であれば六時頃になれば『暑いけん、まあ一杯やろうか』と飲みにくる。同級生なんかを誘ってよく来よりました。同級生ゆうても、ここらに五、六人しかおらんけど、皆で鉄板を囲んで話をする。そうやって二、三時間飲んで帰りよったんです」

ところで、「ドライブインつぼい」には看板メニューがある。ホルモンうどんだ。これは地元のお客さんのリクエストで生まれたメニューだという。

「近所のお客さんが来とったときに、『焼きそばを焼いてくれ』と言われたんですけど、その日はもう、そばが切れとったんです。それならうどんでもええわと言われて、普通のバラ肉も切れとったもんですから、ホルモンを入れて焼いてみた。それが美味しいと評判になったんです」

以前から焼肉用にホルモンは提供していた。お店を始めるまでホルモンを扱ったこと

119番

がなく、ちょっと怖いような感じがして、肉屋さんには切り分けた状態で届けてもらっていたのだと光子さんは振り返る。「ホルモンを焼くのに一番大事なのはタレなんです。それによって味が全然違うけん、焼肉でホルモンを出し始めたときも、最初は色々試しましたよ。市販されとるぶんじゃなくて、ニンニクやらりんごやら、調合を考えて。ホルモンうどんを作ってみたときも、最初はソースで焼いたんです。でも、ホルモンを入れると、ソースの味じゃ駄目なんです。タレを入れて焼いてみたら評判が良くて――それからはほとんどのお客さんがホルモンうどんを食べよりました。列を作ってずっと待ちよった。今では考えられんぐらい、面白いほどお客さんが入ったんです」

二十一世紀に入ると、B級グルメで町おこしをする時代が到来し、津山は「ホルモンうどん」を売り出した。だが、そのずっと前から「ドライブインつぼい」ではホルモンうどんを提供していた。今でこそ津山界隈にはホルモンうどんを出す店が何軒もあるが、当時はまだ物珍しかったのだろう。ただ、物珍しさがあるとはいえ、なぜそこまで人気が出たのか。その理由を訊ねると、庄司正己さんはこう話してくれた。

「やっぱり、ホルモンゆうたら安いじゃろう。もしバラ肉を一人前注文したら、あの頃の値段でも三〇〇円か四〇〇円しよったけど、ホルモンは一〇〇〇円出せば一キロ買える時代じゃけん。あと、ワシらみたいに酒を飲むもんからすれば――昔じゃけん、アテがないじゃろう。そこで『お姉さん、ちょっと焼きうどんを作ってくれえや』と頼むわけよ。焼きうどんなら、麺もあれば肉も野菜もあって、カサが増える。それをアテに皆、酒を飲みよったわけ。ただ、そこにバラ肉やロースを入れると高くなるけん、質よりは量ということで、ホルモンうどんを作ってもらいよったんよ」

最初のうちはトラックや観光バスが目立った「ドライブインつぼい」だが、次第に地元のお客さんも増えてゆく。四〇平米ほどのお店では間に合わなくなり、別棟を建てて座敷を用意した。学校の先生やPTA、地元の消防団や青年部の宴会など、忙しい時期にはまだ学生だった建次さんも手伝わなければ追いつかないほど繁盛した。

「ドライブインつぼい」の賑わいを見て、近隣にドライブインという名前を掲げる店は増えてゆく。だが、栄えた時代はせいぜい十年しか続かなかった。国道一八一号線の交通量は減り、特に長距離の大型トラックを見かけることはなくなった。ドライブインも次々と店を畳んでゆく。こうした流れを決定づけたのは、山陽自動車道の開通だろう。

中国地方に最初に完成した高速道路は、先に触れた中国自動車道だ。これは中国地方のど真ん中を貫く道路であり、岡山や広島といった都市圏とは数十キロ隔たりがある。中国自動車道を走ってきたトラックが岡山や広島まで荷物を届けるためには、高速道路を降りて一般道を数十キロ走る必要がある。だが、一九八二年に最初の区間が開通した山陽自動車道は瀬戸内海沿いを走っており、主要都市が高速道路網でダイレクトに結ばれているのだ。

山陽自動車道の開通による影響は如実に現れた。中国自動車道の統計を見ると、「ドライブインつぼい」のある津山界隈の交通量は一九九三年にピークを迎えているが、一九九三年十二月に山陽自動車道がほぼ全区間開通したこともあり、翌年には三割以上減少している。

「たしかに、山陽自動車道が出来た影響もあったかもしれないですね」と建次さんは言う。「さっき話した『星の子ドライブイン』もそうですけど、津山から岡山に出る国道五三号線沿いにはドライブインがたくさんあったんですよ。お城のような形をした『ドライブイン二の丸』とゆうんもあったし、その近くには『ドライブインオリーブ』という店もありました。でも、ああいう店はもう全部潰れてしもうたんです」

中国自動車道と岡山を結ぶ国道五三号線だけでなく、中国自動車道と広島を結ぶ国道五四号線でもまったく同じことが起きた。三次ＩＣが開通した一九七八年、国道五四号線沿いにはドライブインが相次いでオープンした。食事を提供する店だけでなく、中国自動車道を走ってきたドライバーが一休みする喫茶店のようなドライブインも多く建ち並んでいた。だが、大半は店を閉じ、建物だけが廃墟のように残っている。今でも営業を続けるドライブインに話を伺うと、山陽自動車道が開通したことで交通量が減り、ドライブインも消えていったのだと話してくれた。

「ただ――もちろん道路が出来たことも大きいんですけど、もう時代が変わったというのがあるんだと思います」と建次さん。「今はもう、ドライブを楽しむような時代じゃないでしょう。たとえば連休にどこかへ出かけてみようかというときに、下道をのんびり行こうとはなりませんよね。それよりは高速道路で一時間早く目的地に着いたほうがいいと思う。僕らなんかでもそうですよ。旅行だけじゃなしに、トラックの運転手でも鮮度を問われるから、休憩してないで早く届ける。喫茶店のほうには近所の郵便局員さんなんかも、配達を終えたあとにちょっとコーヒーを飲みに寄ってくれてましたけど、今はそれも許されんでしょう。だから、やっぱり、時代というのが一番大きい気がする」

＊

「ドライブインつぼい」は、二〇一二年の冬に閉店してしまった。現在、息子の建次さんが店を引き継ぎ、「カラオケ喫茶けんちゃん」を営んでいる。

「最初にカラオケ喫茶をやりたいと言ったのはお袋なんです。お客さんが入らんようになって、喫茶店だったスペースは倉庫のようになっとったんですけど、そこを片づけてカラオケをやろうと。ただ、機械を入れてみたんはええけど、今は全部タブレットで操作するでしょう。そうすると、小さい字がどこにあるんかわからんのですよ。ただ、もう『カラオケを始めるらしい』という噂が近所に広まって、後には引けん状態で。当時僕は単身赴任に出とったんですけど、『もうこっちに戻ってきて、日当でも出ればぐらいの気持ちでお店をやったらどうか』と家内に言われて、それで僕が継いだんです」

「ドライブインつぼい」を支えていたのは、建次さんの妻・富士子さんだ。富士子さんは教師として働きながら、十五年近くお店で働き続けた。結婚するにあたり、いつか必要なときがくるかもしれないと思って調理師免許も取得していた。建次さんがカラオケ喫茶を始める決断をできたのは、お店を支えてきた富士子さんが「お店をやったらどうか」と言ったからだ。

建次さんは接客の経験はなかったが、お店は繁盛し、遠方からのお客さんで賑わっているという。

「たぶん、僕が商売人じゃないというのがよかったんじゃないかと思うんです。僕はとにかく音楽が好きで、とにかく歌う人のことを一番に考える。誰かが歌いよるときはぺちゃくちゃ話すんじゃなくて、ちゃんと歌を聴く。歌い終わったらちゃんと手を叩く。上手であろうが下手であろうが、歌を聴きたいんです。それが第一にあるんですけど、それがお客さんに伝わっとるんじゃないかと思います」

音響にもこだわりがある。県北一を誇る音響のおかげで、「他所では歌えん歌でも、ここなら声が出る」と言ってくれるお客さんもいる。ただ、そこまで音響にこだわっているのは、お客さんのためというよりまず自分のためだという。

「それだけこだわったのは、自分が聴くためでもあるんです。店を閉めたあと、夜になると電気を消して、カラオケの機械でライブを観るんですよ。一番良い機械だと、本人がライブで歌っとる映像と歌声が聴ける。この仕事を始めて、こんなにいろんな歌手がおるとゆうことを初めて知ったんです。テレビに出とる人は一握りですけど、テレビに出とらんでもすごい歌手はたくさんおる。その人の歌を聴いたり、あとは自分が持っとるDVDを観たりしてますね」

では、建次さんが一番好きな歌手は誰だろう――そう尋ねてみると、「一番っていうのは難しいけど、高校生の頃からずっと好きなのは拓郎ですかねえ」と返ってきた。

「この店を始めるまでは、ほんまに拓郎ひとすじだったんです。いまだにLPを持っとるし、同じCDを何枚も持っとるぐらいで、もちろんDVDも全部揃えとる。ドライブするときでも、拓郎ばっかり。うちの家内も『お父さん、拓郎ばっかり聴いとってよく飽きんねえ』と言うんですけど、ずっと聴いてました。どう言うたらええんか、拓郎の歌そのものがね、自分の気持ちとぴったり合うんですわ。私が何かで悩んどるときに、拓郎もそういう歌を出して、『ああ、この歌詞は今の自分に当てはまるな』と。なんとなくそういった波長が合うところがあって、この店を始めるまではずっと拓郎一筋でしたね」

＊

話を聞き終える頃には霧が晴れていた。

クルマに乗り込んで、アップル・ミュージックで「吉田拓郎」と検索してみる。そこには建次さんが一番好きだと語っていた『元気です。』というアルバムも表示されていて、すぐに聴くことができた。こんなにも手軽な時代だから、ドライブインは消えつつあるのではないか――そんな考えも浮かんだが、一曲目の「春だったね」を再生しながらクルマを発進させた。

信号を待っているあいだ、ドライブインに佇む光子さんの姿を思い出す。これがね、昔から使いよる冷蔵庫。それで、この鉄板も昔から使いよるんよ。これで一日中焼きうどんを焼きよったけど、もう面白いほど売れてねえ。ほとんど物置のようになってしまった店内で、光子さんは懐かしそうにそうつぶやいていた。鉄板は錆び、ほこりを被ってしまっているけれど、光子さんは「ドライブインつぽい」が賑わっていた時間の中を生き続けているのだろう。

国道五三号線を南下してゆくと、建次さんが話していたお城のようなドライブインが見えた。戦に敗れたお城のように、ほとんど崩れかかっていた。他にもドライブインの跡地はいくつもあった。時計を巻き戻すことはもちろんのこと、時計を巻き戻すこともできず、ただドライブインを通り過ぎるばかりだ。途中でクルマを停めて、写真だけでも撮っておこうかとも考えた。でも、いくら写真を撮ったところで、そこに響いていた声に触れることはできないだろう。かつてその場所に訪れた春を思い浮かべながら、時速五〇キロで走り去る。

雪に覆われた道　南魚沼・石打ドライブイン

国境の長いトンネルを抜けると雪国であった。夜の底が白くなった。信号所に汽車が止まった。

向側の座席から娘が立って来て、島村の前のガラス窓を落した。雪の冷気が流れこんだ。娘は窓いっぱいに乗り出して、遠くへ叫ぶように、

「駅長さあん、駅長さあん。」

明りをさげてゆっくり雪を踏んで来た男は、襟巻で鼻の上まで包み、耳に帽子の毛皮を垂れていた。

もうそんな寒さかと島村は外を眺めると、鉄道の官舎らしいバラックが山裾に寒々と散らばっているだけで、雪の色はそこまで行かぬうちに闇に呑まれていた。

（川端康成『雪国』）


これほど有名な書き出しで始まる小説が他にいくつあるだろう。上越新幹線が長いト

ンネルを抜け、雪景色が姿を表した瞬間に「雪国」を思い浮かべてしまう。それほど鮮やかな書き出しだ。川端康成が目にした風景を前にしても、それ以上付け加える言葉は何もないのではないかと思えてくる。

＊

越後湯沢で新幹線を降りた乗客はスキーかスノーボードを抱えていた。クリスマスを前に、スキー場はもう営業を始めているようだが、道路に雪は積もっていなかった。雪道を運転する自信がないので電車でやってきたのだが、杞憂に終わった。タクシーに乗車し、車窓を眺める。雪の少ない地域に育った僕は、雪景色を眺めているだけで嬉しくなってくる。駅前の賑わいを離れると、ペンションやロッジ、リゾートマンションが建ち並ぶ。十分ほど北上したところに覆道《ふくどう》があり、ここで国道一七号線は大きくカーブする。トンネルを抜けたところに、スキー場の看板と並んで「石打《いしうち》ドライブイン」の看板が見えてきた。

「今年の雪は例年並みぐらいでしょうね」。お店のオーナーは窓の外を眺めてそう言った。この界隈には旅館が多く、年の瀬が近づくと町全体がそわそわし始める。雪が少なければスキー場が営業できず、正月のスキー客がキャンセルしてしまうからだ。石打はスキー場で栄えた町で、一九六九年にスキー列車として誕生した冬の臨時特急「新雪」の終点も石打駅だった。「石打ドライブイン」のすぐ裏にある石打丸山スキー場は一九五六年に創業された老舗だ。

「自分のおじいちゃんは、石打丸山スキー場でもつ鍋なんかを出す店をやってたらしいんです。それで、あるときここが売りに出てたということで、それを買って商売を始めた。ちょっともう、ずいぶん昔の話だから定かじゃないですけど、少なくとも五十年以上前の話だと思います。うちがやる前から『石打ドライブイン』という名前で営業されていて、うちで三番目みたいです」

石打はもともと小さな農村で、かつては南魚沼郡石打村という名前だった。コシヒカリで有名な南魚沼である。雪国ということもあって夏は短く、田植えは五月下旬、稲刈りは九月下旬頃行われる。農閑期には藁《わら》仕事や機織《はたお》り、養蚕などで生計を立ててきた。戦後になってスキーが普及するにつれて、冬はスキー客を相手にした商売をする人が増えてゆく。オーナーの家もコメを作っており、お店で提供している。

「地元の人間からすると、魚沼産コシヒカリと言っても普通なんです。普段食べてるものだから、特別おいしいって感覚はなくて、いつものおコメの味ですね。ただ、他の地域に行くと気づくんです。ああ、ここのごはんはおいしくないなと。コメの仕入れは父が担当してるんですけど、下手に違う地域から仕入れるよりも、地元のコメを使ったほうが安いんですよ。だから、特に宣伝しませんけど、当然魚沼産コシヒカリを使ってます」

店の前を走る国道一七号線はかつて三国《みくに》街道と呼ばれた。一九八五年に関越自動車道が全通するまで、東京から新潟に向かうにはここを通るほかなかった。だが、不思議なことに、「石打ドライブイン」をのぞけばドライブインを見かけなかった。

「このあたりだと、ドライブインと看板を出してる店はないですね。それは昔からなかったです。三国峠を越えた猿ヶ京温泉のあたりまで行けば『大利根ドライブイン』というのがありましたけど、今はもう営業されてないですね。そこはクルマで一時間ぐらいかかりますけど、定食を出したりお土産を売ってたりするドライブインでした。うちも昔は、国道沿いのドライブインそのものだったんです」

おじいさんがお店を始めた当時、「石打ドライブイン」は街道沿いの定食屋のような存在だった。転機となるのは、お祖父さんの長男――今のオーナーのお父さん――が店を引き継いだときのこと。そのタイミングで「石打ドライブイン」は焼肉屋にリニューアルされた。

「自分は一九七二年生まれなんですけど、物心ついたときにはもう焼肉屋でしたね。だから、四十年以上前にはもう焼肉屋になってたと思います。当時は焼肉っていうのが流行り始めた時代だったみたいで、そこに父が目をつけたみたいです。都会で新しいものが流行り始めても、田舎に伝わってくるのは二年遅れぐらいですから、このあたりにはまだ焼肉屋さんというのが少なかった。競争相手もいないから、どれどれやってみるかということで始めたんじゃないかと思います。ただ、いきなり焼肉専門店になったわけじゃなくて、半分は定食屋でしたよ。それは今も同じで、ラーメンやカレー、丼ものは残してるんです。幹線道路沿いにあるんで、いわゆる焼肉専門店とは違って、やっぱりドライブインなんですよね」

焼肉を始めるにあたり、「石打ドライブイン」には小さなガスコンロが購入された。テーブルごとにガスホースで繋がれたガスコンロを設置し、そこで肉を焼けるようにしたのだ。まだ無煙ロースターが普及する前の時代で、店内はモクモクと白い煙に包まれており、食べ終える頃には皆が燻製のように燻《いぶ》されていた。当時「石打ドライブイン」を訪れていたのは、ほとんどトラックの運転手だった。

「あの頃はね、あんまり家族連れっていうのは来なかったんですよ。うっすら記憶に残ってるのは、自分が小さい頃だと、店の半分はゲームの機械が並んでたんです。インベーダーとか、こうやって手で打つパチンコ台とか、僕が小学校に上がる頃まではそういうのが流行ってた。そうすると、トラックの運転手さんはドライブインで食事をしたあと、ゲームコーナーでちょっと遊んでましたよ。小学生の頃に親に連れられて食堂に入ったとき、やっぱりそういうゲームの機械が置いてあって、『ああ、うちと似てるな』と思ってました。そういう記憶がありますね」

トラック運転手で賑わうドライブインの姿を、オーナーは目の当たりにして育った。

そのせいもあるのか、小さい頃から「いつか自分はこの店を継ぐのだろう」と思っていた。店なんか継ぎたくないと反発したことはないのかと尋ねてみると、「それがね、不思議とならないんです」と言う。

「小さい頃からずっと、焼肉屋の息子だなっていう感覚でした。自営業だと生活の一部みたいなもので、小学生の頃から洗い物なんかは手伝ってました。覚悟も何も――そういう感じじゃないですよ。自然とこの世界に入って、今もこうして働いてますね」

ただ、学校を卒業してすぐに店を継いだわけではなかった。「外の世界を見ておくべきだ」と両親も考えたのか、オーナーは高校卒業後に上京し、東京の専門学校に通った。

「地元を離れるときから、十年修業したら帰ってこようと決めてたんです。寮に住みながら専門学校に通って、専門学校を出たら焼肉屋で働きました。他の焼肉屋さんはどんな感じで営業して、どんなお肉を使っているのか見ておきたくて。でも、今振り返っても、二十代は高得点をつけられます。仕事も本気だったし、遊びも本気だった。専門学校でできた友達とは、東京で修業してるあいだはよく遊んでました。すごく充実した修業時代で、ほぼ一〇〇点つけられますね」

ほぼ一〇〇点とまで言えるのは、パートナーと出会うことができたからだ。出会いの場は、当時働いていた西麻布の焼肉屋さんだ。

「十年経ったら地元に戻ると決めてたんですけど、ただ戻るだけじゃなくて、奥さんを見つけて戻ろうと思ってたんです。自分は厨房で働いていて、奥さんはホールのアルバイトで入ってきたんですよ。そこで普通に、若者同士の恋愛から始まり、結婚を前提とした同棲になり、向こうの親御さんに挨拶に行きました。自分はそろそろ新潟に戻るんですけど、うちはこういう商売をしてまして、と。もちろんその話は奥さんにもしてましたけど、そこで親御さんの了解を得て、こっちに帰ってきて二人で始めたのが二十八歳のときですね」

修業を終えて戻ってきたオーナーに、お父さんはこう告げた。「やりたいことは色々あるだろうけども、最初の一年間は何もしないで、俺がやってる店をまず見てみろ」。その言葉に従って、父の経営する店の手伝いをした。そうしてじっくり観察する中で見えてきた問題点はいくつかあった。

「当時、うちの店は前払いだったんですよ。壁にメニューが書いてあって、お客さんはレジで『カルビ定食ちょうだい』と注文して、先にお金を払う。昼だけじゃなく、夜もそういうスタイルだったんで、売り上げが伸びないんですよ。最初に頼んだ肉を食べ終わると、追加したければまたレジでお金を払わなきゃいけない。これはお客さんも煩わしいですから、売り上げなんか伸びっこないんです。このシステムを切り替えるのは大変でしたね」

品揃えにも手を加えた。「石打ドライブイン」のメニューには、ロースやカルビ、ホルモンなど定番のお肉だけでなく、鹿や猪、ダチョウやワニといった変わり種もある。
「それは遊びですよ。ワニなんてあれば、『あそこの店、ワニが食べれるらしいよ』『どれどれ、食べに行ってみようか』と思ってもらえるきっかけになりますよね。お客さんもワニばかり食べたいわけじゃないでしょうから、最初にワニを一人前頼むと、あとは普通に牛タンやカルビを注文してくれる。だから、自分たちとしても遊び感覚で仕入れてます。仕入れるのは簡単で、お店をやってない人だって手に入れられますよ。もちろん一〇〇グラムや二〇〇グラムというのは難しいと思いますけど、仕入れることはできるんです」

お肉だけではない。店頭には三十種類ものワンカップがずらりと並んでいる。これだけ種類があれば、飲み比べてみようと思うお客さんがいるのではないかと新潟の酒を揃えた。その思惑通り日本酒も人気だ。
「飲食のイロハは、東京で修業したときに全部学びました。それをこっちに戻ってきて店に活かしてる感じですね。もちろん親父から引き継いだものもありますよ。ラーメンやカレー、モツ煮なんかは親父がやってたのをそのまま出してますね。味もそのままです。あと、焼肉のタレも変えなかった。それはもちろん自家製のタレなんですけど、これは地域の人が慣れ親しんだ味ですから、へたに変えちゃいけないなと思ったんです」

オーナーが店を継いだのは二〇〇〇年のことだ。すでに関越自動車道は開通しており、

三国街道を行き交う大型トラックも少なくなった。かつてはトラック運転手で賑わっていた「石打ドライブイン」だが、今は地元のお客さんがほとんどだ。

「この土地柄、リピーター率は一〇〇パーセントに近いですよ。国道沿いにあるおかげで、週末には一見《いちげん》さんが入ってくれることもありますけど、やっぱり地元のお客さんがほとんどです。結構前にアンケートをとってみたことがありまして、うちの場合、商圏は半径八キロですよ。半径と言っても道の両側は山ですから、すごく狭い範囲で、そこに住んでる人は二万人ぐらいしかいないんです。そうなるとお客さんは皆顔見知りですよね。ランチを一〇〇〇円で出してるのも、それがあるからですね。この業界は『ランチに利益を求めるな』というのが鉄則なんです。もちろん赤字にはならないようにしてますけど、利益を考えた設定ではなくて、それよりも喜んでいただく。仕事の途中に寄ってくれて、おいしいなと思えば、今度は夜に家族できてくれるんです。そうやって地元の中で商売をやらせてもらってるんです」

普段は地元客で賑わう「石打ドライブイン」だが、一月から三月は例外だ。スキーシーズンが到来すると、県外から大勢のお客さんが押し寄せてくる。

「一月、二月、三月はほぼスキー客です。その時期になると、この地域の人口も増えるんですよ。もちろん遊びにくる人もいますけど、スキー場のスタッフとして住み込みで働きにくる人もいる。だから夏場より人口が増えるんで、平日でも忙しいんですよ。地元の方の中には『一月から三月はドライブインに行くな』とおっしゃる方もいるぐらい、その時期はごった返します。ありがたいことに、スキーのお客さんにも『石打ドライブインに行けば焼肉がある』ということが浸透してるみたいで、苗場あたりから食べにきてくださる方もいるんですよ。苗場からだと片道四十分かかるんですよ。それでもうちの焼肉を食べようと足を運んでもらえるのはありがたい話ですよね」

スキー客が増え始めるのは一九八〇年代のことだ。隣の湯沢町の統計によれば、一九八〇年の段階では湯沢町を訪れるスキー客は年間三〇〇万人に満たなかった。一九八二年に上越新幹線が開通し、リゾートブームの中でスキー場が次々と開発され、一九八七年には映画『私をスキーに連れてって』が公開された。こうした時代の流れの中で、湯沢町を訪れるスキー客は一九九二年には年間八〇〇万人を突破する。賑わったのは湯沢町だけでなく、石打にも多くのスキー客が詰めかけた。

「スキーのお客さんがピークの頃、自分は東京へ修業に出てたんですよ。でもね、わかりますよ。冬に帰ってくると、その当時は石打の町が東京のようでしたもんね。このあたりにもスナックがたくさんあって、昔の言い方でいうディスコ、あんなものまであったんです。この界隈だけは都会でした。ちょっと地域がずれると田舎の風景になるんですけど、スキー場の麓はすごい賑わいでしたよ。石打丸山スキー場なんかもね、冬場のリフトは二時間待ちでした。自分が高校生の頃でも、スキーしようぜなんて友達と遊びに行くと、リフトには行列ができてました。ゲレンデは人だらけで、滑れるような状態じゃなかった。うん、ほんとにすごかった。俺もね、その当時はスキーで食べて行こうかなと思ったぐらいですよ。皆が錯覚した時代です。この状態が永遠に続くんじゃないかと思ったし、この商売をしてれば安泰だ、と。それぐらい賑わってて、冬の三カ月だけ働けば食っていけると錯覚した人は一杯いたと思います」

日本がバブルに湧いた時代、石打は大いに潤った。石打の人間は金持ちで、子供まで高級なものを身につけている——陰でそう噂されたこともある。だが、好況は長く続かなかった。一九九二年に八〇〇万人を記録したスキー客はみるみる減り、二〇〇五年には二十五年ぶりに三〇〇万人を下回った。数字だけみればバブル以前の水準に戻っただけのように見えるが、「いや、元には戻らないんです」とオーナーは言う。

「僕が小さい頃はまだバブルの前でしたけど、経済は上り坂だったんですよ。スキー客もちょっとずつ増えて、旅館や食堂も出来ていって……見えないパワーは感じましたよ。どこか楽しい雰囲気があった。でも、そういうのは皆無ですよ。スキー場も人が少ないですね。ここのスキー場は当時一番輝いてたから、その反動も大きかったですね」

＊

「石打ドライブイン」は、昨年（二〇一七年）十一月十三日にリニューアルオープンしたばかりだ。一度店を閉めることになったのは、二〇一六年の秋、火事で焼けてしまったからだ。原因は寸胴《ずんどう》を火にかけたまま眠ってしまったことだった。

かつての活気が消えた石打でドライブインを再開させる。そこに迷いはなかったのだろうか？

「いや、迷った時期はありますよ。どうせまた店を始めるなら別の土地がいいんじゃないかと物件を見てまわったこともありました。六十軒近く見ましたけど、よそを見れば見るほど、やっぱりここは良い場所なんだなってことを再確認させられるんです。『どこでもいいから、とにかく雪の降らないところにしよう』と思って探してましたけど、雪が大変だってことを除けば良いとこしかないんで、ここでまた店を始めようと覚悟を決めたんです」

お店を再開するにあたり、看板を「石打ドライブイン」から「石どら」に変えた。地元のお客さんたちは「石どら」の愛称で呼んでくれるので、それに合わせたのだ。名前だけでなく、営業スタイルも少し変えた。かつては一年を通して朝から晩まで働き続けていたけれど、リニューアルしてからは水曜を定休日にして、十四時から十七時までは休憩するようになった。

「店を再開するときにね、決めたことがあるんです。シーズンオフで採算取れるようにして、冬場に頑張り過ぎないようにする。スキーのお客さんがたくさん来てくれるのはありがたいんですけど、あんまり忙しく働いていると、これから年を取るにつれてキツ

くなると思うんです。人間も消耗品で、無理すれば寿命が縮んでしまいますよ。店を営業しなかったあいだに、地域の人たちに『頼むからまた店をやってくれ』と言われたんです。ここで再開するからには、地域の人たちになるべく長く利用してもらえるように、無理しない範囲でやっていこうと決めました」

再開するにあたり、店の設計はオーナーみずから手がけた。自分が年取って動かなくなるまでやっていこうと思ってるんで、働いてて「いいな」と思える店を作りたいと思ったんです。そう語りながらオーナーはしみじみ店内を見渡した。

＊

どこからともなく「赤とんぼ」が聴こえてきた。

音のするほうに近づいていくと、ごみ収集車がゆっくり走ってゆくのが見えた。雪解け水が排水溝を流れてゆく。三国街道を一本入ると、かつての賑わいを感じさせる街並みが続く。旅館やロッジが三十軒以上建ち並び、スナックやクレープ屋の看板もある。しかし、営業を続けている様子の感じられるお店はごくわずかだ。

スキー場にたどり着く。見渡す限り雪だ。スキー場の目の前にあるホテルも廃業しており、寂しい景色であるはずなのに、雪があるというだけで美しく見えた。「雪は迷惑以外の何物でもないですよ」。苦笑いするオーナーの姿が思い出された。「ここで生まれ育つと、雪景色じゃなくて、雪がない景色に感動するんです。やっぱり、ないものに感動しますよね。ただ、雪が降らないと降らないで困ることもある。雪が降れば除雪車が出動して、それでお金が入る人もいるんです。それで財布が潤って、うちでお金を使ってくれる。スキー場に限らず、雪が降らないと経済がうまくまわらないんですよ。だから、災害級の雪はやめてくれよと思うけど、極端に少ないのも困るんです」

この地域にスキーが伝わったのは大正時代だ。それまで迷惑以外の何物でもなかった雪は観光資源になった。それと同時に町が主催するスキー講習会が開催されるようになり、地元の子供たちもスキーで遊ぶようになった。いや、それ以前から子供たちにとって雪は遊び道具だったのだろう。

この地域にはシミワタリという言葉がある。春が近づいた頃に、降り積もった雪が溶けかかり、それが朝の寒さで凍りつく。そうすると足を取られることなく雪の上を歩くことができるようになり、他の季節には歩くことができないような場所でも歩くことができるようになるのだ。

十二月の雪はまだシミワタリには程遠かった。でも、どこまでも広がる雪を見ていると、どこまでも歩いてゆけるような気持ちになった。スキーウェアではなく、普段着でスキー場にいることに気が引けていたけれど、雪を眺めているうちにそんなことはどうでもよくなってきた。スニーカーはすっかり濡れ、息も切れてきたが、一面に広がる銀世界を歩き続けた。

海辺　岩手・レストハウスうしお

国道四五号線を走れば、北部陸中海岸が「海のアルプス」と称される理由がよくわかる。この一帯は隆起海岸であり、断崖絶壁が続く。久慈から三十分ほど南下したあたりで、赤い三角屋根の建物が見えてくる。「レストハウスうしお」だ。ドライブインには個性的な外観をしたところが多いけれど、ここもなかなかユニークな建物だ。

「これはね、まったく自分の発想です」。そう語るのは「レストハウスうしお」を創業した熊谷聡さん。昭和十一年生まれの聡さんは今年で八十二歳を数える。「実際に設計したのは北海道の建築士さんですけど、この三角屋根は自分のイメージを形にしてもらいました。ここは断崖絶壁に建っていて、眼下に海が広がる風景から三角屋根のイメージが湧いたんです」

店内からは太平洋が一望できた。そこには大きな橋梁《きょうりょう》があり、レールが走っている。三陸鉄道のポスターにも使用されている大沢橋梁で、見事な外洋美が堪能できる。聡さんがこの場所にドライブインを創業するまでには、さまざまな紆余曲折《うよきょくせつ》があった。

＊

「レストハウスうしお」は岩手県北の普代《ふだい》村にある。この一帯は起伏が激しく農業に適さないため、村民は漁業と林業で生計を立ててきたが、裕福とは言いがたい村だった。その原因は、普代村が陸の孤島だったことにある。現在の国道四五号線とほぼ重なる区間には古来より「浜街道」が存在していたけれど、険しい坂道の連続で、隣の村に移動するにも、昔は陸路ではなく船で移動していたという。

明治時代に入ると、浜街道は三等国道に指定された。ただ、国道とは名ばかりで、荷馬車も通れないような有様だった。改修費が捻出できず、しばらく放置されていたが、大正十一年に県道に指定されたのを機に少しずつ改良が進められてゆく。

「私の家は、林業で生計を立ててきたんです。山から木を切ってきて、木炭を焼いて、それで生計を立てる。トラックに木炭を積んで久慈《くじ》まで行こうとすると、一時間以上かかってましたよ。舗装なんかも全然されてなかったですから、普代村や田野畑村、野田村あたりは陸の孤島だと言われてましたね」

聡さんは七人兄弟の長男として生まれた。普代村では、何軒かの家は中学校から盛岡に進学させる習わしがあった。熊谷家もその一つで、十四代目にあたる聡さんは親元を離れて盛岡に進学した。

「当時はまだ普代村から盛岡に出るのは一日がかりで、朝に発って夜でなきゃ着かなかったんですよ。そういう時代に盛岡に進学したんです。ただ、うちは林業で生きてきた家系で、うちの中で実権は祖父にあり、よって『盛岡の高校に行くのは百歩譲ってよしとしよう。ただ、林業を勉強してこなければ駄目だ』と言うので、盛岡農学校の林業科に入学させられました。でも、私は林業より法律を勉強したかった。どのようにしてそういう考えになったのか、今では定かではないんだけども、これからは法律の時代だと私は考えるようになったんです。これから自分が生きていく時代には、法律というものがどれだけ大事かと。それで、高校を卒業したあとは東京農業大学を受験するという約束で東京に出たんですが、そこを受けずに日本大学法学部に入ったんです」

当時の聡さんの夢は弁護士になることで、法律の勉強に励んだ。ただ、司法試験の壁は厚く、大学在学中に合格することはできなかった。それでも夢を諦めきれず、昼は弁護士事務所で鞄持ちとして働きながら、夜はコーヒーで眠気を覚ましながら勉強する生活を続けた。

「当時住んでいたアパートには、沖縄出身の同級生がいたんです。彼も弁護士を目指して一緒に勉強してたんですが、その部屋には沖縄から持ってきたコーヒーがあった。眠くなってくれば、二杯も三杯も飲みました。それを飲むとね、ギラギラしてくるわけですよ。東京で手に入るコーヒー豆とは全然違う味でしたね。そうやって勉強していたある日、朝起きて新聞を読んでいると、ぐらっときたんです。真っ黒いタール色の血を洗面器に吐いたところまではおぼえてるんですが、そこから先はもうわかりません」

聡さんが倒れたのは自宅ではなく、目黒区緑が丘にある三船四郎さんの邸宅だ。三船さんは朝日新聞社の記者をされていて、久慈市出身であり、郷里の近い聡さんを家族同様に可愛がってくれた。聡さんは三船さんの御宅に泊まっていて、そこで突然倒れてしまい、四カ月近く生死の境を彷徨った。医師から「どうしても弁護士になるというのでなくたって、それ以外の道を選ぶというのも生き方の一つだと思う」と助言され、療養生活を送りながら今後の身の振り方を考えていた。実家から電報が届いたのは、回復してまもないときだった。

「ある日、親父から突然『スグカエレ』と電報が届いたんです。当時、三陸フェーン大火というのがありまして、宮古で起きた山火事が燃え広がって、普代村までの山の大半が燃えたんです。これは長男として実家に帰らなければと決断し、急いで汽車に乗って帰ってきたんですが、線路の枕木まで燃えてたんですよ。枕木が燃えてるところを越えて普代村にたどり着いてみると、皆が真っ青になってバケツリレーをやって火を消そうとしてました。親父とお袋は、これはもう駄目だと大型トラックに家財を積んで運び出してたんですが、もう少しで家が燃えるというところで風向きが変わって、私の家はたまたま残ったんです」

一九六一年五月二十九日に発生した火災は、フェーン現象によって発生した秒速三〇メートルもの突風にあおられて延焼し、火元から五〇キロ以上離れた普代村にまで到達した。火は山林だけでなく、民家を焼き払い、船まで燃やしてしまう。郷里に帰ってきたものの、実家の仕事を手伝おうにも山はすっかり焼けてしまっていた。そこで聡さんは、伯母夫婦が営んでいた店を引き継ぐことにする。

「父の妹夫婦は久慈で燃料店をやっていたんですが、その夫婦が急遽神奈川県に引っ越すことになったんですよ。そこの土地と店を父が譲り受けることになったということで、『あのお店をお前がやってみろ』と。それがプロパンガスや練炭、豆炭なんかを売る燃料店でした。それはお店を経営していたというほどのことではなくて、商売の真似事をやっていたようなものでしたけどね」

＊

燃料店で働く日々が続く。転機となったのは、国道四五号線に昇格した浜街道を改修する計画が持ち上がったことだ。

八戸から仙台を結ぶ国道四五号線は屈曲が多く、自動車がすれ違えない箇所も少なくなかった。アスファルトの舗装率も低く、交通不能とされる箇所まであった。この状況を改善するべく、国は一九六三年から改良工事に着手し、当時の地元紙には「〝酷道〟の汚名返上」という見出しが躍った。普代村でも一九六七年に工事が始まり、高低差の激しかった区間には堀内大橋が架けられることになった。

堀内大橋の周辺に広がるのは、熊谷家が先祖代々所有してきた土地だった。新しい道路が完成しつつある様子を目の当たりにして、聡さんはドライブインを創業する案を思いつく。クルマ好きだったこともあり、東京で暮らしていた頃にドライブインというのは何度も目にしていたのだ。

「ここに道路ができるということで、久慈から帰ってきたときに見にきてみたんです。ここは断崖絶壁になっていて、海が見渡せて、『あれ、良い場所だな』と。そこに道路が通るわけですから、ここでドライブインとガソリンスタンドを始めたいと親父に相談したんです。俺はここで商売をやってみたいと。そうすると、『お前、商人というのは何だと思う？』と逆に問いかけられた。それまで燃料店で働いてましたけど、あれは伯母が始めた店を引き継いだだけだから、答えられなかったんですよね。それで黙っていると、『商人というのはな、人に頭を下げてお金を頂戴するんだ。自分の意志というのは押し殺して、お客さんの言うことに「はい、その通りです」と頷くのが商人じゃないか。お前にそれができるのか？』と親父が言うわけです。今思えば、商人というのはお前が思っているほど簡単じゃないんだぞということが言いたかったんでしょうね。そこで私は『自分の意志でお客さんを説得して、それで物を売る商人になりたい』と答えたんですけど、そういう問答を経て、今の場所にドライブインとガソリンスタンドを始めることになりました」

ドライブインは「レストハウスうしお」、ガソリンスタンドは「熊谷観光」と名づけ、道路が開通した一九七〇年にオープンした。妻の美枝子さんと一緒に始めたドライブインには地元の食材を中心としたメニューを並べ、創業当時から大繁盛だった。

「あの当時はね、朝から晩まで働いて、座ってごはんを食べたことがないんですよ。朝昼晩と、立ったままどんぶりにおつゆをかけて、おしんこと一緒に食べる。なにせ朝七時にはもうお客さんが詰めかけてたんです。夜に函館を出港したフェリーが早朝に八戸について、そこから走ってきた観光バスがやってくる。本当に働きづめでしたね。どちらかと言うと東京より南からやってきたクルマが多かったように記憶してますけど、陸中海岸が脚光を浴びた時代があるんです」

＊

「レストハウスうしお」がオープンしたのは、まさに陸中海岸が脚光を浴びた時代だった。

戦争の傷跡が癒えるにつれて、日本人は再び旅行を楽しむようになる。観光バスに乗って名所旧跡を辿る。最初のうちは名の知れた行楽地を訪れていた観光客も、次第にまだ知られていない場所を求めるようになり、一九六〇年代に突入する頃には秘境ブームが巻き起こる。そこで脚光を浴びた地域の一つが東北だった。老舗旅行雑誌『旅』（一九六二年九月号）の特集はずばり「ブームの東北」で、そこには「三陸海岸縦断三〇〇キロ」と題したルポルタージュも掲載されている。

陸の孤島の面影を残していた陸中海岸は、そのアクセスの悪さがゆえに、秘境を求める観光客の旅情を誘った。三陸海岸を巡るルポルタージュには、「行ってみてはじめてわかる不遇な日本のチベットの海辺!」という乱暴な副題が添えられてもいる。

秘境として脚光を浴びていた陸中海岸は、道路が改良されたことで観光客が飛躍的に増えてゆく。一九六五年の段階では、普代村を訪れる観光客は八万七〇〇〇人ほどだったが、国道四五号線が全線開通した一九七二年には二八万五〇〇〇人にまで増加している。

「ここが開通したばかりの頃は、おおよそ七〇キロ間隔でドライブインがあって、うちも含めて猛烈に流行ったんです。八戸から下ってくると、まずは種市に『サントス』というのがあって、それから七〇キロで『レストハウスうしお』、次は田老に『ラサガーデン』があり、山田に『ながめ』という店がありました。この四軒はお互いに交流もあって、一緒にパンフレットも作ったんですよ。それで観光バスと契約して――しばらく経つと次から次にドライブインが増えましたけど、この四軒が早かったんです。うちの夫婦はまったくの素人でしたけど、他の三軒は有名なコックさんがいたりして、お客さんからも認められた店でした。そんな店が、たった三十年のあいだに皆消えてしまったんです」

経営が軌道に乗るにつれ、「サントス」と「ラサガーデン」、「ながめ」の三軒は事業を拡大してゆく。老舗ドライブインとして認められ、順風満帆であるかに思われた。だが、時代が昭和から平成に変わり、バブルが崩壊する頃には三軒とも閉店してしまう。そ「うちは夫婦ふたりとも商売に関しては素人だから、野心を抱かず続けてきました。そんな店だけが残ったというのは不思議な因縁ですね」。聡さんは半世紀近い時間を振り返ってそう語る。お店に並ぶ椅子や机も創業当時と同じものを使っているのだという。「今でもこうして営業を続けられているということは、お客様に認めてもらえているのかもしれません。ただただ感謝の毎日です。しかし、まあでも、それも終わりですよ」。今後の展望を訊ねてみると、聡さんは悲観的な言葉を口にした。「今、復興道路として三陸沿岸道路という新しい道路が作られていて、これが国道四五号線より少し内陸を通るんです。それが五年以内には全線開通して八戸と仙台が繋がるんで、そうするとここはほとんどクルマが通らなくなりますよ」

聡さんが将来を悲観するのは、新しい道路が開通することだけが理由ではなかった。何より痛感するのは時代の変化だ。

「ここを始めた頃はね、落ち着きがあったんですよ。立ったまま食事をしなきゃならんような状況でも、落ち着きがあったんです。でも、とにかく回転が早い時代になってきて、今はもう五年で見通しが立てられないような商売はやっちゃいかんという感じでしょう。それが逆だったんですよね。昔は二十年、三十年と続けて、やっと認めてもらえるという世界だったんですけどね」

村を取り巻く環境も変わった。堀内大橋が開通し、「レストハウスうしお」がオープンした翌年、普代村は過疎地域に指定された。一九七二年に国道四五号線が全線開通し、一九七五年には三陸縦貫鉄道（現在の三陸鉄道）が久慈―普代間で開通、一九八二年には東北新幹線が開通と交通アクセスが改善されるにつれて、村を離れる若者も増えてゆく。

日本全国のドライブインを巡っていて痛感するのは、後継者の問題だ。常連客のいるお店でも、跡を継ぐ人がおらず、閉店せざるをえない店も増えている。そんな時代にあって、「レストハウスうしお」は次の世代に引き継がれている。現在ドライブインを切り盛りするのは、聡さんの長男・敦さんと結婚した雪恵さんだ。

「結婚するまでは、就職して普通のＯＬをやっていたんです。主人とは東京で知り合って、今から二十年前に結婚することになったんですけど、嫁ぎ先がお店をやっているということで、必然的に手伝うことになって。最初のうちは言葉の違いもありましたし、色々な違いも感じつつ働き始めたんですけど、新鮮な気持ちで楽しくやってこれました」

結婚して三年で美枝子さんが引退し、雪恵さんが店を引き継いだ。以来、営業しやすいように削ったメニューもあるけれど、以前と変わらぬ味を提供している。一年を通じ

て人気なのは磯ラーメン。ワカメに布海苔、ムール貝、ホタテ、エビ、それにネギとナルトがのった塩ラーメンである。魚介がのった塩ラーメンはこれまでにも食べたことがあるけれど、ここまで磯の香りが立ったものは初めてだ。

「それはたぶん、ワカメと布海苔が磯の香りをだしているんだと思います。春はワカメの時期で、すぐ近くの港に水揚げされるんです。その生ワカメを使っているので、余計に美味しいのかもしれないですね。それで、夏になると生うに丼ですね。生うには漁が開く日が決まっていて、その日にこの沿岸で獲れたものを注文して取り寄せているので、やっぱり美味しいですよ」

陸中海岸のうに漁で思い出すのはＮＨＫ連続テレビ小説『あまちゃん』だ。ドラマに登場する架空の町・北三陸市のモデルになったのは久慈市だ。能年玲奈演じるアキがアイドルを目指して上京するとき、宮本信子演じる〝夏ばっぱ〟が大漁旗を振って見送ったのは、「レストハウスうしお」から見下ろせる場所である。『あまちゃん』は一大ブームを巻き起こし、ロケ地まで聖地巡礼に訪れる観光客も大勢いた。

「私が働き始めて一番印象的なのは、やっぱり『あまちゃん』ブームのときですね」。雪恵さんはそう振り返る。「あのときは例年の三倍ぐらいお客さんがきて、殺されるかと思うぐらい忙しかった記憶があります。この地域の人たちも、声がかかればエキストラとして参加して、放送を観るのも面白かったですね。やっぱり、他人事《ひとごと》じゃない気持ちで観てました。町を出て行く人の気持ちと、何があってもこの町を大事にする人の気持ちというのもよく描かれているなと思いましたし、震災のことについても、このあたりの人たちの気持ちを捉えてストーリーになっているなという感じがしましたね」

二〇一一年三月十一日、東日本大震災が発生する。当日の様子を伝える言葉を、普代村教育委員会がまとめた『津波はいつかまた来る　その日のために…』と題した文集に見つけた。タイトルは「三月十一日のきょうふ」。これを書いたのは普代小学校四年生の熊谷心朗君。敦さん・雪恵さん夫婦の長男だ。

あの日、心朗君は雪恵さんとサッカーをしていた。先に揺れに気づいたのは雪恵さんだった。「あ、地震だ」という言葉に、最初はただの地震だろうと心朗君は思った。だが──。

一秒…二秒…三秒…まだやみません。四秒…

「あっ。」

と言ったとたん、お店にかざっていた物、商品がガラガラとくずれ落ち電気が消えた。お母さんがとうゆなどのスイッチをきり

「家に行こう。」

と言った。そして家に行くとタンスが前に出てきて、かべにかけてある絵などがま

がっていた。その時はまだこの地震の本当のおそろしさを分かってはいなかった。その後だんちの人達が橋に集まってきた。お母さんが

「どうしたんですか。」

と聞くと、

「津波が来る。」

と言ったのでぼく達も見ていた。その後だれかが

「津波が来たぞー。」

と言った。その次のしゅん間。津波が沢をおそった。漁しごやがすべてながされて、海にすいこまれるがれきなどが目に入った。

津波は漁師小屋や漁船を押し流した。漁船の様子を見に行った一名が行方不明になったが、普代村から死者は出なかった。普代村の海岸には、東北一を誇る津波対策が施されていたのだ。

一九四七年から十期四十年にわたって村長を務めた和《わ》村幸得《むらこうとく》は、一九六七年に高さ一五・五メートルの太田《おおた》名部《なべ》防潮堤を、一九八四年に普代水門を完成させる。総工費三六億円に及ぶ事業に、「他のことに金を遣えばよいのではないか」と批判も上がったが、村長は「二度あることは三度あってはいかん」と譲らず、建設を強行した。

三陸海岸は何度となく津波に襲われてきた。

一九三三年の春、昭和三陸地震が発生する。当時二十四歳だった和村青年は、普代村役場でアルバイトをしていた。夜明けに地震が起こり、ろくに身支度もできないまま裏山を駆け上がると、村が波で一面に白くなっていたのを目撃する。夜が明けてみると、海からほど近い場所にある太田名部部落には家屋が一軒も残っておらず、堆積した土砂の中から遺体を掘り起こす様子を目の当たりにし、言葉を失う。普代村は一八九六年に起きた明治三陸地震でも多くの犠牲者を出していた。その教訓を活かさなければと、いつかまたやってくるであろう津波に備えて防潮堤が建設されたのだ。

普代村には一一二〇世帯が暮らすが、三月十一日の津波で浸水した家屋は一軒もなかった。ただ、高台から眺めた津波の破壊力は凄まじかった。『津波はいつかまた来る　その日のために…』にも、そのおそろしさが書き綴られている。

「私はもう、第一波は怖くて見れませんでした」と雪恵さんは言う。「揺れが収まったあと、近くに住んでいる皆さんがうちの駐車場に集まってきて、津波がくるのを見てたんです。波が引いていくときになってようやく見てみると、ずーっと奥まで波が引いて行って、第一波が持って行った船がおもちゃのように転がっているのが見えました」

幸いにも「レストハウスうしお」の建物自体には被害はなかった。ただ、お店をすぐに再開する気にはなれなかった。いくら防潮堤があるとはいえ、津波に対する恐怖は焼きついていた。三陸海岸はおよそ百年のあいだに三度も津波に襲われている。それでもこの場所でお店を再開したのはなぜだろう。

「地震が起きたばかりの頃は、隣のガソリンスタンドにお客さんが殺到したんです。しばらくはガソリンスタンドで仕事をっていう感じだったので、一カ月はドライブインを休業してました。そのあいだ、またお店をやってほしいという声を何度も聞いたんです。海沿いにあったお店は流されてしまっているなかで、うちは無傷で残っていたので、『ここで磯ラーメンを食べて元気をつけたい』という言葉をたくさんいただきました。最初のうちは、正直、やる気なくなってました。皆が大変な状況にある中で、お店を開けてもいいのかという迷いもありました。でも、お客さんから励ましの言葉をいただく中で、少しずつお店を再開することにしたんです」

数年後に三陸沿岸道路が開通すれば、客足が遠のくのは確かだろう。それでも、ひっそりとでもいいからこの場所で店を続けていきたいと雪恵さんは言う。

「夏になると、常連のお客さんがやってきてくれるんですよ。地震があった年には、『ああ、うしおさんがやっててくれてよかった』と言ってくれるお客さんも多かったんです。もう五十年近くやっているので、こどもの頃から来てくださっているお客さんもいて、思い出の場所になってるみたいなんです。だから私も、この場所でお店を続けて、いつ来てもらっても『ああ、まだやってるんだな』と思ってもらえるようにしたいと思

レストハウス
うしお

っています」

＊

話を聞き終えたところで屋上に出た。真っ青な海がどこまでも広がっている。今日の海はとても穏やかだ。足元に見える大沢橋梁に、三陸鉄道が通りかかった。列車はしばらく停車し、乗客に風景を楽しんでもらった上で再び走り出す。今から五年前、ドラマが話題を呼んだ頃にも僕はこの土地を訪れたことがある。町を離れる人もいれば、町に残る人もいる。その判断は人それぞれだ。僕はただ、お店を続ける人がいる限り、その場所を再び訪れるだろう。

川辺 小山・ドライブイン扶桑

どこまでも平野が続く。ぐるりを山に囲まれた風景に育った僕は、北関東を走っていると少し不安な気持ちになる。国道四号線を離れ、県道三三号線を進んでゆくと、Y字路に行き当たる。道路標識によると、右に進めば壬生《みぶ》や鹿沼《かぬま》に、左に進めば栃木に抜けられるようだ。このY字路に一軒のドライブインが建っていた。広々とした駐車場の向こうに堤があり、駆け上ってみると川が流れていた。思川《おもいがわ》と姿川《すがたがわ》、二つの河川に挟まれた場所に「ドライブイン扶桑《ふそう》」はある。

「この思川には鮎《あゆ》がいまして、五月下旬になると鮎漁が解禁になるんです」。そう語るのは「ドライブイン扶桑」を切り盛りする鈴木廣子さんだ。お店のある栃木県小山《おやま》市は鮎漁で知られた土地で、シーズンになれば釣り人のために養殖した鮎を放流するのだという。

「一九七〇年にドライブインを始めたんですけど、あの頃はこどもが生まれて間もなかったですから、背におぶって働いてましたね」。創業以来半世紀近くこの地で働いてきた廣子さんだが、郷里は小山ではなく、茨城県の笠間だ。

「学生時代は楽しいことがいっぱいありました」。実家で過ごしていた頃を振り返って廣子さんは笑う。「高校生のときはバレーボール部に入ってまして、放課後は遅くまで部活をやっていたんです。バレーボール以外に鉄棒や平均台もやっていて、お友達もたくさんおりました。今よりほっそりしていたもんですから、帰りは生徒会長さんが実家まで送ってくれたりしてましたね」

当時の廣子さんは、実家を出る日が訪れるとは想像していなかった。故郷を離れることになったのは、十一歳離れた姉・純代さんが里帰りしたことがきっかけだった。姉は結婚して小山に暮らしていた。結婚相手は鈴木三喜さん。子宝にも恵まれ穏やかに暮らしていたある日、義理の父・鈴木宇一郎さんが純代さんに「うちの次男の嫁に、お前の妹をもらってくるように。嫁に出すという返事をもらうまでは帰ってきてはならん」と告げる。長男と長女、次男と次女を結婚させて近くに住まわせれば、お互いが助け合ってうまくいくと義父は考えたのだ。こどもを連れて泣く泣く帰ってきた姉に、返事をするもしないもなく、廣子さんは七歳年上の鈴木照二さんと結婚することになった。

「当時は高校を卒業したばかりですから、結婚なんてことはまだまったく考えていませんでした。お互いにどういう相手かもわからないということで、今で言うデートをすることになったんです。主人が私の実家までクルマで迎えにきて、水戸のほうへドライブ

FUSO
ドライブイン
大衆食堂
扶桑

みそラーメン
チャーハン
焼肉定食
ラーメン
タンメン
ラーメンセット
野菜炒定食
五目メン
カツ丼
カレーライス
¥700
焼肉定食
¥900

に出かけたんですね。私は自分なりに精一杯のおしゃれをして、恥ずかしいもんだから赤い顔をして助手席に乗ってました。このかたは一体どういう人なんだろうと思っていると、何か欲しいものはないかと言って、成人式で羽織るようなショールを買ってくれて。そうして実家に帰ると親戚中が待っていて、こんな良いものを買ってもらっては嫁にやらないわけにはいかないと話し合っていたのをおぼえてますね」

話はトントン拍子に進み、高校卒業から一年と経たないうちに縁談がまとまった。廣子さんが実家を発つ日、両親は田んぼに出ていて顔を見せなかった。

「私は五人兄弟なんですけど、女の子は姉と私だけでしたから、両親としてはせめて私だけでも近くに残しておきたかったみたいなんです。それで父と母は泣き泣き田んぼに出ていたんだと後になって聞きましたですね。そうして実家を出て、モーニングを着た主人が運転するクルマで小山までやってきたんですが、今のように綺麗に舗装された道路ではなく、でこぼこ道だったんですね。私は嫁入りの支度をしてましたから、かつらと角隠《つのかく》しが落ちないように一生懸命手で押さえてました」

たどり着いたのは桑村《くわむら》という集落だった。平地林が広がり、木材や薪、竹や炭を売って生計を立ててきた村だ。鈴木照二さんの家は竹屋で、山で切り出した竹を売り、正月になれば門松を作って販売していた。姉からは「嫁いでしまえば奥様でいられるから」と言われていたが、生活は苦労の連続だった。

「結婚したばかりの頃は私も山の仕事を手伝ってたんですが、主人が大変厳しいんですね。私もまだ十八歳だったもんですから、あまりの気短さに、どうしていいかわかりませんでした。ついていけないほど厳しかったんですけど、私が耐えなければ姉に迷惑がかかると思って、泣く泣く辛抱しました。私が至らぬばかりに主人を怒らせてしまうんだと思って、自分を責めながら主人に手紙を書いて渡したこともあります」

ドライブインを創業する話が持ち上がったのは、結婚して五年が経とうとしたある日のこと。義父の鈴木宇一郎さんに「ドライブインをやってみてはどうか」と提案され、一九七〇年、「ドライブイン扶桑」がオープンする。

「当時はまだここに道路が通ってなくて、少し離れたところに通ってるだけだったんです。でも、そのうちに目の前に良い道路ができまして、交通量が増えたんですよね。これはやはり、義父に先見の明があったんだと思います」

＊

小山は農業を中心とした静かな町だった。転機をもたらしたのは一九一四年に勃発した第一次世界大戦である。

世界中の大国を巻き込んだ第一次世界大戦は、七〇〇〇万人以上が動員され、かつてない規模の戦争となった。戦場となったヨーロッパでは、軍需品をはじめとして様々な物資が不足した。日本も連合国側として参戦していたが、遠く離れていたため戦災とは無縁だった。そこで日本はさまざまな製品をヨーロッパに輸出する。それまではヨーロッパ製品が輸出されていた地域にも日本製品が輸出されることになり、日本は空前の好景気にわく。日本はこの時期に農業国から工業国へと転換してゆくのだが、小山もその例外ではなかった。小山ではかねてより養蚕業が盛んであり、製糸工場や製粉工場など地域で獲れた農産物を加工する工場が設立された。

第一次世界大戦がもたらした変化はもう一つある。それは、国力のすべてが戦争に注がれる総力戦の時代を迎えたということだ。総力戦の時代に対応するべく、日本政府は第一次世界大戦が終結する前から法整備を進めてゆく。一九三七年に日中戦争が始まると、翌年には国家総動員法が制定され、人と物資は軍需品の生産に向けて統制されることになる。小山には軍需工場が建設され、都心から疎開した工場も建設された。戦争は町を変貌させる。空襲など直接的な被害はなくとも、風景を変えてゆく。

一九五〇年に朝鮮戦争が勃発すると、GHQ統治下の日本は補給基地の役割を担うことになった。米軍の発注を受け、各地で軍需物資が生産され、朝鮮特需を迎えた。敗戦からの復興とともに工業化の波が広がり、地方自治体は工場の誘致に乗り出してゆく。一九五四年には小山市でも工場誘致条例が制定されている。この条例によって工業団地が建設され、一九六〇年代の高度成長期に工場誘致が本格化。一九六〇年の段階では農業に従事する人が過半数を占めていたが、その比率は徐々に下がり、一九七〇年には製造業に従事する人の数が上回った。農村だった小山は、工場を中心とした都市に変貌した。

工場が増えれば、そこで生産された製品を運搬する道路が必要だ。小山市内には次々と道路網が整備され、道路をダンプやトラックが行き交うようになる。その運転手をターゲットにした商売ができないかと、鈴木宇一郎さんは「ドライブイン扶桑」を創業させるアイディアを思いついたのだろう。

「お店を始めた頃は、それはもうすごいお客さんだったです」と廣子さんは言う。「家族連れのお客様もいらっしゃいましたけど、やっぱりダンプの運転手さんとトラックの運転手さんが多かったですね。小上がりには長い炬燵《こたつ》があったんですが、食事を終えた運転手さんはそこで横になって、しばらく休んで行かれるんです。そのうちに親しくなって、お土産をいただいたこともあります。あの頃は朝七時から夜八時まで、休憩も何もなく働いてました」

創業当時、廣子さんは二十五歳。飲食店で働いたことはなかったけれど、大勢の従業員を取り仕切りながら懸命に働いた。

「その頃は主人も調理場に立ってましたけど、板前さんだけでも三人ぐらい雇ってました。ただ、いつ辞めてしまうかわからないですから、板前さんがやっていることを自分ひとりでも出来るようにならなくちゃいけないと思って必死に勉強したんです。板前さんがやることの一つ一つを、帳面にびっちりメモを取りました。大変と言えば大変でしたけど、お店のことが大好きなので、お店で働いてないと自分が自分でなくなってしまうような気がするんです」

ドライブインは連日大盛況だった。だが、ある日を境にぱたりと客足が途絶えてしまう。近くを流れる思川が氾濫し、橋が流されてしまったのだ。

＊

地蔵岳を水源とする思川は、「ドライブイン扶桑」の近くで姿川と合流し、渡良瀬《わたらせ》遊水地に注ぐ。そこから渡良瀬川、利根川と流れてゆけば江戸川にまでたどり着く。江戸時代の思川は北関東と江戸を結ぶ水運であり、作物や旅客の輸送に利用された。川は生活に欠かせないものだったが、川辺に暮らす人たちは何度となく洪水に悩まされてきた。明治時代の統計を見ると、思川流域では三年に一度の頻度で水害が発生している。特に被害が大きかったのは一九一〇年の大水害で、梅雨前線による雨に台風が重なり、関東全域が洪水に見舞われ、七六九人が命を落とす。

この大洪水をきっかけに、思川でも治水工事が行われることになる。蛇行していた思川は緩やかな流路に姿を変えたが、それでも豪雨による氾濫《はんらん》までは防げなかった。

「洪水があったことで、道路の通りがずいぶん鈍くなって、お客さんが減ってしまったんです。お客さんがいなければ、お店を続けていけませんよね。そこで立ち止まって考えたときに、手打ちそばを始めようと思いついて、近所を一軒一軒歩きました。『手打ちそばを始めますけど、いかがですか』と。そうするとたくさん注文をいただきまして、そばと一緒におつゆもパックに入れて、ひとりで配ってまわりました。その数というのは、七十軒や八十軒じゃきかなかったですね。配り終えて帰ってくると、炬燵でそのまま休んでました」

やがて道路は復旧したが、新しい道路が増えたこともあり、全盛期ほど客足は戻らなかった。これからは地元のお客さんに利用してもらえる店になろう。そう思い立つと、今度は宴会を始めることに決めた。廣子さんは大型免許を取得し、マイクロバスでお客さんの送迎も行った。どうにかしてお店を守りたいと必死に働いてきた。

「ドライブイン扶桑」は、現在も創業当時と同じ建物で営業を続けている。表に掲げられた看板を見上げれば、店名の脇にはコカ・コーラとスプライトのロゴが描かれている。オープンして間もない頃にコカ・コーラ社から「うちのロゴが入った看板を作らせてもらえませんか」と話があり、作ってもらったのだという。店内には常連客からもらった土産物が並べられており、招き猫だけで九体も並んでいる。

壁にはメニューが貼られている。すべて廣子さんの手書きだ。少し上に目をやると、何かが貼られていた形跡が見えた。

「そこには昔、メニューを書いた板を並べていたんです」。そう言うと、廣子さんは店の奥から段ボールを運んできた。そこには日に焼けて少し色あせた木の板が詰まっていた。「朝の定食」に始まり、「もつ煮込定食」や「生姜焼定食」といった定番から、この土地ならではの「川魚の天ぷら定食」や「あゆの塩焼定食」まである。現在「ドライブイン扶桑」で提供するメニューは十個だけだが、かつては四十を超えるメニューがあった。これらのメニューが姿を消すきっかけとなったのも水害だった。

二〇一五年九月九日、台風一八号が日本列島を襲った。ただ、台風が上陸したのは愛知県知多《ちた》半島であり、日が暮れる頃には日本海に抜け、温帯低気圧に変わった。台風の中心から離れた場所にある小山市は、多少雨が降ったものの、穏やかに秋の一日を終える――はずだった。だが、太平洋から流れ込んだ湿った風が台風にぶつかり、夕方になって豪雨に見舞われた。

「あの日も営業してたんですけど、急に大雨が降り始めたもんですから、これは危ないなということで店を閉めました。川がすぐ近くにあるので、常日頃から心構えは出来ていて、貴重品はいつでも運び出せるようにまとめてあったんです。自宅もここにあるので、様子を窺っていると、夜になっても雨が降り続くんですね。そのうちに川の水かさが増えてきて、ゴンゴンうねりをあげ始めて、これはもう駄目だと避難することにしたんです。でも、主人は『俺はここに残る』と言うんです。最終的には主人を無理やり連れ出して、トランクに貴重品を詰めて、クルマでここを離れました」

廣子さんと娘の陽子さん。たんめんに使う野菜は陽子さんが育てたものだ

日付が変わる頃になると避難勧告が発令されたが、思川の水位はすでに氾濫危険水域を上回っていた。観測史上最多を記録する雨によって堤防が決壊。小山市内だけで床上浸水が九三二棟、床下浸水が五九三棟と甚大な被害が出た。夜が明けても雨は止まず、二つの川に挟まれた場所にある「ドライブイン扶桑」は冠水した。

「ある程度水が引いたところで戻ってみたんですが、もう見られた状態じゃないです。命は助かりましたけど、この状態ではとてもお店を続けられないと思いました。どうしよう。どうしよう。自然と涙が出てきて、頭がパニックになってました。私がどうにもできないでいると、私の兄弟が笠間から迎えにきてくれて、三日間ぐらい実家でお世話になったんです」

ほどなくして復旧作業が始まった。「ドライブイン扶桑」には大勢のボランティアが集まり、泥を洗い流し、浸水した家具は運び出された。搬出された荷物はトラック十台に及んだが、お店を再開できるようにと物資が寄贈され、百枚以上の座布団が届けられた。そこで廣子さんは「店をもう一度建て直さなくちゃ」と自分を奮い立たせる。

「実家にいるあいだ、考えるのは同じことの繰り返しでした。皆が心配して手伝ってくださっているのに、どうして自分だけ気持ちが崩れているんだろうと。最初は『もう続けられない』と――半世紀近くやってきましたけど、初めて『もう続けられない』と思ったんです。でも、多くの方々が駆けつけてくださって、また営業できるように片づけてくださって、俺らが食べにくるからまた店をやってくれよと応援していただいたんです。それでもう一度お店をやろうという気持ちになったんです」

思川はこれまで何度となく氾濫してきた。対策が施されてはいるけれど、記録的な豪雨が降れば再び氾濫することになるだろう。ここを離れて、彼女の郷里である笠間に移転する選択肢もありえたが、それでも廣子さんは「ここを離れたいとはまったく思わなかった」と言う。

「自分はずっとここで働いてきましたから、愛着もありますし、この場所だから来てくださるお客さんもいるんです。何十年と続けてますと、『ずいぶん昔、俺がまだ若かった頃に来たことあるんだよ』と言ってくださるお客さんもいますし、昔からラーメンを食べに寄ってくださる運転手の方もいる。皆さんに支えられて今があるわけですから、他に移ろうなんて考えませんでした。これからもずっと、この場所で扶桑の名前を守っていきたいと思います」

営業を再開するにあたり、メニューは大幅に絞ることにした。現在の看板メニューは「野菜たっぷりのタンメン」。名前の通り野菜がたっぷり盛られていて、なかなか麵にたどり着けなかった。こんなに大盛りで、採算は取れるのかと心配になるほどだ。

「こうしてお店を再開できたのは、皆さんのお力添えがあったからと感謝しております。それに対して自分ができることはないかと考えたときに、せめてお客さんにお腹一杯になるまで召し上がっていただこうと。私ひとりで作ってるもんですから、お待たせしてしまうこともあるんですけど、真心込めて手作りで料理してます。元気があって、心を持って笑顔で接すれば、絶対にお客様にも伝わると信じてます。ひとりでいらっしゃったお客さんでも、ちょっと声をかけさせていただくんですよ。そうすると色々話してくださって、帰り際にまた来ますねと言ってくれる。それが楽しいですね」

＊

支えになってきたのは歌だった。

廣子さんは昔から歌が好きだった。宴会を始めた頃にはカラオケを導入し、お客さんからのリクエストに答えて歌声を披露することもあった。次第に宴会の予約は減ったが、歌をうたいたいというお客さんは少なからずいた。そこで廣子さんは、夜の時間帯はカラオケを楽しめる店として営業できないかと考えた。

「ある日、主人に相談したんです。これからもお昼はドライブインとして続けていきますけど、夜は新しい形でやらせていただきたいと。これまでと変わってくる部分もあるとは思いますけど、迷惑がかからないように精一杯やらせていただきますからとお願いしました。すると主人が『その言い方は心が入ってない』と言うんです。そうか、心が入ってなかったんだなと。しばらく考えて、今度は心が伝わるように話してみようと、一歩下がりまして、床に頭をつけてお願いしたんです」

夫の照二さんに認めてもらって、二〇一一年秋にカラオケを始めた。火曜日は一〇〇〇円で歌い放題、しかもおツマミつきとあって、カラオケの始まる夕方五時が近づくと、ひとり、またひとりと近所のお客さんがやってくる。「ママ、デュエットして」と言われれば、廣子さんも一緒にうたうこともある。

「皆さんそれぞれ個性がありますから、それぞれの歌を聴くのがすごく楽しいんです。まず、歌は身体に良いってことがありますね。深く呼吸をすることになるので、呼吸法としても良いですし、いろんな気持ちも発散できる。それに、友達もできる。ここに来てくださるお客様は、順番を守って仲良くうたってくださって、楽しんでいただいてます」

なぜ人は歌に惹かれるのだろう。

歌は五分もすれば終わってしまう。そこに綴られる詩もわずかな言葉だ。それなのに、歌に思いを重ねたり、胸を打たれたりするのはなぜだろう。

「五十年近く、店、店、店で過ごしてきて、どこにも行かないで一生懸命この店を守ってきたんですよね」。廣子さんはコーヒーを淹れながらそう話してくれた。メニューにはコーヒーなんてないけれど、時々こうしてお客さんにサービスするのだろう、厨房にはきれいなコーヒーカップが並んでいる。「でも、今振り返ってみると、あっという間でしたね。いつまでも気持ちは店を始めた頃のままですけど、年齢の重なるのは早いもんですね」

ドライブインに取材を重ねてきたけれど、お店を切り盛りしてきた数十年を振り返ってもらうと、誰もが「あっという間だった」と口を揃える。五十年であれ百年であれ、過ぎてしまえばあっという間だと感じるのだろう。人生はまばたきのように一瞬の出来事だ。その一瞬の中にすべてが詰まっている。そこに思い至ったとき、短い音と言葉にすべてを託す歌というものが胸に迫ってくるのだろう。

エピローグ

戦後

鹿児島・ドライブイン薩摩隼人

カセットコンロにかけた鍋で、湯がぐらぐらと煮立っている。竹を組んで作った壁の向こうには国道一〇号線が走っていて、クルマが行き交う音が聴こえてくる。竹の隙間からその様子を窺うこともできる。まるで野戦場にいるようだ。こうして過ごしていると、今という時間から切り離された場所にいるような気持ちになってくる。

すべてのはじまりはこの場所だった。

十年前、僕はリトルカブに乗って日本全国を巡っていた。フェリーで鹿児島に渡り、そこから国道一〇号線を走って宮崎を目指した。鹿児島市街を出発すると、国道一〇号線はほどなくして海辺に出る。薩摩半島の地形に沿うように、海沿いを進んでゆく。右手にはすぐ錦江湾《きんこうわん》が広がっており、その向こうに桜島が見える。椰子《やし》の木がまた旅情を誘う。建物はほとんどなく、ただ海が広がっている。悠然とした風景に見とれながらカーブを曲がると、左手に異様な建物が見えてくる。原付を停めて近づいてみると、それはドライブインだった。

あれから何年が経っただろう。久しぶりに「ドライブイン薩摩隼人」を訪れると、横道貞美さんはコーヒーを淹れて歓迎してくれた。砂糖はスプーン何杯入れるかと訊ねられたので、ブラックでいただきますと答えると、貞美さんは不思議そうな顔で僕を見つめた。

「最近の若い人はコーヒーに砂糖を入れんのやねえ。砂糖は気魂《きこん》の薬よ。特に黒砂糖はそう。砂糖を舐めれば力が出る。昔は砂糖がなかったから、それが刷り込まれとるわけよ。だから今でもコーヒーには必ず砂糖を入れますよ。陽子さんも入れます」

そう言って豪快に笑いながら、貞美さんはスプーン三杯の砂糖を入れた。陽子さんもたっぷり砂糖を入れたコーヒーを飲んでいる。「こうして気魂の薬を飲んで、この景色を眺めていれば長生きしますよ」。そう言って貞美さんは二階に案内してくれた。

二階からは錦江湾が一望できた。向こうに桜島が見える。貞美さんも陽子さんも生まれは桜島だ。二人は同い年で、隣り合った部落に生まれたが、陽子さんのお父さんは転勤族で、生まれてほどなくして東京に引っ越したため、小さい頃は面識がなかった。そんな二人が結婚し、こうしてドライブインを始めるまでには、一言では語りつくせぬ歴史がある。

＊

二人が出会ったのは、二十八歳を迎える年のこと。貞美さんは当時、鹿児島食糧販売

戦史館

協同組合に勤めていた。

「私は鹿児島実業の商業科を出たんですが、それから一年はぶらぶら遊んで過ごしよったんです。私は頭が悪くて——商業科に入ったのも、別にいつか商売をやろうと思ってたわけでなくて、中学の先生に『横道！ お前は頭が悪いから、商業科に行け！』と命令されたんです。私は根が遊び人ですから、あの就職難の時代には就職先が見つからんかったんですよ。試験を受けても無理だろうということで、村会議員の方が世話をしてくれて、それで食糧販売協同組合に入りました」

食糧販売協同組合は、戦時中は食糧営団という組織だった。太平洋戦争の戦局が不利になるにつれて、食糧事情は悪化し、一九四二年、東條英機内閣は食糧管理法を制定する。これにともなって、食糧の管理・流通は食糧営団が一手に担うことになった。

太平洋戦争が終わってからも食糧難は続く。終戦の翌年に開催された食糧メーデーには二十五万人もが集まり、抗議の声を挙げている。政府は食糧営団に代えて食糧配給公団を設立し、戦時中から続く配給制度を維持することで、国民に食糧を行き渡らせようとした。そうして鹿児島にも食糧配給公団が設立されたが、昭和二十年度のコメの収穫は例年の六分の一にまで落ち込んでいた。基準の配給を維持できず、遅配や欠配が相次ぎ、配給所にはまだ暗いうちから長蛇の列ができた。

「あの頃はもう、とにかく食べ物がなかったですよ」。貞美さんは苦い顔で振り返る。

「主食であるコメがない。あるのは南瓜《かぼちゃ》と唐芋《からいも》だけ。配給だけではとても生きていかれんから、お袋はポンポン汽車に乗って闇市に買い出しに行きよりました。俺も行こうかと言ったら、『お前はまだ小さいから、行かんほうがよか』と。あとはもう、物々交換。ドラム缶を半分に割って、海岸で海水を炊いて塩を作る。それを山のほうまで持って行って、野菜やコメに替えてもらう。そういう時代よ」

食糧難が解消されるまでには数年必要だった。状況が改善されるにつれて、配給制度は指定卸売業者による販売制度に移行してゆく。一九五一年に食糧配給公団が民営化され、食糧販売協同組合が発足。貞美さんは発足直後に入社し、地元である桜島の担当を任された。

「私が担当したのは西桜島――フェリーが着くところから順に小池、赤生原《あこうばる》、武、藤野、西道《さいどう》、松浦、二俣《ふたまた》、白浜――それぞれの部落にあるコメの販売所を自転車でまわって、月賦《げっぷ》を集める。注文があれば、倉庫から船着場までコメを運んであげてな。あの当時は日本のコメじゃなくて、外米《がいまい》が多かった。外米は麻の袋に入っとって、日本のコメより大きな袋に入っとるわけ。それを運ぶのは大変やったですよ」

何より苦労させられたのは厳しい上司だ。鹿児島食糧販売協同組合で働く上司は、ほとんどが戦争帰りの人たちだった。

「その当時はまだ軍隊のアクが抜けんで、上司は皆、命令口調なわけよ。『おい、横道君！　これをどこどこに持っていくように！』と。私は一番下っ端で、ほとんど小使いさんよな。それは苦労しましたよ。どんなに間違っていても、上司が左と言えば左、右と言えば右。それは地獄でしたよ」

村会議員さんの紹介で入社したこともあり、すぐに退職するわけにもいかなかった。軍隊式で振る舞う上司に耐えながら、貞美さんは九年間働いた。入社したときはまだ十代だったが、気づけば二十七歳になっていた。当時、男性の平均初婚年齢は二十七歳。貞美さんの元にもいくつか縁談が舞い込んだが、結婚には至らなかった。

「お見合いのとき、私は夢を語ったわけよ。『今は食糧販売協同組合に勤めてますけども、そこを辞めて、リヤカーでも引っ張って野菜を売って歩こうと思うとります』と。なんぼお見合いの席だと言うても嘘を言うわけにはいかんから、『会社はもう辞めようと思うんです』と正直に言うたわけ。そうすると、サラリーマンを続けるというのであれば結婚してもいいけど、辞めるのなら嫁には行かんと断られたですよ」

何度かお見合いをしたけれど、貞美さんの「夢」を聞いて結婚したいと申し出る人はいなかった。唯一の例外が陽子さんだった。二人はお昼休みに待ち合わせて、天文館《てんもんかん》にあった食堂「やぶ金」に出かけた。名物の天丼を頬張りながら、貞美さんはいつものように夢を語った。二時間ほど経ったところで店を出て、「よかったら一晩考えてみて」と伝えて別れた。その日の夕方には陽子さんから電話があり、「あなたと結婚したい」

と告げられた。

「お見合いをしたとき、『この人こそ私の探していた人だ』と思ったんです」。陽子さんは当時を振り返ってそう語る。陽子さんが結婚したいと思っていたのは、安定した生活を保証してくれる人ではなく、夢に向かって突き進む人だった。話はトントン拍子に進み、お見合いからわずか一カ月で結婚式を挙げ、貞美さんは宣言通り食糧販売協同組合を退職した。ただしリヤカーを引くのではなく、八百屋を経営することになった。知り合いの八百屋さんが高齢を理由に廃業することになり、引き継いでくれる人を探していたのだ。

こうして一九六〇年、横道さん夫婦は八百屋を始めた。初めて構えた自分の店である。その店を、どんな店にしようか。そこで貞美さんが思い浮かべたのは、少年時代に桜島で目にした風景だった。

＊

終戦直後、鹿児島にはある噂が広がった。これから米軍が鹿児島に上陸してくる。そうすると女性は犯され、男性は銃殺される——。

情報が錯綜する中で、鹿児島県庁は次のような通達を出す。「アメリカ軍が上陸すると婦女子は必ず辱めを受けるから海岸線より少なくとも二里以上山奥に避難し、市町村の職員は之と行動を共にすべし。尚、戦争に関係のあった書類や物は直ちに焼却せよ」。

この通達により、県下をあげての避難騒ぎが巻き起こる。ほどなくして混乱は収束を迎えたが、それでも米軍に対する不安は拭い去ることができなかった。桜島に米軍が上陸する日、ほとんどの住民は山奥に逃げて姿を隠した。だが、貞美さんと数人の友達は集落に残り、物陰から様子を窺っていた。

「あの日は村が死んだように静まり返って、そこにアメリカの兵隊さんがやってきたわけ。そーっと眺めると、青い目をしとる。ガイジンさんを見るのは初めてじゃったけど、格好が良いのよ。それを眺めよったら、『ボーイ』と呼ばれたのよ。ジャンケンに負けた私が近づいていくと、何かを差し出してくる。毒を食べさせられるかと思って動けずにいると、銀紙をずらして、その兵隊さんが半分嚙んでみせるわけ。それが今で言うチューインガム。それを食べてみて驚いたのよ。こんなに甘いものがあるんやねえと。こんなものを食べよる人らと戦争しよったんやねえと思ったのをおぼえとります」

初めて接した米兵の姿は、貞美さんに鮮烈な印象を残した。引揚地となった鹿児島は復員兵で溢れていたが、「アメリカの兵隊さんと比べると、天と地の差がありました」と貞美さんは語る。特別幹部候補生として出征した人でも、復員するとボロボロの格好になっていた。それに比べて、米兵は背が高く、綺麗な洋服を着ている。外見だけでなく、振る舞いも対照的だった。貞美さんが衝撃を受けたのは、米兵が寝転んで煙草を吸う姿だ。日本の兵隊がそんな行動を取れば上官に殴られるところだ。気ままに過ごす米兵の姿は、貞美少年にとって自由と民主主義を象徴するものだった。その姿に魅了されたことを思い出し、八百屋を始めるにあたってもハイカラな店を目指した。

「戦争が終わってずいぶん経って、これからはアメリカのものが入ってくる。そんな時代なんだから、野菜屋も格好良くせんといかんと思ったんです。それまでサラリーマンをしよったこともあって、私はアイロンをかけたワイシャツを着て、背広を羽織ってセリに行きよりました。戦争が終わって時代が変わったんやから、それにふさわしい格好をせんといかんと。それと、あの頃の八百屋には冷房を入れとる店がなかったんですよ。そうすると白菜にしてもキャベツにしても、しばらく経つとしなびれて鮮度が落ちるわけよ。それでは損が大きいということで、冷蔵機を入れて八百屋をやったんです」

貞美さんの八百屋は港にほど近い場所にあり、すぐに賑わった。貞美さんの仕入れは豪快だった。たくさん商品を並べれば、お客さんは自分の気に入った野菜を選んで買っていく。ただ、どうしても売れ残りが出た。特に困ったのはバナナだ。品質を確かめようと指で押すお客さんが多く、売れ残ったバナナは黒ずんでしまう。それを処分するのではなく、何か商売に繋げられないかと貞美さんはアイディアを練る。そこで思いついたのはフルーツパーラーだ。

「商売を繁盛させるには女の子が喜ぶ店を作らんといかんと、私はこう考えたわけよ。バナナやりんごをミキサーに入れて、ちょっとドレッシングを足して、ガーッと混ぜる。

生のジュースで健康になれるということで、若い女の子がたくさんやってきましたよ。近くに電話局の子や山形屋のデパートの子、看護婦さんやパーマ屋さんに受けたわけ。伝票の裏に『マスターの桜島言葉が面白い』と書いてあったこともありました」

フルーツパーラーを出店したのは、鹿児島の繁華街・天文館にある祇園《ぎおん》会館ビルの二階だ。祇園会館ビルはかつて旅館として営業していたビルで、一フロア二五〇坪を超す巨大な建物だったが、入居者がおらず廃墟のようになっていた。そのおかげか格安で借りることができ、「パンドラ」という名前のフルーツパーラーを始める。意味は知らなかったけれど、映画に「パンドラ」という名前の喫茶店が登場し、その響きが気に入っていたのだという。

飲食店を経営するのは初めてだったけれど、貞美さんの陽気な人柄もあり、「パンドラ」は人気店になった。アイディアが次から次に湧いてきた。経営が軌道に乗ると、店は従業員に任せ、貞美さんは次の仕事を考え始める。そこで閃いたのが農業だ。鹿児島市の郊外に土地を借りると、畑を耕し野菜を植え、小屋を建てて鶏を育てた。収穫した野菜は八百屋に並べることにしたが、育てた鶏は——どうしよう。この鶏で何か面白い商売ができないかと考えていたとき、目に留まったのは祇園会館ビルの一角だ。ビルの一階には単車置き場があった。あまり利用者もいないらしく、がらんと空き地のようになっていた。そこを使って焼き鳥屋を出来ないかと貞美さんは考えた。

「鶏は五十日もあれば商品になるから、それを潰して一杯飲み屋をやってみようっち考えて、それで『鳥セン』という店を始めたわけよ。焼き鳥専門で『鳥セン』ね。それもまた繁盛した。ニンニクを入れたタレをつけて、陽子さんが焼く。私は人集めよ。『パンドラ』のお客さんだった人にも声をかけよったら、とにかく人が集まったわけ。六人も入れば満席の店やったもんで、外にまでお客さんが溢れて、タクシーが通れんくなって、交番の人から『苦情が出てますよ』と注意されたこともありますよ」

＊

横道さん夫婦が手がけた店はいずれも成功した。どの店にも大勢のお客さんが集まり、順風満帆であるかに見えた。ただ、集まってくるのはお客さんばかりでなかった。周りからは羽振りがよく見えたのだろう、「保証人になってくれ」という依頼が次々舞い込んだ。貞美さんは断ることなく、すべて引き受けた。気づけば三九〇〇万もの借金を背負っていた。

「私の店が繁盛したのはすべて人の力だから、今度は私が助ける番だと思って保証人になるわけですよ。しばらくすると銀行の人がやってきて、『横道さん、お金を借りた人は皆逃げましたよ。横道さんは逃げやんとですか』と言ってきた。私を信用してお金を貸してくれたのに、逃げるわけにはいかんでしょう。人を殺したわけでも、泥棒をしたわけでもないのに、どうして逃げる必要がありますか。中には福岡の中洲に行って商売をしたほうが早く借金を返せるぞと助言してくれる人もおりましたけど、そこで鹿児島を離れたら、アイツは借金を引っ掛けて逃げたんだと烙印を押されて、もう帰ってこれなくなりますよ」

三九〇〇万もの借金をどうやって返すか。

繁盛していた「パンドラ」はすぐに買い手がつき、借金の返済に充てた。八百屋は桜島で農業を営んでいた弟に譲り、陽子さんは「鳥セン」で仕事を続けた。自分はこれから何の仕事で借金を返そう。狩猟が趣味だったこともあり、イノシシ酒場をやってみようかと考えたこともある。だが、イノシシを仕留めて解体する手間を考えると、借金返済の手段としては効率が悪そうだ。何か良いアイディアはないか――頭を悩ませる貞美さんに、陽子さんは「軍国酒場でもやってみたら?」と提案した。

陽子さんが切り盛りしていた「鳥セン」には、よく流しのギター弾きがやってきた。お客さんがリクエストする曲は軍歌も多く、酔っ払って軍歌を合唱する姿を何度となく目にしていた。軍歌を歌いながら酒を飲みたい人も大勢いる。それを知っていた陽子さんは軍国酒場を提案したというわけだ。

「軍国酒場をやると言うと、皆に反対されましたよ」。貞美さんは当時を振り返ってそう語る。「今の時代に右翼は流行らんと。でも、私には借金があるから、何か良い商売を考えんといけんかったわけよ。飲み屋をやるにしても、食べ物を出す店をやれば原価がかかる。それではなかなか借金が返せんと。でも、軍国酒場であれば歌を歌いにやってくるから、食べ物はそんなに要らんわけよ。あとはお酒。コップ一杯の焼酎を出すにしても、半分は水で割るでしょう。これで借金を返さないかんと、そう考えたわけよ」

こうして貞美さんは、一九六九年、「軍国酒場」を創業する。出店場所は祇園会館ビルの四階に決めた。そこはかつて旅館の物干し場で、ボロボロのまま放置されていたこともあり、格安で貸してもらえた。業者に工事を依頼する余裕はなく、貞美さんが自ら改修工事を施した。四カ月がかりでようやくオープンに漕ぎつけたが、エスカレーターのないビルの四階という立地のせいか、お客さんは足を運んでくれなかった。繁盛し始める頃には開店から半年が経過していた。

「お客さんに喜んでもらえるように、とにかくサービスをしたわけ。あの頃はね、『私の会社にツケてくれんか』という人が多かったんですよ。そう頼まれると、『私は三九〇〇万の借金がある男です』と答えるわけ。『とにかく借金を返さないかんから、ツケで飲んでもらう余裕はないです。その代わりまけてあげますから、現金で払ってください』と。そうすると向こうも『よし、わかった！』と。鹿児島大学の学生さんもよく来よりましたよ。お金がない学生さんにはサービスしてましたから、何年か経って『隊長、昔はお世話になりました』と遊びにくる人も多かったね」

「軍国酒場」を始めるまで、貞美さんは一曲たりとも軍歌を知らなかった。戦前生まれの貞美さんが軍歌を知らなかったことを疑問に思う人もいるかもしれない。そこで鍵を握るのは、貞美さんが生まれた昭和七年という年だ。

作家の小林信彦は貞美さんと同じ昭和七年生まれだが、『気になる日本語』（文藝春秋）の中で「僕は軍国少年ではなかった」と書いている。昭和七年生まれは十三歳で終戦を迎えている。もちろん個人差はあるだろうが、昭和七年以降に生まれた世代は軍国少年にならなかったという。

小林信彦は、昭和四年生まれの小沢昭一の回想録『わた史発掘 戦争を知っている子供たち』（岩波現代文庫）を読んで、そこにある断絶についてこう書き記す。

もちろん、軍歌やら皇国少年の歌はうたったが、形だけだった。小沢さんが心をときめかせた朝日新聞の岩田豊雄作「海軍」も熱心に読んだし、映画化されたものも観たが、自分とは関係のない世界のことと思っていた。

昭和四年生れと昭和七年生れの差は、このように大きいのである。小沢さんの本は読んでいてこわいところがあるが、戦中派後期の人はどこか人種がちがう。

このことは、後年になって、昭和三、四、五年生れの人たちにははっきりといわれた。

「昭和七年から人間が変る……」と。

貞美さんもまた、軍国少年とはほど遠い少年だった。

「昭和二十年になると、毎日のように戦闘機が飛んできよったんですよ。桜島にはほとんど被害はなかったけど、鹿児島を攻撃するために桜島の山の上からグワーッと戦闘機が飛んでくる。毎日空襲警報が出て、防空壕に逃げるわけ。そうすると皆、ガタガタ震えとるのよ。そこで私が、皆を和ませようと冗談を言う。そうすると大人に殴られる。貴様、この非常時に人を笑わせて何を考えとるかと。あれは地獄でしたよ」

日に日に空襲は激しさを増してゆく。沖縄が陥落すると、次に米軍が上陸するのは鹿児島だと噂されていた。本土決戦が叫ばれていたが、貞美少年はこの戦争に勝ち目がないとわかっていた。ある日、いつものように空襲警報が発令された。夕方には警報が解除され、貞美少年は防空壕から這い出し、海岸に出た。そこに日本の哨戒艇《しょうかいてい》が停泊しているのが見えた。そこに日の丸をつけた零戦が飛んでくる。ああ、零戦だ——そう思った瞬間、哨戒艇から零戦に向けて機銃が発射された。日本の兵隊はもう、敵も味方もわからないほど疲弊している。そんな風景を目の当たりにしていた貞美少年は、日本が戦争に勝つと信じることはできなかった。八月十五日の玉音放送はこの上なく嬉しい報せだった。

「それまでは毎日警報が入って、『鹿児島地区、今日の艦載機、のべ二〇〇機以上』なんて言いよったのに、八月十四日には空襲がなかったわけよ。翌日になると、今日は天皇陛下のご挨拶があるということで皆が公会堂に集められた。お偉方は壇上に集まって、我々は地べたに座って、小さなラジオの前に集まったのよ。十二時になって放送が始まると、壇上におった人らが泣き出した。何があったんやろうかと思うとったら、三級下の男の子が私のところに走ってきて、『貞美さん、戦争は負けたでや』と言うわけ。もう、笑いが止まらんでね。これでもう殴られんで済むと。私が『負けたやって』と笑いよったら、上級生から『馬鹿、あの人らは皆泣いとるんやぞ』と怒られましたけど、私は地獄から解放されたという気持ちでしたね」

そんな少年時代を過ごした貞美さんが軍歌を知らなかったのは当然だろう。

終戦からしばらくのあいだ、軍歌は過去の遺物と化していた。だが、一九五〇年代に入ると、日本全国に軍国酒場が誕生する。小笠原諸島、奄美群島、それに沖縄をのぞく日本が独立を回復し、再軍備が進められてゆく。そうして「逆コース」を歩んでゆく時代に、軍国酒場は新風俗として注目を浴びていた。ただ、貞美さんには軍国日本を懐かしむ気持ちはなかった。あくまで借金を返済するためのビジネスとして軍国酒場を経営している――そのはずだった。

＊

「軍国酒場」が軌道に乗って三年が経とうとした頃から、奇妙な話を耳にするようになった。

評判を聞き、「軍国酒場」には兵隊帰りの人が訪れるようになった。ある日、見知らぬお客さんが入ってきて、静かにお酒を飲んでいた。サービス精神旺盛な貞美さんが話しかけてみると、その男性もやはり兵隊帰りだった。聞けば日本専売公社に勤めていて、鹿児島駅から市内電車で通勤しており、仕事帰りに立ち寄ったのだという。それを聞いた貞美さんは不審に思った。「軍国酒場」は、日本専売公社と鹿児島駅の中間地点にある。どうして途中で市内電車を降りて立ち寄ってくれたのかと訊ねると、「天文館で降りろと霊に呼ばれた」と男性は答えた。

同じようなことは二度、三度繰り返された。誰もが「霊が呼ぶ」と口を揃えた。お客さんたちの言葉に、少年時代に目にした風景がよみがえってきた。

「鹿児島には鹿児島海軍航空隊というのがあって、戦争中は桜島に駐屯しよったんです。小学校や公民館を宿営地にして、軍需工場を作ったり、防空壕を掘ったりしよりました。日曜日になると各部落に遊びにきて、うちの家でもお茶を飲みよりました。遊んでもらったおぼえはないけど、庭でお茶を飲みながら、うちの親父と話をしよったのを思い出したんです」

海軍航空隊は航空兵を育てるための機関だ。

太平洋戦争が始まると航空兵が不足し、大幅な人員補強を迫られていた。そこで海軍は「予科練」と呼ばれる新たな航空兵養成制度を創設する。戦闘機に乗ることに憧れて多くの若者が志願したが、戦局が悪化するにつれて戦闘機による訓練はほとんど行われなくなり、土木作業に従事させられていた。まだ二十歳にも満たない予科練の若者にとって、数少ない楽しみは休日に外出することだった。自由に出歩くことは許されなかったが、近隣の民家に立ち寄り談笑することができた。それが息抜きの時間だった。

貞美さんが生まれ育った武《たけ》部落にも、予科練に志願した若者がいた。ある日、その若者が貞美さんの家に遊びにやってきた。いつものようにしばらく話をすると、彼は敬礼をして去っていった。まだ小さかった貞美さんは何とも思わなかったけれど、貞美さんの姉は「あの子はお別れを言いにきたんやないか」と言った。いつもに比べて、着ている軍服が上等だったというのだ。姉の予感は的中した。若者は特攻隊として出征し、戦死した。予科練に志願した若者の多くは特攻隊として戦死している。

貞美さんは戦争も軍隊も嫌いだった。軍隊式の命令口調で話す上司も嫌いだった。ただ、戦争で命を落とした人たちの多くは上官の命令で戦地に赴いたのだ。軍隊のことは嫌いでも、亡くなった人たちを供養しなければ。「軍国酒場」で兵隊帰りのお客さんの話を聞くうちに、そう考えるようになった。

「軍国酒場」を始めたばかりの頃は壁に兵隊さんの写真を貼って営業していたけれど、供養しなければという思いに駆られてからは軍服や軍用品を展示するようになった。復員兵の方や遺族の方に会いに行き、「軍国酒場で保管して供養しますから、私にいただけませんか」と交渉したのである。譲っていただけた場合は必ずお礼を送った。ただし現金では失礼にあたるだろうと、洋服や革靴、時計などを送るようにした。そうして集めていくうちに、品物の数は「軍国酒場」に展示しきれないほど膨大な量になった。この品物を展示する資料館を作れないかと貞美さんは考えた。

「供養する建物を作るとすれば、あんまりごちゃごちゃした場所よりも、静かなところがよかろうと思ったわけよ。市議会議員さんが『与次郎ヶ浜に鹿児島市が持っとる土地が一〇〇坪あるから、市に交渉してやろうか』と言うてくれましたけど、あそこでは供養にならんと。戦死なさった方はもっと静かな場所がいいだろうと思って、車で走って探したわけ。そうすると国道一〇号線沿いに良い場所が見つかった。すぐ目の前が海で、小島が見えるでしょう。あの三つの小島は神造島《かみつくりしま》と呼ばれとるんです。戦争では南方で亡くなった方が多いけど、ここに建物を建てれば南の海が一望できる。それでここの土地を買うことにして、ドライブインと資料館を建てることにしたわけ」

どうして資料館だけでなく、ドライブインも一緒に始めることにしたのか。きっかけは常連客のふとした言葉だった。

貞美さんが「軍国酒場」を始めてからも、陽子さんは「鳥セン」で働き続けていた。鶏肉の血やタレで汚れた前掛けをして、小さな店で働き続ける陽子さんの姿に、「どこかにしっかりした店を作ってやったほうがいいんじゃないか」と常連客に言われたのだ。

何かやってみたい店はあるか。そう訊ねられた陽子さんは「手打ちそばの店をやってみたい」と答えた。

問題は立地だ。これまで通り天文館界隈に出店するという選択肢もありえたけれど、一九七〇年代に入ると鹿児島にもドライブインの波が押し寄せつつあった。陽子さんのためにも出店するのであれば、郊外にドライブインを創業しよう。そう考えて隼人町に土地を購入することにしたのである。

土地を購入したあとで問題が発覚した。建設業者に見積もりを依頼すると、思わぬ返事が帰ってきた。土地があまりにぬかるんでおり、泥をどかさなければ建物を建てられないというのだ。運び出さなければならない泥は、ダンプカー何十台ぶんもの量になるという。そんなに大量の泥をどこに捨てればよいのだろう。途方にくれた貞美さんが近くの漁業組合長——彼も軍用品を譲ってくれたうちの一人だ——に相談すると、良い土地があると教えてくれた。それは城山観光が所有する土地だった。

城山観光が経営する城山観光ホテル（現・城山ホテル鹿児島）と言えば、西郷隆盛が最期を迎えた城山に建ち、錦江湾と桜島を一望できる鹿児島を代表するホテルだ。城山観光グループは様々な事業を展開していたのだが、その一つに魚の養殖があった。

きっかけは一九六七年の春、城山観光の創業者・保直次さんが霧島を訪れたときのこと。国道一〇号線を走っていると、沖合に浮かぶ島が目に留まった。それは神造島だった。秘書にクルマを停めさせた保社長は、島の姿を眺めながら、ここで事業を展開できないかと考えた。そこで思い浮かんだのが魚の養殖だった。アイディアが浮かぶと、保社長はすぐに土地を購入して城山合産株式会社を設立し、ブリの養殖に乗り出した。そうした経緯もあり、漁業組合長と付き合いがあったというわけだ。

貞美さんは漁業組合長の紹介で城山観光の社長室を訪れた。事情を説明すると、保社長は二つ返事で「ああ、いいですよ」と引き受けてくれた。あなたの土地に泥を捨てさせてくれ。そんな相談をすんなり引き受けてくれたのは、貞美さんに親しみを感じたからではないだろうか。

城山観光の創業者・保直次さんは一九一六年、徳之島に生まれた。上海で終戦を迎え、マラリアで生死の境を彷徨《さまよ》いながらも鹿児島に復員する。さて、これからどんな商売を始めよう。そこで保さんが目をつけたのはかき氷だった。戦争で天文館は焼け野原になり、誰もが食べ物に飢えていた。そんな時代にあって、甘いものはひときわ輝いて見えた。最初は十三坪のバラック小屋でかき氷屋を営んでいたが、一九四八年には天文館に「森永キャンデーストアー」を開店する。日本を代表する製菓業者と言えば明治と森永だ。当時鹿児島に「明治ミルクセーキ」という店はあったけれど、森永という名を冠した店はなかった。それで「森永キャンデーストアー」を創業したところ、これが大当たり。経営が軌道に乗ると、保さんはレストランやビヤホール、電話喫茶にオペラハウス、遊園地にパチンコ店と、次から次へと新事業を展開し、一大グループを築き上げた。

同じ鹿児島市内で事業を手がける者として、保直次さんが「パンドラ」や「軍国酒場」のことを知っていた可能性もある。「事業は閃き」。その言葉が口癖だったという保社長は、貞美さんにシンパシーを感じたのではないだろうか——？

＊

隼人町の店は一九七八年に完成した。手打ちそばの店は「ドライブイン薩摩隼人」、資料館は「戦史館」と名づけてオープンした。

「今でこそ何軒か店が出来ましたけど、当時はほとんど建物がなかったんですよ。建物どころか、電気も通ってなかった。うちまで電気を引いてくるには、周りの土地に電柱を建てさせてもらわにゃいけんということで、焼酎の瓶を二本持って九軒まわりましたよ」

一九七〇年代、国道一〇号線沿いには次々とドライブインが開業した。ただ、電柱さえ存在しない「ドライブイン薩摩隼人」界隈には競合店が存在せず、すぐに繁盛した。

「いつか手打ちそばの店をやってみたいと思ってましたけど、それまでそば打ちをやったこともなかったから、知り合いに教えてもらったんです」。陽子さんはそう語る。「その方は食堂をされていたので、手打ちそばだけじゃなくて、ラーメンの作り方や、鯉の洗いの調理の仕方まで教えてくれたんです。それでお店を始めてみると、もうお客さんが入りきらないほどでしたよ。一階がテーブル席で、二階は座敷でしたけど、お昼時になると満席になってました。一番よく出たのは、やっぱり手打ちそば。手打ちそばに地鶏のお刺身をつけたセットもあって、それが人気でしたよ。お客さんはほとんどトラックの運転手の方でしたけど、朝は天文館のほうからクルマで走ってこられたお客さんもいました。朝食にはコーヒーをサービスでつけてたから、ここで朝食を食べようと。従業員を二人雇ってましたけど、それでも追いつかないくらいでした。お客さんが多くて、親が店に遊びにきても、お茶も淹れられんぐらい忙しかったんです」

陽子さんは二十年近く「ドライブイン薩摩隼人」で働き続けた。仕事をきっちりやり遂げなければ気が済まない性格だったこともあり、還暦を過ぎても忙しく働いた。そんな性格が災いして肺炎に倒れ、入院を余儀なくされた。それをきっかけに「ドライブイン薩摩隼人」は休業し、夫婦二人で「軍国酒場」を経営することに決めた。フルーツパーラー「パンドラ」を始めた頃からは夫婦でそれぞれ別の店を切り盛りしてきたけれど、ようやく一緒に過ごせるようになった。

＊

「軍国酒場」に足を踏み入れると、「一名入隊！」と声が響く。声の主は陽子さんで、敬礼をして出迎えてくれる。ビールを運んでくるときには「魚雷発射！」、付き出しの金平糖と乾パンを提供するときには「食糧配給！」と声を挙げる。落花生は鉄砲の弾、ゆで卵は手榴弾だ。

僕が最初に「軍国酒場」を訪れたのは二〇一一年のことだ。あのときは度肝を抜かれた。陽子さんは「大日本國防婦人會」と書かれたタスキをかけ、貞美さんは軍服姿だ。ここはきっと、軍国日本を追慕するご夫婦が営む店なのだろうと思った。でも、そうではなかったのだ。戦時中にも冗談を言って周囲を笑わせ、米兵の姿から自由と民主主義にあこがれ、ハイカラな八百屋を始めた貞美さんが「軍国酒場」を経営するまでの紆余曲折に、戦後という時間の流れを感じる。

「昔はいろんなお客さんがおりましたよ」。貞美さんは懐かしそうにそう語る。「右翼もくれば左翼もくる、昼間はとても会われんような偉い人がくることもありました。でも、ここでは政治の話はご法度。赤い花を好きな人もおれば、白い花を好きな人もおるけど、それは好みがあるんだからしょうがなかと。それを言い争うんじゃなくて、死んだ人のことを供養しながら歌でも歌って愉快にやりましょうと。そういう考えで『軍国酒場』をやってきたわけよ」

勘定を安くすればお客さんは寄ってくる。それが貞美さんの信念だ。「軍国酒場」は飲み放題・歌い放題で料金は二〇〇〇円ポッキリ。天文館に安く飲める店があると評判になり、多くのお客さんで賑わった。

「多い時には一日で一五〇人もお客さんがきたことがありますよ。その日は店に入りきれなくて、階段にまで座ってました。私が戦争のときの話をするでしょう。『日本の三八式歩兵銃はポン、ポン、ポンとしか弾が出んやったけど、アメリカの機関銃はダダダダダ！　と弾が出る、あんな鉄砲があるもんじゃろうかと驚いた』と、昔を語るわけ。それを皆、面白がってくれたわけよ」

「軍国酒場」が賑わったのは昭和のうちだ。時代が平成に変わると、少しずつお客さんが減ったのだという。その理由を訊ねると、「やっぱり、戦争を知る人がおらんくなったですよ」と貞美さんは言う。かつて「軍国酒場」を訪れたお客さんには復員兵も多く、戦地での出来事を語り合う姿もよく見られた。だが、平成に入る頃にはその世代が定年を迎え、酒場から足が遠のいていく。戦後生まれの若者でも、ある時期までは戦争は身近なものであり、だからこそ「軍国酒場」は戦争を知らない世代の若者にも愛されていた。平成に入ると、戦争は遠い過去の出来事になり、若いお客さんは少なくなった。

「こういう店はもう終わりですよ」。貞美さんはきっぱりと言い切る。「戦争を経験した最後の世代でも、もう九十歳でしょう。私は戦争に行った人たちの話は聞くけど、そうじゃない人が戦争について語るのは好かんわけ。戦争で亡くなった人たちを供養する、ただそれだけですよ」

一九六九年に創業された「軍国酒場」は、二〇一七年三月二十六日、四十八年の歴史に幕を下ろした。老朽化の進んだ祇園会館ビルは耐震基準を満たしておらず、ビルを取り壊したいとオーナーに告げられたのだ。そろそろ潮時だと感じていた貞美さんは、すんなり閉店を受け入れた。

「建物が老朽化したというのもありますけど、陽子さんの足が悪くなっとったんですよ。そうすると四階まで上がるのは大変でしょう。私は切り替えるのが早いから、もう隼人町に帰ろうと。ドライブインと戦史館を作ったとき、そこに自宅も建てたわけよ。それで『撤退!』とゆうて、『軍国酒場』を閉店することにしたんです」

横道さん夫婦は八十五歳を迎えていた。

「軍国酒場」を閉店して、悠々自適の生活を送る選択肢もあったはずだ。だが、横道さん夫婦はその道を選ばなかった。二〇一七年四月十日、休業中だった「ドライブイン薩摩隼人」をリニューアルし、営業を再開させたのだ。

「営業を再開したというても、ここでお金を稼ごうとは考えておらんですよ。ただ、このあたりを通りかかった人が食事をしたいと言えば、うどんでもそばでも出してあげようと。そこでもし興味を持った人がおれば、戦史館を見学してもらえばと思ったわけ。こうして皆さんから預かったものがあるから、供養してあげんといかん。遺品を集め始めた頃、私のばあちゃんに言われたですよ。『それは国がやるべきことで、お前がやる仕事じゃなか』と。でも、飲まず食わずの戦いをして死んで行った人たちは、誰かが供

軍国酒場

養してやらんと霊は眠れんでしょう。その人たちに線香の一本でもあげれる人間になりなさいよと、娘にも言うとるんです」

「ドライブイン薩摩隼人」の一階にはカウンターがあり、そこが食事処だ。かつては手打ちそばが名物だったが、そば打ちは力仕事だ。八十五歳でそば打ちは難しく、今の看板メニューは陽子さん特製の唐揚げになった。昔は座敷だった二階席は「軍国酒場」風にアレンジした。今でもときどきお客さんがやってくるけれど、時代の変化を痛感させられることもある。

「今はな、民主主義を知らん人が多いよ」。貞美さんはそう切り出す。「人は皆、それぞれ考えが違うでしょう。違う考えを尊重する、それが民主主義よ。でも、今は違う考えを持っとる人を否定するでしょう。それではいかんわけよ。そうすると争いが生まれる。『軍国酒場』をやりよったけど、右翼でも国粋主義者でもないわけよ。戦争はいかん。もし戦争が起きれば私は逃げますよ」

従軍経験はなくとも、貞美さんは戦争が起きれば何が起きるか知っている。そこで虐げられるのは一番下っ端の人間だ。

「これは大東亜戦争に限らず、いつの時代も下の人間が虐げられるわけよ。徳川時代も、武士がえばっとって、農家の人たちは『下に、下に』と言われて顔を伏せる。ああいうのが私は好かん。鹿児島言葉でよ、『ああせんか』、『こうせんか』という言い方がある

現役
戦史館
立ち食いコーナー
戦史館
入口
入口
上を見たい方は下の
上って下さい

んやけど、私はその命令口調が好かんわけ。会社なんかでも、『伝票の字が薄くて見えん！』と命令口調で言う人があるけど、それは言い方が間違うとる。『字が薄くて見えんから、もうちょっと濃く書いてくれんね』と相談をせんと駄目。会社でそういう話し方をする人は、家に帰れば『おい、こうせんか！』と命令口調で話しますよ。それでは諍《いさか》いに繋がると。夫婦のあいだでも、『こうしてくれんね』と相談をする。それが一番大事よ」

貞美さんは僕より五十歳年長だけれども、こうして話しているとあまり世代が違わないのではないかと思えてくる。陽子さんのことを「家内」や「女房」ではなく、名前で呼ぶ姿も印象的だ。

「この人生、ただ面白かった。それだけ。何の悔いもない。それは陽子さんも同じだと思う」。そう語る貞美さんに、陽子さんは静かに笑って頷く。「最初に会ったとき、この人は私が探してた人だと思ったけど、それはその通りだったわね」

＊

もう一杯飲まんね。

貞美さんに勧められて、コーヒーをもう一杯淹れてもらうことにした。今度は砂糖もたっぷり入れてもらった。こんなに甘いコーヒーを飲むのは久しぶりで、どこか懐かしい気持ちがする。

一九六〇年に八百屋を始めてからというもの、貞美さんは様々な夢を思い描き、それを実現させてきた。八十六歳を迎えた今、どんな未来を思い描いているのだろう。

「長いこと天文館で店をやりよったけど、今は都会よりも田舎におって、昔を語りたいという気持ちが大きいわけ。私なんかもそうだけども、年を取ると街まで出られんようになってくるでしょう。どこか小さな村におって、昔の懐メロでも聴きながら、コーヒーの一杯でも飲みながら語ってみたいと思うよ」

貞美さんの夢を聞いていると、僕自身の姿が思い浮かんだ。こうしてドライブインを取材してまわるようになったのは、日本全国にこれだけの数が存在していたドライブインとは一体何だったのかを知りたいと思ったからだ。でも、取材を重ねるうちに、ドライブインを経営されてきた方たちにゆっくり話を伺うこと自体が楽しみになっていた。どうして人は誰かに話を聞きたいと思うのだろう。

「やっぱり、いろんな人生を歩んだ人がおるわけやから、その話を聞いてみたいと思うわけよ。花を作る人もおれば野菜を育てる人もおる、会社の社長をやっとる人もおる。その人たちと話せば、自分が知らない世界を知れる。それが面白いのよ」

横道さん夫婦とは握手をして別れた。外に出るとすっかり日は傾いていた。薄暮れの海に浮かぶ桜島を眺めて、これまでドライブインで聞かせてもらってきた話を思い出す。口の中には甘いコーヒーの味がいつまでも残った。

あとがき

ドライブインについて書き記し始めたのは二〇一七年の春だ。

それ以前からドライブインのことは気になっていたものの、ルポルタージュを書かせてもらえる雑誌は見当たらず、いきなり書籍にまとめられそうにもなく、取材にとりかからないまま時が流れた。そうして迎えた二〇一七年の元日、今年の抱負は何にしようかなんて考えていたときに思い出されたのがドライブインのことだった。今年こそドライブインの取材に取りかからなければ。そんなことをぼんやり考えながら、かつて足を運んだ店について調べてみると、この数年のあいだに閉店してしまった店が何軒もあった。

いつか取材したいなんて言っているうちに、ドライブインは姿を消してしまう。とにかく今のうちに話を聞かせてもらわないと。そう思い立ち、二〇一七年の春、『月刊ドライブイン』というリトルプレスを創刊した。これは自費出版で制作する小冊子で、取材先を決めるのも、取材の交渉も、実際に取材するのも自分自身だ。僕はドライブインマニアなわけではなく、ドライブインに郷愁を感じているわけでもないのに、こんな雑誌を創刊してよいのだろうかと躊躇した部分もある。でも、とにかく今のうちに記録しておかなければという思いに駆られて取材を重ねた。

あるとき、自動販売機をずらりと並べたオートレストランを訪れた。そこにはうどんとそばを扱う自動販売機があり、僕が訪れたとき、ちょうど店主の方がうどんを補充しているところだった。補充されたばかりのうどんをいただきながら、この店は何年前に創業されたのか、なぜドライブインを始めようと思ったのか、これまで何か印象深い出来事はあったか、毎日お仕事をされているなかで楽しみにされているのはどんな時間か、あれこれ話を聞かせてもらった。ひとしきり話を聞かせてくれた店主は、「これまで自動販売機のことを聞かれたことは何度もあるけど、俺自身の話を聞かれたのは初めてだよ」と不思議そうな顔で言った。

現在、日本各地で営業を続けるドライブインの多くは、家族で経営されている店だ。つまり、店の歴史と家族の歴史が重なっている。観光客が立ち寄る店であれ、トラック運転手が利用する店であれ、移動の途中でドライブインに立ち寄る人がほとんどだ。その場所に何十年と留まり続け、お客さんを迎え入れ続けてきた人たちの話を伺っていると、一つの時代がはっきりと浮かび上がってきたように思う。時代というのは大げさに語ることができるものではなく、ひとりひとりの人生の中に詰まっているものなのだろう。

そこで聞かせてもらった話を文章にまとめる上で心がけたのは、表現しないということだった。何より記録されるべきは、ドライブインという場所に流れてきた時間であり、店を営んできた方の人生だ。それを僕の表現として描写するのでなく、その時間がそのまま読者に伝わるようにということを考えていた。そのためにも、いつも知人に最初の読者になってもらっていた。普段ほとんど本を読む習慣のない知人に、無理やり原稿を読んでもらって、少しでも鼻につく箇所があれば指摘してもらっていた。

そんなふうに作ってきた『月刊ドライブイン』が、こうして一冊にまとまることになった。

いずれ一冊になればと期待しつつも、それは遠い未来のことだと思っていた。それが、『月刊ドライブイン』を扱ってもらっていた南池袋「古書往来座」の店員・のむみちさんに、筑摩書房の青木真次さんを紹介していただき、書籍化が叶った。

原稿を考えるとき、いつも音楽を聴く。あるいは最近観た演劇のことを思い出す。つまり原稿を書くときの僕は、僕自身であるというよりも、僕が見聞きしてきたもので形成されている。言葉は僕の中になく、いつも外側にある。僕は媒体となり、それを書き留めるだけだ。そうして書き綴られた言葉が、たとえば百年後に生きる誰かに届くことを想像する。その誰かに、この言葉たちはどんなふうに伝わるだろう？

令和とドライブイン　文庫版あとがき

ライターとして仕事を始めたのは、二〇〇七年のこと。最初に引き受けたのは対談の構成だった。誰かと誰かが対談する現場に同席し、そこで語られた言葉を文字に起こし、時に順序を入れ替えつつ、読みやすい形に整えていく。そうした構成仕事が、僕の主な仕事だった（現在でも聞き書きが自分の仕事の中心になっているから、やっている仕事は一貫している）。

対談は文学がテーマであることもあれば、演劇がテーマであることもあり、社会情勢がテーマになることもあった。依頼があれば何でも引き受けていた。裏を返すと、自分には専門とするテーマがなかった。そんな僕が初めて「取材したい」と思ったのが、ドライブインだった。

全国のドライブインをめぐる旅に出てからというもの、いつか日本各地に残るお店を取材してまわり、一冊の本として出版したいと思うようになった。まだそこにお店があって、話を聞かせてもらえるうちに取材をしておかなければ、どうしてドライブインが隆盛したのか、なぜドライブインと看板を掲げてお店を始めようと思ったのか、そこにどんな時間が流れてきたのか、わからなくなってしまう。そうなる前に、自分でリトルプレスを創刊し、取材をして原稿を書き、内容をチェックしてもらっておけば、今すぐは難しくとも、いずれ一冊にまとめてもらえるかもしれない――そんな思いで、二〇一七年に『月刊ドライブイン』を創刊した。それからほぼ月刊のペースで刊行を続け、二〇一八年六月に終刊号を出すまで取材を重ねた。

リトルプレスは二〇一九年に『ドライブイン探訪』として出版された。それから三年が経ち、河内卓さんが編集を担当してくれて、こうしてちくま文庫に入る運びとなった。

本を出版してからというもの、テレビやラジオから出演依頼が届く機会が何度かあった。その多くは「昭和レトロ」という言葉を用い、消えゆく昭和のノスタルジックな風景としてドライブインを取り上げるというものだった。ドライブインを過去の遺産のように扱うことには抵抗があったけれど、閉店するドライブインが増えつつあるのは否定しようのない事実でもある。取材を受ける際、ドライブインの今後について聞かれるたびに、もごもごと口ごもってばかりいた。

『月刊ドライブイン』の終刊号を出した二〇一八年六月から、毎月のように那覇に通い始めた。ある知り合いから、那覇にある第一牧志《まきし》公設市場で約半世紀ぶりの建て替え工事が始まり、風景が移り変わってしまうだろうから、そうなる前に橋本さんに取材してほしいと言われたのをきっかけに、月に一度は足を運んで取材をするようになった。市場が一時閉場を迎える直前、二〇一九年五月に『市場界隈　那覇市第一牧志公設市場界隈の人々』（本の雑誌社）という本を出版したものの、建て替え工事の期間も取材しておかなければと、今も那覇に通い続けている。

最初のうちは、沖縄を訪れてもアーケードが張り巡らされている市場界隈をぶらつくばかりだった。でも、何度となく通ううちに、たまにはアーケードの外に飛び出し、レンタカーを借りて遠出するようにもなった。そんなある日、残波岬《ざんぱ》の近くにドライブインがオープンしたという噂を聞き、読谷村《よみたんそん》まで車を走らせた。国道五八号線から県道に入り、残波岬を目指して進んでゆくと、「Cape Zanpa Drive-In」が見えてくる。

オーナーの松葉国弘さんは岐阜県生まれ。ひょんなことから「ここで何かお店をやってみないか」と打診を受け、読谷村まで下見にやってきたところ、ぜひここで飲食店をやってみたいと一目惚れした。そこで浮かんだ業態がドライブインだったのだと、松葉さんは振り返る。

「最初にこのロケーションを見たときに、ちょっとカリフォルニアっぽい雰囲気を表現できるんじゃないかと思ったんです」。松葉さんは語る。「お店を始めるにあたってベンチマークさせていただいたのが、湘南にある『Pacific DRIVE-IN』さんで。あのお店は雰囲気もすごく素敵で、ぜひうちもドライブインと名前をつけたいな、と。それに、残波岬の名前をちょっとでも知ってもらうきっかけになればという思いもあって、おこがましいですけど、岬の名前を店名にさせてもらいました。別の名前も考えるには考えたんですけど、これが一番ストレートで、『ああ、残波岬にあるんだね』と伝わりやすいかなと思ったんです。ドライブインという言葉もカジュアルで、お年寄りからお子さんまで、幅広い世代に親しんでもらえるかなと思ったんですよね」

日本各地に点在するドライブインの多くは、外観は普通の食堂のようでも、幹線道路沿いにあることで「ドライブイン」と看板を掲げているという、どちらかといえば和風な店構えのほうが多い。いわばアメリカのドライブインを日本風に翻訳したお店だ。それに対して、二〇一五年に湘南は七里《しちり》ヶ《が》浜《はま》にオープンした「Pacific DRIVE-IN」はアメリカの海岸沿いにありそうな佇まいのドライブインだ。それと同じように、「Cape Zanpa Drive-In」も、アメリカ直輸入という感じが漂っている。

「若い頃に観た映画の影響もあって、ドライブインってカルチャー自体が、古き良きアメリカを連想するものだって感じがするんです」と松葉さん。「最初は映画からアメリカのカルチャーに興味を抱いて、ファッションとか音楽とか、アメリカの古いものに心を動かされるようになって。その時代を生きていたわけでは全然ないのに、なぜか惹かれるものがあったんですよね」

松葉さんがアメリカを訪れたのは、二十歳の頃だった。

一九七二年生まれの松葉さんが二十歳を迎えたのは、一九九二年のこと。一九六四年に海外旅行が自由化され、一九七二年に初めて一〇〇万人を突破した海外旅行者数はその後も増え続け、一九九〇年代に入ると一〇〇〇万人に達している。

一九九二年と言えば、『アメリカ横断ウルトラクイズ』が十五年の歴史に幕を下ろし、レギュラー放送を終了した年だ。かつてアメリカは遠い存在だったからこそ、「ニューヨークに行きたいかー!」という司会者の呼びかけがインパクトを持っていたのだろう。でも、アメリカが遠い異国ではなく、気軽に渡航できる国になるにつれ、そのアウラは薄れていく——かのように思える。ただ、初めてアメリカ西海岸を訪れたとき、松葉さんの目には何もかもが目新しく映ったという。

「異文化に対するあこがれなのか、そのあたりは自分でもちょっとわからないんですけど、看板ひとつとってみても格好良く見えたんです。見るものすべてが新鮮だったし、吸っている空気も全然違うような気がして。デニーズに入ってみても日本とは全然違うし、コンビニに行っても全然違うし、ガソリンスタンドに入っても全然違う。すべてのものが違って、めちゃくちゃ感動したんです。アメリカに行くのが夢みたいなところもあったので、一個の夢が叶っちゃったぶん、日本に帰ってきたらぽっかり抜けたような感覚にもなったんですけど、それぐらいアメリカの存在は大きくて、自分の中にあこがれが残ったような気がします」

日本に帰国してからというもの、松葉さんは三十年近く飲食の世界で働いてきた。最初に勤めたのはイタリア料理店で、ピザ職人として腕を振るっていた。それ以降、オーナーが新たにカフェを出店するとなればカフェの料理を学び、バリスタとしての知識を身につけ、メキシコ料理店を出すことになればメキシコ料理を学び——と、ジャンルにとらわれることなく、幅広い料理を振る舞ってきた。そんな松葉さんが、残波岬の近くでドライブインをオープンする際に看板メニューに掲げたのは、フライドチキンバーガーだった。

「僕みたいに沖縄が地元じゃない人からすると、沖縄ってちょっとアメリカを感じる場所でもあると思うんです。それに、アメリカの方も住んでますし、ここだとハンバーガーの需要も高いんじゃないかと思っていて。フライドチキンバーガーをメインにしようと思ったんですけど、フライドチキンバーガーってアメリカではわりとポピュラーなんですけど、日本だとそんなに見かけないですよね。こっちでは認知度も高くないですし、日本人の舌には合わないと思われているんじゃないかな、と。だとしたら、もっと味を追求して、フライドチキンバーガーをプレミアムバーガーの位置にまで昇華させたいなと思ったんです」

こうして話を聞かせてもらっていると、少し意外な感じがした。

CAPE
ZANPA
DRIVE-IN

パンケーキにタピオカドリンク、マリトッツォなど、海外のメニューが輸入されてはブームを巻き起こしている。もしも海外に出かけて、まだ日本では馴染みのない料理と出会ったとき、「これは日本人にウケそうだ」と思って目を付けるのは、とても理に適っているような気がする。でも、「フライドチキンバーガーは日本人の舌に合わないと思われているんじゃないか」と感じた松葉さんが、それでも「フライドチキンバーガーをメインにしたお店を始めよう」と思うに至ったのはなぜだろう？

「それはもう単純に、すでに流行っているものをやるってことが好きじゃないってだけです」。松葉さんはそう言って笑う。「この料理が流行っているから、うちでもそれを出してみようって考えるのは、カルチャーを作ってないと思うんですよね。それってもう、お金を稼ぐってことでしかないと思うんです。せっかく何かをやるんだったら、新しいスタイルのカルチャーを生み出す側にまわりたかった。そんなに影響力があるわけでもないのに、こんなことを言うのはおこがましいかもしれないですけど、自分のアイデンティティーをかけてお店を出して、新しいカルチャーを打ち出して、それを周りの人たちに評価してもらえるっていうのが最高の喜びだと思うんです。新しいものを作り出すことって、飲食店を経営していく上ですごく大事なことだと思ってますし、長く残るコツでもあるんじゃないかと思うんですよね」

日本に初めてマクドナルドがオープンした一九七一年、ハンバーガーはまだ珍しい料理で、高級品だった。でも、それから時代が下るにつれてハンバーガーは大衆的なファストフードになった。フライドチキンバーガーを出すにあたり、低価格で勝負することも考えたが、食材にもこだわってリッチな感覚で食べてもらえるメニューとして売り出すことに決めた。フライドチキンに合うものを追い求めて、バンズも自分のお店で作っている。「ホームメイド」をキーワードに、食べ物だけでなく、ドリンクで提供しているコーラもホームメイドだ。

「コーラにしても、ディスペンサーのボタンを押して出てきたものを提供することもできますけど、それって飲食店としては個性がないなと思うんです」。松葉さんは語る。「それに、昔のものをちゃんと作ってみるのって、結構大変だったりするんですよね。今は合理化が進んでいるから、安く済ませようと思えばいくらでも安く済ませられると思うんですけど、アメリカが格好良かった時代って、無駄なこともいっぱいあったんじゃないかと思うんですよね。たとえば昔のアメ車を見てても、そんなにデコデコする必要ないんじゃないかって思うところもあるんですけど、その無駄が格好良かったりする。時代はめぐるじゃないですけど、全部を合理化してしまうより、一見無駄に思えるようなところもこだわって個性を出して行ったほうが、自分らしいお店になるんじゃないかと思うんですよね」

一見すると無駄に思えるけれど、自分なりのこだわりを形にする。その精神は、お店の外観にもあらわれている。「Cape Zanpa Drive-In」の軒先には、レトロなデザインのポール看板が立てられている。実はこのポール看板は、オープン当初にはまだ存在しなかったものだという。

「正直に言うと、お店の開店準備にかかった費用より、このポール看板一個作るほうがお金がかかってるんです」。松葉さんが振り返る。「店をオープンしたのは二〇二〇年十月だったんですけど、最初の数カ月はコロナの影響もあったり、こっちに知り合いが少なかったりということもあって、なかなか認知してもらえない状態が続いていたんです。そこでどういう対策をとるかと考えたときに、今はSNSの時代でもあるので、お店のシンボルを作ろう、と。そこで看板屋さんに相談してみたら、『昔は沖縄でもこういうふうに看板を作っていたんだ』と教えてくれて。金銭的なこともあるので、妥協して普通の看板にしようかとも思ったんですけど、せっかく地元の看板屋さんが『これで作らせてほしい』と言ってくれてるんだから、妥協せずにつくりたいものを作ったほうが価値があるんじゃないかと思って、あの立体感あるポール看板を作ってもらったんです。結果的には、いろんなお客さんが看板の写真をSNSに上げてくださって、そこから一気に認知が広がったんですよね。だから、一生分の広告費を払ったと思えば、安いくらいだったかもしれないなと思ってます」

ポール看板が完成したのは、創業から半年が経過した二〇二一年の春のこと。SNS

CAPE
ZANPA
DRIVE-IN
BURGER & COFFEE

で看板の写真が拡散されるにつれて、地元のお客さんも観光客も、少しずつお店に足を運んでくれるようになった。

かつて残波岬は、免許を取ったばかりの若者がドライブに出かける場所でもあり、観光客もよく訪れる場所だったという。ただ、沖縄本島の中部から北部にかけて、西海岸に人工ビーチが相次いで建設され、リゾート化が進むにつれて、残波岬を通過して北上する旅行客が増えてゆく。

「最近だともう、観光客の方でも、沖縄自動車道でまっすぐ名護まで行っちゃう方が多いと思うんです。国道五八号線を走っていたとしても、残波岬に立ち寄ろうとすると一旦五八号線から抜けてこないといけないので、コースから外されることも多いと思うんですよね。これは後付けの目標ではあるんですけど、自分がここで店をやっていることが、残波岬がもう一度盛り上がるきっかけになってくれたらなと思っているんです。そうすると、沖縄県に対しても読谷村に対しても貢献できるんじゃないか、と。だから、当面の目標として、この場所をもう一度輝かせたいっていうのが、店を始めたあとになって出てきましたね」

「Cape Zanpa Drive-In」は、現在のところ定休日を設けず、年中無休で営業している（台風など悪天候の日だけ臨時休業）。そうすることで、「とりあえず残波岬に行けば、あのドライブインは営業しているはずだ」と、気軽にお客さんにやってきてもらえるようにしたいのだと松葉さんは語る。「観光客の方であれば、『あそこでお茶してから美ら海水族館に行こうか』とか、地元の方であれば『残波岬公園で遊んで、ついでにあそこでジュース飲んで行こうね』とか、気軽に立ち寄ってもらえる場所になってくれたら嬉しいなと思っています」

昭和の時代に隆盛したドライブインは、少しずつ姿を消しつつある。『ドライブイン探訪』で話を聞かせてもらったお店も、何軒かはこの三年のあいだに閉店した。ただ、「Cape Zanpa Drive-In」のように、この三年でオープンしたドライブインもある。

時代はめぐる。その移り変わりを見届けたいと思う。

解説　不思議な静けさ

田中美穂

ふと顔をあげると、店の入り口に橋本さんが立っていることがある。
「いま沖縄なんだな」「あれ、いつの間にか東京に帰ってる」「あ、今度は掛川かあ」などと、店番をしながら時折眺めているSNSで、橋本さんの、日々の目まぐるしいほどの動きに感心している。いつだったかは、南米のチリ、なんてこともあった。そしてそんな調子で、倉敷の私の古本屋にも現れるのだ。

先日も飛行機で高松に着いて、美味しそうなうどんを食べているなと思っていたら、ほどなくみえて、思わず目を疑った。香川県高松市と岡山県倉敷市とは瀬戸内海を挟んだ対岸であり、日本地図で眺めれば「ご近所さん」には違いないけれど、実際に移動しようと思えば海を渡る必要もあり、時間的にも費用的にもそれほど簡単なことではない。仕事柄もあって、ひとところからほとんど動かない私との一生分の移動距離の差は、いったいどれくらいなのだろうかと考えてみると気が遠くなる。

この『ドライブイン探訪』が出来るまでにも、全国各地のドライブインを二百軒近く訪ね、実際に取材したお店には、それぞれ三度以上足を運んでいるという。こんな時に出てくる形容は普通「飛び回る」だろうけれど、しかし、なぜか橋本さんは、そんなアクティブな印象がまるでなく、音もなくいつの間にかすすすーと移動しているような不思議な静けさをまとっている。

橋本さんと行き来ができたのは十五年ほど前。早稲田にある「古書現世」の向井透史さんらが企画されていた古本のイベントに参加するようになり、そこでお目にかかったのがきっかけだった。ご実家が東広島ということで、そのうちに倉敷の私の店に立ち寄ってくださるようになったのだが、本書の「まえがき」にもあるように、橋本さんは「自然に会話がはじまるまで無理に話しかけない」タイプ。対するこちらは「人の顔がなかなか覚えられない」タイプときて、あとになってそうとわかり「声をかけてくれればよかったのに」と思ったことが何度もあった。いまのように、顔を合わせれば「あ、おひさしぶりです」と笑顔で挨拶を交わすようになるまでには何年かかかったと思う。

そういえば、このドライブインの取材でも、あるお店で、インタビューをさせてもらいたいとなかなか切り出せずに、ひとりでビールばかり飲み過ぎて、かなり不審がられてしまった、という話もきいた。目に浮かぶようだった。

『ドライブイン探訪』は、二〇一七年から二〇一八年にかけて個人で出されていた冊子

『月刊ドライブイン』が元になっている。私の店は古本のほか、新刊やリトルプレスなども扱っているため、この冊子も創刊号から並べていた。やや粗い紙質のシンプルで格好良い装幀も人気で、毎号楽しみにされているお客さんも多かった。その後『ドライブイン探訪』としてまとまり、出版された時にはみなさんとても喜んで買いに来てくださった。

昭和五十七年(一九八二)生まれの橋本さんは、十数年前、偶然通りかかった場所で「異様な建物」(本書の最後に登場する「ドライブイン薩摩隼人」)を見つけるまで、ドライブインに立ち寄ったことはなかったのだという。そして、意識した途端、そこここへ現れたドライブインやドライブイン跡の多さに驚き「日本全国にこれだけの数が存在していたドライブインとは一体なんだったのか」ということを知るためドライブインを巡りはじめる。

各地でドライブインを営んできた方々から語られるご自身やご家族の歴史と丹念にあたられた背景となる資料によって、読み進むにつれ、ひとつの時代が浮かび上がり、像を結んでいく。

橋本さんより十歳年上になる昭和四十七年(一九七二)生まれの私には「ドライブインの時代」の記憶がうっすらとある。小さい頃、自宅の前の、それまではただ土が盛ってあるだけだった遊び場が国道二号線になり、沿道には、初めて目にするような大型の店舗がひとつ、またひとつと増えていった。本書を読むと、飲食店の経験がないまま、ある日突然ドライブインをはじめることになったという方も珍しくはなかったが、そんな、激しい時代の流れの中で懸命にお店を続けて来られた方々の言葉を知るにつれ、記憶の中の風景も、深く、より立体的になっていった。

ところで、橋本さんは物静かな人ではあるけれど、無口かというと、そうでもない。時間が許せば、いま興味をもっていること、その理由、そしてそれについて考えたり、感じたりしたことなどが、こちらが口を挟む間もないほど次から次へと語られる。そこからは、これだけ重層的な取材を続け、途方もない時間をかけて、ひとつひとつ形にしているその並外れた根気と情熱との一端を垣間見る思いがする。

本書の中で印象的なもののひとつは、倉敷市児島の「ラ・レインボー」という、すでに廃墟となっている展望タワー付きドライブインの謎に迫った回だ。ただ、これは地元のことだし、橋本さんが長年調べていたのを知っていたからだろうと思っていたのだが、最近ご本人からも「あの話がすごかった、といろんな人から言われる」と聞いた。

はじめに「ラ・レインボー」について尋ねられたのがいつだったのか、はっきりとは覚えていないけれど、おそらく橋本さんが「発見」してまもなくだったと思う。話を聞きながら「ああ、なんか、あったかも」くらいの、おぼろげなタワーの印象とともに、海辺の坂道に佇む橋本さんの姿を思い浮かべた記憶がある。

瀬戸大橋が開通したのは高校二年の時だった。当時の祝賀ムードは覚えているが、具体的なものとなると「学校のバス旅行で瀬戸大橋を渡って讃岐の金毘羅《こんぴら》さんに行ったな」「あの長い階段はしんどかった」ということくらいで、タワーの記憶はまるでない。児島という海辺の町は、同じ倉敷でもJR倉敷駅などがある市街地からは車で小一時間かかるため、高校生が遊びに行く場所ではなかったし、かといって親に連れられて出掛ける年齢でもなくなっていたせいかと思っていたのだが、年代の違う友人知人やお客さんに尋ねてみても、やはり誰ひとり行ったことのある人はおらず、いくらか困惑したような表情とともに、「ああ、あったね、なんか」という曖昧な返事が返ってくるばかりだった。橋本さんが途中で、あまりの地元情報のなさに「もしかしたら最初から廃墟だったのではないか」とすら考えたくなったというのも無理はない。

それが、『月刊ドライブイン』が創刊されてからの二〇一八年の年明け、本書に書かれている通りの急展開をみせた。結局、私は最後まで何の役にも立たなかったけれど、七年にわたる執念が生んだ奇跡としかいいようのない取材をおえた橋本さんと駅前の居酒屋で祝杯をあげたのを覚えている。そしてしばらくして出来上がった第十号で、あらためてその事情を知ることとなった。来歴はもちろん、地元の私たちが、なぜこれほどまでに「ラ・レインボー」のことを知らないのか、ということまでもがつまびらかにされていて、ちょっと気恥ずかしくなるとともに、これがルポルタージュの書き手としての橋本さんの本領なのだとつくづく感じ入った。「ラ・レインボー」よ、そうだったのか。

単行本の『ドライブイン探訪』が出されてしばらくした頃、当時、児島に住んでいた友人が、海沿いのあちこちをドライブしがてら「ラ・レインボー」へも案内してくれた。弧を描く五階建ての白い建物の窓ガラスはことごとく割られ、もう二十年以上も止まったままの回転式展望タワーがそびえ立つ空虚。たしかに廃墟マニアに好まれそうな朽ち加減だったが、ひび割れたアスファルトの隙間から草が伸びている広々とした駐車場では、近くの漁師さんが大きな漁網を広げて繕っている、のんびりとした様子も見かけた。

橋本さんが倉敷に再々みえるのは、店の近くに、数年前に若くして亡くなった共通の知人のお墓があるせいもある。『月刊ドライブイン』の創刊号は、すでに重い病の床にあったその知人に、なんとか見せるだけでも、という思いもあって懸命に作られていたのだが、残念ながら間に合わなかった、と第二号の編集後記に書かれてあった。お墓へは、いつもビールを二本持っていき、一本を供え、もう一本を墓前でゆっくりと飲みながら過ごすのだという。初の著書であり、このたび文庫化された『ドライブイン探訪』はもちろん、あれから、次々と橋本さんの本が出ていることを、その人はきっととても喜んだと思う。

「僕にできることは、消えゆくものを惜しむことでも、終わってしまったものを愛でることでもなく、声を拾うことだと思っています」『月刊ドライブイン』十号の編集後記にはそう書かれている。

『ドライブイン探訪』を読んでいると、再訪を重ね、実際に話を聞き、目の前の状況や風景をこれだけ細やかに書き留めている橋本さん自身の気配は意外なほど薄くて、まるで自分もその場でお店の人から話を聞いているように感じられる。初めに書いた「不思議な静けさ」は、きっと生来のものにくわえ、こうした「声を拾う」にあたっての一貫した姿勢によって身についたところもあるのだろうかと思った。

単行本の「あとがき」に「そうして書き綴られた言葉が、たとえば百年後に生きる誰かに届くことを想像する。その誰かに、この言葉たちはどんなふうに伝わるだろう？」とある。百年後には橋本さんも私も、ここに登場されている方々も、もう誰も生きてはいない。でも、古本屋という仕事柄、こうして丁寧に拾われ、留め置かれた言葉が、ひょっこり遠い未来の誰かの目に触れることがあるというのを実感してきた。楽しみだなと思っている。

（たなか・みほ　蟲文庫店主）

参考文献

『月刊ドライブイン』の執筆にあたり参照した主な資料です。本文中に引用した資料は省いています。

全体にかかわるもの

蜂谷経一『グレート・アメリカ』（商業界）一九五〇年
奥野誠亮『アメリカの旅』（地方財務協会）一九五一年
日本建築学会・彰国社共編『ドライブイン・レストラン』（彰国社）一九六六年
毎日新聞社編『旅情100年』（毎日新聞社）一九六八年
『ドライブインの経営』（日本交通公社）一九六九年
伊藤文明編『ドライブイン・モテル経営』（柴田書店）一九七〇年
『外資ドライブイン・レストラン総調査』（F・M・C）一九七〇年
『全国主要道路5000キロ実地踏査‼　新しいレジャー基地　ドライブインレストラン&郊外レストラン』（日本エコノミストセンター）一九七二年
坪内祐三『昭和の子供だ君たちも』（新潮社）二〇一四年
赤井正二『旅行のモダニズム　大正昭和前期の社会文化変動』（ナカニシヤ出版）二〇一六年

『月刊食堂』（柴田書店）一九六五年十一月号、一九六八年四月号

Ⅰ　ハイウェイ時代

『名阪国道工事誌』（中部地方建設局）一九六七年
山添村教育委員会編『村の語りべ』（山添村教育委員会）一九九六年
坂田大『河崎義夫傳』（坂田情報社）一九七二年
熊本日日新聞情報文化センター編著『黒川温泉「急成長」を読む』（熊本日日新聞社）二〇〇〇年
西日本新聞社文化部編『唯我独創の国から』（みずのわ出版）二〇〇〇年
『建設月報』（建設広報協議会）一九六六年一月号
『建設のうごき』（建設広報協議会）一九六四年七月号
『会計検査資料』（建設物価調査会）二〇一六年一月号
『交通工学』（交通工学研究会）一九八五年十一月号
『太陽』（平凡社）一九六七年十二月号

Ⅱ　アメリカの輝き

野坂昭如編『プレイボーイ入門』（荒地出版社）一九六二年
山崎眞行『クリーム・ソーダ物語』（JICC出版局）一九八二年
下川裕治『沖縄にとろける』（双葉社）二〇〇一年
関行宏・嘉手川学編『沖縄アーカイブス写真集　紡がれてきた美しき文化とやさしき人々の記録』（生活情報センター）二〇〇六年

海野文彦『おきなわ懐かし写真館　復帰前へようこそ』（新星出版）二〇一二年
『A&W　BOOK　エイアンドダブリュ沖縄50th Anniversary』（エイアンドダブリュ沖縄株式会社）二〇一三年
新城和博『ぼくの沖縄〈復帰後〉史』（ボーダーインク）二〇一四年
平川宗隆『ステーキに恋して　沖縄のウシと牛肉の文化誌』（ボーダーインク）二〇一五年
前野健太『今の時代がいちばんいいよ』（Errand Press Music Book）二〇一五年
池間一武『復帰後世代に伝えたい「アメリカ世」に沖縄が経験したこと』（琉球新報社）二〇一六年
亀和田武『60年代ポップ少年』（小学館）二〇一六年
『財界』（財界研究所）一九六一年十一月十五日号
『週刊公論』（中央公論社）一九五九年十二月二十九日号
『週刊サンケイ』（産業経済新聞社）一九六〇年七月十一日号、一九六一年五月十五日号、十二月十一日号
『別冊週刊サンケイ』（産業経済新聞社）一九六一年十月号
『週刊読売』（読売新聞社）一九五三年十一月二十九日号
『主婦と生活』（主婦と生活社）一九五六年六月号
『商店建築』（商店建築社）一九六三年四月号、一九六五年二月号、一九六七年三月号、一九七二年八月号
『サンデー毎日』（毎日新聞出版）一九六八年五月号
『dancyu』（プレジデント社）二〇一六年五月号

『週刊平凡』（平凡出版）一九六三年四月号
『モノ・マガジン』（ワールドフォトプレス）二〇一〇年二月十六日号
『Lightning』（枻出版社）二〇〇四年十一月号
『月刊食堂』（柴田書房）一九六二年四月号、五月号、九月号、十月号、一九六四年二月号、一九七二年三月号

Ⅲ　花盛りの思い出

二本松市編『二本松市史 第2巻 通史編2（近代・現代）』（二本松市）二〇〇二年
鈴木則文『トラック野郎風雲録』（国書刊行会）二〇一〇年
『二本松・本宮の昭和』（いき出版）二〇一三年
川上未映子責任編集『早稲田文学増刊　女性号』（早稲田文学会）二〇一七年
『週刊ダイヤモンド』（ダイヤモンド社）一九七三年四月二十一日特大号
『商業界』（商業界）一九六六年一月号、七月号
『別冊中央公論』（中央公論社）一九六二年十月号

Ⅳ　移りゆく時代に

『徹底ガイド瀬戸大橋1』（山陽新聞社）一九八四年
『岡山食べある記』（山陽新聞社）一九八六年
坂本忠次・中村良平編著『瀬戸大橋と地域経済・環境問題』（山陽新聞社）一九九二年
『観光おかやま20年史　その軌跡と展望』（岡山県観光連盟）一九九三年

『アミューズメント産業』（アミューズメント産業出版）一九八八年十二月号
『全建ジャーナル』（全国建設業協会）一九八八年十月号
『高梁川』（高梁川流域連盟）一九九二年
『地域開発』（日本地域開発センター）一九八八年十二月号―八九年四月号
『地方議会人』（中央文化社）一九九〇年八月号
『通産ジャーナル』（通商産業調査会）一九八八年六月号
『Report leisure.』（レジャー・マーケティング・センター）一九八八年
『レジャー産業資料』（綜合ユニコム）一九八八年六月号

V　店を続けること

山田勲著・普代村教育委員会編『普代村史』（普代村）一九八四年
小山市史編さん委員会編『小山市史　通史編3　近現代』（小山市）一九八七年
和村幸得『貧乏との戦い四十年　岩手県普代村』一九八八年
普代村郷土史編纂委員会編『普代村郷土史』（普代村）二〇〇三年
東北の直轄国道史編纂委員会編『語り継ぐ道づくり　東北の直轄国道改修史　国道45号』（東北建設協会）二〇〇五年
普代村地域振興室編『普代村災害復興計画』（普代村）二〇一一年
文藝春秋×PLANETS『あまちゃんメモリーズ』（文藝春秋）二〇一三年
品川雅彦『三陸鉄道 情熱復活物語』（三省堂）二〇一四年
『観光施設』（国際観光施設協会）二〇一七年銀河号

『観光文化』(日本交通公社)二〇一一年十一月号
『道路建設』(日本道路建設業協会)一九八〇年一月号―三月号
『にほんのかわ』(日本河川開発調査会)二〇〇四年七月号
『旅』(日本交通公社)一九六〇年七月号、十一月号、一九六二年九月号、一九七〇年十月号

エピローグ

国分郷土誌編纂委員会編『国分郷土誌』(鹿児島県国分市立図書館)一九六〇年
鹿児島市役所編『鹿児島市商工名鑑』(鹿児島市役所)一九六二年
日本放送協会鹿児島放送局編『さつま今昔』(鹿児島放送文化研究会)一九六八年
鹿児島市戦災復興誌編集委員会編『鹿児島市戦災復興誌』(鹿児島市)一九八二年
城山グループ創業50周年記念誌出版委員会編『夢追い人生 城山観光株式会社社長保直次のあゆみ』(城山観光)一九九八年
『鹿児島海軍航空隊豫科練習生の記録』(鹿児島海軍航空隊隊誌編集委員会)二〇〇〇年
『八画文化会館　創刊号』(八画出版部)二〇一一年

本書は「月刊ドライブイン」全十二号（二〇一七年四月〜二〇一八年六月）をもとに、加筆・再構成をほどこして刊行された単行本（二〇一九年一月、小社刊）を文庫化したものです。掲載された情報は、特に注記がないものは単行本刊行時点のものになります。

喫茶店の時代　林　哲夫

人々が飲み物を楽しみ語り合う場所はどのようにして生まれたのか。コーヒーや茶の歴史、そして作家や文化人が集ったあの店この店を探る。（内堀弘）

女将さん酒場　山田真由美

自分の店を構え、自ら料理をつくる。そんな人生を選んだ「女将さん」は、どんな思いを抱いて包丁を握るのか。新しい女性の仕事を描く書き下ろしルポ。

おじさん酒場　増補新版　山田真由美文　なかむらるみ絵

いま行くべき居酒屋、ここにあり！　居酒屋から始まる夜の冒険へ読者をご招待。さあ、読んで酒を飲もう。いい酒場に行こう。巻末の名店案内105も必見。

呑めば、都　マイク・モラスキー

赤羽、立石、西荻窪……ハシゴ酒から見えてくるのは、その街の歴史。古きよき居酒屋を通して戦後東京の変遷に思いを馳せた、情熱あふれる体験記。

東京骨灰紀行　小沢信男

両国、谷中、千住……アスファルトの下、累々と埋もれる無数の骨灰をめぐり、忘れられた江戸・東京の記憶を掘り起こす鎮魂行。（黒川創）

白い孤影　ヨコハマメリー　檀原照和

白の異装で港町に立ち続けた娼婦。老いるまで、そのスタイルを貫いた意味とは？　20年を超す取材をもとにメリーさん伝説の裏側に迫る！（都築響一）

本土の人間は知らないが、沖縄の人はみんな知っていること　矢部宏治

普天間、辺野古、嘉手納など沖縄の全米軍基地を探訪し、この島に隠された謎に迫る痛快無比なデビュー作。カラー写真と地図満載。（白井聡）

釜ヶ崎から　生田武志

失業した中高年、二十代の若者、DVに脅かされる母子――。野宿者支援に携わってきた著者が、「究極の貧困」を問う圧倒的なルポルタージュ。

ブルースだってただの唄　藤本和子

アメリカで黒人女性はどのように差別と闘い、生きてきたか。名翻訳者が女性達のもとへ出かけ、耳をすまして聞く。新たに一篇を増補。（斎藤真理子）

アイヌの世界に生きる　茅辺かのう

アイヌの養母に育てられた開拓農民の子が大切に覚えてきた、言葉、暮らし。明治末から昭和の時代をアイヌの人々と生き抜いてきた軌跡。（本田優子）

広島第二県女二年西組　関千枝子

8月6日、級友たちは勤労動員先で被爆した。突然に逝った39名それぞれの足跡をたどり、彼女らの生を鮮やかに切り取った鎮魂の書。（山中恒）

日本の村・海をひらいた人々　宮本常一

民俗学者宮本常一が、日本の山村と海、それぞれに暮らす人々の、生活の知恵と工夫をまとめた貴重な記録。フィールドワークの原点。（松山巖）

ROADSIDE JAPAN 珍日本紀行 東日本編／西日本編　都築響一

秘宝館。蠟人形館。意味不明の資料館、テーマパーク…。路傍の奇跡ともいうべき全国の珍スポットを走り抜ける旅のガイド、全国三四一物件。

消えた赤線放浪記　木村聡

「赤線」の第一人者が全国各地に残る赤線・遊郭跡を訪ね、色町の「今」とそこに集まる女性たちを取材した貴重な記録。文庫版書き下ろし収録。

ちろりん村顛末記　広岡敬一

トルコ風呂と呼ばれていた特殊浴場を描く伝説のノンフィクション。働く男女の素顔と人生、営業システム、歴史などを記した貴重な記録。（本橋信宏）

新トラック野郎風雲録　鈴木則文

映画「トラック野郎」全作の監督が、撮影の裏話、本物のトラック野郎たちとの交流をつづったエッセイ集。文庫オリジナル。（掛札昌裕）

野呂邦暢　古本屋写真集　野呂邦暢　岡崎武志／古本屋ツアー・イン・ジャパン編

野呂邦暢が密かに撮りためた古本屋写真が存在する。2015年に書籍化された際、話題をさらった写真集が増補、再編集の上、奇跡の文庫化。

わたしの小さな古本屋　田中美穂

会社を辞めた日、古本屋になることを決めた。倉敷の空気、古書がつなぐ人の縁、店の生きものたち……。女性店主が綴る蟲文庫の日々。（早川義夫）

ボン書店の幻　内堀弘

1930年代、一人で活字を組み印刷し好きな本を刊行していた出版社があった。刊行人鳥羽茂と書物の舞台裏の物語を探る。（長谷川郁夫）

「本をつくる」という仕事　稲泉連

ミスをなくすための校閲。本の声である書体の制作。もちろん紙も必要だ。本を支えるプロに仕事の話を聞きにいく情熱のノンフィクション。（武田砂鉄）

ちくま文庫

ドライブイン探訪《たんぼう》

二〇二二年七月十日　第一刷発行

著者　橋本倫史（はしもと・ともふみ）
発行者　喜入冬子
発行所　株式会社　筑摩書房
東京都台東区蔵前二―五―三　〒一一一―八七五五
電話番号　〇三―五六八七―二六〇一（代表）
装幀者　安野光雅
印刷所　中央精版印刷株式会社
製本所　中央精版印刷株式会社

ISBN978-4-480-43817-1　C0195